汽车运用与维修专业技能型紧缺人才培养培训教材
中等职业学校汽车运用与维修专业教学用书

Qiche Dipan Gouzao yu Weixiu
汽车底盘构造与维修
Xitiji
习题集

（第2版）

全 华 科 友 组织编写
陈敬渊 李 敏 主 编
侯建党 韩希国 副主编

内 容 提 要

本书为《汽车底盘构造与维修(第3版)》的配套习题集。共包括5个单元:绪论;传动系统;行驶系统;转向系统;制动系统。每个单元均配有判断题、选择题、填空题、简答题、看图填空等题型,并附有参考答案。

本书可供全国中等职业学校汽车运用与维修专业教师和学生使用,也可作为相关培训的参考书。

图书在版编目(CIP)数据

汽车底盘构造与维修习题集 / 陈敬渊,李敏主编. —2 版. —北京:人民交通出版社股份有限公司,2019.4

ISBN 978-7-114-15343-3

Ⅰ.①汽⋯ Ⅱ.①陈⋯ ②李⋯ Ⅲ.①汽车—底盘—结构—中等专业学校—习题集②汽车—底盘—车辆修理—中等专业学校—习题集 Ⅳ.①U463.1-44②U472.41-44

中国版本图书馆 CIP 数据核字(2019)第 013182 号

| 书　　名:汽车底盘构造与维修习题集(第2版)
| 著 作 者:陈敬渊　李　敏
| 责任编辑:李　良
| 责任校对:赵媛媛
| 责任印制:张　凯
| 出版发行:人民交通出版社股份有限公司
| 地　　址:(100011)北京市朝阳区安定门外外馆斜街3号
| 网　　址:http://www.ccpcl.com.cn
| 销售电话:(010)59757973
| 总 经 销:人民交通出版社股份有限公司发行部
| 经　　销:各地新华书店
| 印　　刷:北京虎彩文化传播有限公司
| 开　　本:787×1092　1/16
| 印　　张:13.75
| 字　　数:323 千
| 版　　次:2011 年 7 月　第 1 版
| 　　　　　2019 年 4 月　第 2 版
| 印　　次:2023 年 7 月　第 2 版　第 2 次印刷　累计第 6 次印刷
| 书　　号:ISBN 978-7-114-15343-3
| 定　　价:35.00 元

(有印刷、装订质量问题的图书,由本公司负责调换)

第2版前言
FOREWORD

为深入贯彻《国务院关于加快发展现代职业教育的决定》以及教育部等六部委《关于实施职业院校制造业和现代服务业技能型紧缺人才培养培训工程的通知》精神，积极推进课程改革和教材建设，为中等职业教育教学提供更加丰富和多样化的实用教材，适应经济发展、产业升级和技术进步，满足交通运输业科学发展的需要，人民交通出版社股份有限公司和相关机构组织全国交通职业院校的专业教师，按照"专业设置与产业企业岗位需求对接、课程内容与职业标准对接、教学过程与生产过程对接、明显提升职业院校毕业生就业质量"的要求，依据教育部颁布的《中等职业院校汽车运用与维修专业领域技能型紧缺人才培养培训指导方案》，对教育部职业教育与成人教育司推荐教材进行了再版修订，供全国中等职业院校汽车运用与维修专业教学使用。

此次再版修订教材符合国家对技能型紧缺人才培养培训工作的要求，体现了中等职业教育的特色，教材特点如下：

1. "以服务发展为宗旨，以促进就业为导向"，加强文化基础教育，强化技术技能培养，符合高素质中、初级汽车专业实用人才培养的需求。

2. 总结近几年教学改革经验，教材修订符合中等职业院校学生的认知规律，注重知识的实际应用和对学生职业技能的训练，符合中职院校教学与培训的需要。

3. 依据最新国家及行业标准，剔除上一版教材中陈旧过时的内容，教材修订量在20%以上，反映了新知识、新技术、新工艺。

本书是《汽车底盘构造与维修（第3版）》的配套习题集。本书根据中职学生的学习能力和认知规律，配备了判断题、选择题、填空题、简答题和看图填空五种题型，并附有参考答案，具有较强的针对性和实用性，从而帮助学生更好地巩固专业知识和技能。

本书由陈敬渊、李敏任主编，侯建党、韩希国任副主编，参加本书编写工作的还有张立新、吴兴敏、杨艳芬、李培军、郭大民、项仁峰、李春芳、黄宜坤、张义、黄艳玲、孙涛、张丽丽等。

  由于编者水平有限,书中难免有不妥和错误之处,恳请广大读者批评指正!

编 者
2018 年 10 月

目录

CONTENTS

习题部分

- 单元 1 绪论 ··· 2
- 单元 2 传动系统 ··· 9
  - 2.1 离合器 ··· 9
  - 2.2 手动变速器 ··· 19
  - 2.3 自动变速器 ··· 27
  - 2.4 万向传动装置 ·· 54
  - 2.5 驱动桥 ··· 64
- 单元 3 行驶系统 ··· 74
  - 3.1 车桥及车轮定位 ·· 74
  - 3.2 车轮总成 ··· 81
  - 3.3 车架与悬架 ··· 89
- 单元 4 转向系统 ··· 106
- 单元 5 制动系统 ··· 126

答案部分

- 单元 1 绪论 ··· 152
- 单元 2 传动系统 ··· 154
  - 2.1 离合器 ··· 154
  - 2.2 手动变速器 ··· 158
  - 2.3 自动变速器 ··· 161
  - 2.4 万向传动装置 ·· 175
  - 2.5 驱动桥 ··· 177
- 单元 3 行驶系统 ··· 181
  - 3.1 车桥及车轮定位 ·· 181
  - 3.2 车轮总成 ··· 184
  - 3.3 车架与悬架 ··· 190
- 单元 4 转向系统 ··· 197
- 单元 5 制动系统 ··· 203

习题部分

单元1　绪论

单元2　传动系统

　2.1　离合器

　2.2　手动变速器

　2.3　自动变速器

　2.4　万向传动装置

　2.5　驱动桥

单元3　行驶系统

　3.1　车桥及车轮定位

　3.2　车轮总成

　3.3　车架与悬架

单元4　转向系统

单元5　制动系统

单元 1
绪　论

一、判断题

1. 现在采用自动变速器的汽车中,其底盘用自动变速器取代了离合器和手动变速器。
（　）
2. 汽车传动系统将发动机传来的转矩转化为汽车行驶的驱动力。（　）
3. 减少振动,缓和冲击,保证汽车的平稳行驶,是汽车行驶系统的作用。（　）
4. 汽车行驶系统一般由车身、悬架、车桥和车轮总成等组成。（　）
5. 现在采用自动变速器的汽车中,其底盘包括离合器、自动变速器、万向传动装置、驱动桥等。（　）
6. 保证汽车能够按照驾驶人选定的方向行驶是汽车行驶系统的作用。（　）
7. MR 这种布置形式是赛车和部分大、中型客车采用的方案。（　）
8. 角传动装置一般应用到发动机前置前轮驱动的汽车里。（　）
9. 发动机中置后轮驱动的布置形式有利于实现汽车前、后轴较为理想的轴荷分配。（　）
10. 发动机前置后轮驱动的英文简称 RF。（　）
11. 发动机前置后轮驱动在变速器与驱动桥之间省去了万向传动装置,使结构简单紧凑,整车质量小。（　）
12. 发动机前置前轮驱动即在变速器与驱动桥之间省去了万向传动装置,使结构简单紧凑,整车质量小。（　）
13. 发动机前置前轮驱动的布置形式便于车身内部的布置,减小室内发动机的噪声,一般用于大型客车。（　）
14. 发动机后置后轮驱动一般用于大型客车。（　）
15. 悬架属于传动系统的一部分。（　）
16. 变速器属于传动系统的一部分。（　）
17. 小型汽车通常都采用液压式制动系统。（　）
18. 汽车转向一般是由驾驶人通过操纵转向系统的机件改变转向车轮的偏转角来实现的。（　）
19. FR 这种布置形式有利于实现前、后轴较为理想的轴荷分配。（　）
20. MR 这种布置形式将发动机布置于驾驶室后面的汽车的中部,后轮驱动,有利于实现前、后轴较为理想的轴荷分配。（　）
21. 越野汽车一般是发动机布置在汽车前部,动力经过离合器、变速器、分动器、万向传

动装置分别到达前后驱动桥,最后传到前后驱动车轮,使汽车行驶。 ( )
22. 在车辆起步加速时,防抱死制动系统(ABS)控制驱动轮不打滑。 ( )

二、选择题

1. 汽车底盘不包括_____。
   (A)离合器　　　(B)转向器　　　(C)变速器　　　(D)涡轮增压器
2. 汽车传动系统的功用是_____。
   (A)减少振动,缓和冲击,保证汽车的平稳行驶
   (B)承受并传递路面作用于车轮上的力和力矩
   (C)支承汽车的总质量
   (D)将发动机传来的转矩转化为汽车行驶的驱动力
3. _____不属于汽车行驶系统的功用。
   (A)支承汽车的总质量
   (B)承受并传递路面作用于车轮上的力和力矩
   (C)缓和冲击,保证汽车的平稳行驶
   (D)变速变矩
4. 对于发动机后置后轮驱动的汽车而言,其发动机位于其_____。
   (A)后轴的前面　　(B)后轴的后面　　(C)前轴的前面　　(D)以上都不对
5. 减速增矩是传动系统中_____的作用。
   (A)离合器　　　(B)变速器　　　(C)驱动桥　　　(D)万向传动装置
6. 变速变矩是传动系统中_____的作用。
   (A)离合器　　　　　　　　　　(B)变速器
   (C)驱动桥　　　　　　　　　　(D)万向传动装置
7. 既变向又传力是传动系统中_____的主要功用。
   (A)离合器　　　　　　　　　　(B)变速器
   (C)驱动桥　　　　　　　　　　(D)万向传动装置
8. 汽车制动系统的功用是_____。
   (A)减少振动,缓和冲击,保证汽车的平稳行驶
   (B)承受并传递路面作用于车轮上的力和力矩
   (C)支承汽车的总质量
   (D)使汽车减速、停车
9. 汽车转向系统主要由_____三大部分组成。
   (A)转向操纵机构、转向器、车轮
   (B)转向盘、转向器、转向传动机构
   (C)转向操纵机构、转向器、转向传动机构
   (D)转向操纵机构、转向盘、转向器
10. 保证车辆可靠地驻停是_____的作用。
    (A)转向系统　　(B)行驶系统　　(C)驻车制动系统　　(D)行车制动系统

11. 行车制动系统能_____。
    (A)支承车重及保持车轮定位
    (B)使汽车减速、停车
    (C)保证车辆可靠地驻停
    (D)承受并传递路面作用于车轮上的力和力矩
12. 承受并传递路面作用于车轮上的力和力矩是_____的作用。
    (A)转向系统   (B)制动系统   (C)行驶系统   (D)传动系统
13. _____将发动机的转矩传递给驱动车轮,同时还必须适应行驶条件的需要,改变转矩的大小。
    (A)转向系统   (B)制动系统   (C)行驶系统   (D)传动系统
14. 下列部件不属于传动系统的是_____。
    (A)万向节   (B)制动器   (C)驱动桥   (D)自动变速器
15. _____具有支承车重及保持车轮定位的功用。
    (A)转向系统   (B)制动系统   (C)行驶系统   (D)传动系统
16. ABS装置为_____。
    (A)加速时防止车轮打滑   (B)转弯时防止车轮打滑
    (C)起步时防止车轮打滑   (D)制动时防止车轮打滑
17. 传动系统不包括_____。
    (A)离合器   (B)悬架   (C)万向传动装置   (D)驱动桥
18. 驱动防滑控制系统(ASR)是_____。
    (A)减速时防止驱动轮打滑   (B)转弯时防止驱动轮打滑
    (C)起步加速时防止驱动轮打滑   (D)制动时防止驱动轮打滑
19. 属于制动系统的是_____。
    (A)万向节   (B)制动器   (C)驱动桥   (D)自动变速器
20. 保证汽车能够按照驾驶人选定的方向行驶和保持汽车稳定的直线行驶是_____。
    (A)转向系统   (B)制动系统   (C)行驶系统   (D)传动系统
21. 不属于行驶系统的部件是_____。
    (A)车轮   (B)转向盘   (C)车桥   (D)悬架
22. _____使汽车减速、停车并能保证可靠地驻停。
    (A)转向系统   (B)制动系统   (C)行驶系统   (D)传动系统
23. 高速时操纵稳定性好的汽车,其传动系统大多布置成_____。
    (A)前置前轮驱动   (B)后置后轮驱动
    (C)中置后轮驱动   (D)前置后轮驱动
24. 发动机前置后轮驱动的布置形式不适于_____。
    (A)客车   (B)越野车   (C)大型货车   (D)乘用车
25. 发动机前置前轮驱动这种布置形式在变速器与驱动桥之间省去了_____,使结构简单紧凑,整车质量小,高速时操纵稳定性好。

(A)万向传动装置　　　　　　(B)悬架系统
(C)差速器　　　　　　　　　(D)主减速器
26._____布置形式没有万向传动装置。
(A)FF　　　(B)4WD　　　(C)FR　　　(D)MR
27.MR型车辆是指发动机_____。
(A)前置前轮驱动　　　　　　(B)后置后轮驱动
(C)中置后轮驱动　　　　　　(D)前置后轮驱动
28.FR型车辆是指发动机_____。
(A)前置前轮驱动　　　　　　(B)后置后轮驱动
(C)中置后轮驱动　　　　　　(D)前置后轮驱动
29.目前大多数乘用车底盘采用发动机_____布置形式。
(A)前置前轮驱动(FF)　　　　(B)后置后轮驱动(RR)
(C)中置后轮驱动(MR)　　　 (D)前置后轮驱动(FR)
30.目前大型客车一般采用发动机_____布置形式。
(A)前置前轮驱动(FF)　　　　(B)后置后轮驱动(RR)
(C)中置后轮驱动(MR)　　　 (D)前置后轮驱动(FR)
31.有利于实现前、后轴较为理想的轴荷分配,是赛车和部分大、中型客车采用的底盘布置形式是发动机_____。
(A)前置前轮驱动(FF)　　　　(B)后置后轮驱动(RR)
(C)中置后轮驱动(MR)　　　 (D)前置后轮驱动(FR)
32.便于车身内部的布置,减小室内发动机的噪声,一般在大型客车上采用的布置形式是发动机_____。
(A)前置前轮驱动(FF)　　　　(B)后置后轮驱动(RR)
(C)中置后轮驱动(MR)　　　 (D)前置后轮驱动(FR)
33.RR型车辆是指发动机_____。
(A)前置前轮驱动　　　　　　(B)后置后轮驱动
(C)中置后轮驱动　　　　　　(D)前置后轮驱动
34.发动机_____是越野汽车采取的布置形式。
(A)前置前轮驱动　　　　　　(B)后置后轮驱动
(C)四轮驱动　　　　　　　　(D)前置后轮驱动
35._____能使发动机的动力分别到达前、后驱动桥。
(A)制动器　　　　　　　　　(B)离合器
(C)分动器　　　　　　　　　(D)变速器

三、填空题

1.在机械式传动系统中,发动机发出的动力依次经过_____、_____和由万向节与传动轴组成的_____,以及安装在驱动桥中的_____、_____和半轴,最后传到驱动车轮。

2. 现在采用自动变速器的轿车中,其底盘包括_____、万向传动装置、_____等,即用自动变速器取代了_____和_____。

3. 汽车底盘的作用是接受_____的动力,使汽车运动并保证汽车能够按照_____的操纵而正常行驶。

4. 汽车底盘由_____、_____、_____和_____四大系统组成。

5. 传动系统的基本功用是将_____的转矩传递给_____,同时还必须适应行驶条件的需要,改变_____的大小。

6. 汽车_____系统支承汽车的总质量;保证汽车的_____行驶。

7. 汽车行驶系统一般由_____、_____、_____和_____等组成。

8. 汽车转向系统保证汽车能够按照_____行驶和保持汽车稳定的_____。

9. 汽车转向一般是_____通过_____机件改变_____的偏转角来实现的。

10. 现在的汽车转向系统普遍采用_____系统。

11. 汽车制动系统一般包括_____和_____等两套相互独立的制动系统,每套制动系统都包括_____和_____。

12. 发动机前置前轮驱动,其英文简称_____。

13. 汽车行驶系统的主要作用是将传动系统传来的_____转化为汽车行驶的_____;支承汽车的_____;_____路面作用于车轮上的力和力矩;_____,缓和冲击,保证汽车的平稳行驶。

14. 汽车转向系统主要由_____、_____、_____组成。

15. 制动系统的功用是使汽车_____、_____并能保证可靠地_____。

16. 目前,大部分小型汽车的制动都采用_____系统,而货车和大型客车的制动则常采用_____。

17. 防抱死制动系统(ABS)即使在滑溜路面,也能保持车轮不_____,以保持车轮的最大_____,维持车辆的方向_____。

18. 驱动防滑控制系统(ASR)在_____时,控制_____不打滑,以保持最大的_____及方向稳定性。

19. 越野汽车采取的布置形式是_____,英文简称_____。

20. 发动机前置后轮驱动是_____布置在汽车前部,动力经过_____、变速器、_____、后驱动桥,最后传到后_____,使汽车行驶。

21. 发动机前置后轮驱动适用于除_____的各类型汽车。

22. 发动机前置前轮驱动的汽车,是指发动机布置在汽车前部,动力经过_____、变速器、_____,最后传到_____的车辆。

23. 发动机后置后轮驱动,动力经过_____、变速器、_____、万向传动装置、_____,最后传到_____,使汽车行驶。

24. MR 这种布置形式将_____布置于驾驶室后面的汽车_____,_____,有利于实现前、后轴较为理想的_____,是赛车和部分大、中型客车采用的方案。

25. _____ 一般用于大型客车的布置形式,英文简称_____。
26. 发动机前置前轮驱动布置形式在_____与_____之间省去了万向传动装置,使结构简单紧凑,整车质量小,_____时操纵稳定性好。
27. 发动机_____的布置形式有利于实现前、后轴较为理想的_____。
28. 四轮驱动,英文简称_____,动力经过离合器、_____、_____、万向传动装置分别到达_____,最后传到前后驱动车轮,使汽车行驶。

四、简答题

1. 简述汽车底盘的组成部分及各组成部分的功用。

2. 简述汽车传动系统的常见布置形式及特点。

五、看图填空

1. 底盘结构

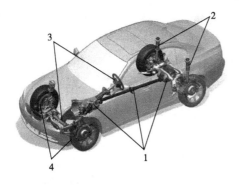

1. _____
2. _____
3. _____
4. _____

2. 机械式传动系统构造

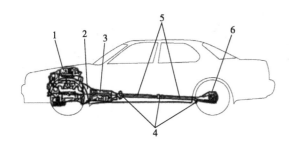

1. _____
2. _____
3. _____
4. _____
5. _____
6. _____

3. 行驶系统的组成

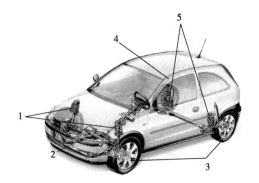

1. _____
2. _____
3. _____
4. _____
5. _____

4. 转向系统的组成

1. _____
2. _____
3. _____

5. 制动系统的组成

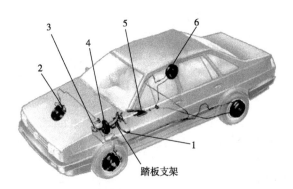

踏板支架

1. _____
2. _____
3. _____
4. _____
5. _____
6. _____

单元 2
传 动 系 统

2.1 离 合 器

一、判断题

1. 离合器在使用过程中,不允许出现从动盘摩擦片与压盘、飞轮之间有任何相对滑移的现象。（　　）
2. 从动盘通过花键和变速器主动轴相连,可以前后运动。（　　）
3. 离合器主、从动部分未达到同步,处于相对打滑的状态称为半联动状态。（　　）
4. 离合器处于半联动状态不利于发动机转矩的传递,尤其是汽车处于起动状态。（　　）
5. 膜片弹簧离合器的结构特点之一是:用膜片弹簧取代压紧弹簧和分离杠杆。（　　）
6. 在紧急制动时,离合器可防止传动系统过载。（　　）
7. 离合器不预留自由间隙或自由间隙过小,会造成离合器分离不彻底。（　　）
8. 离合器不预留自由间隙或自由间隙过小,会造成离合器分离打滑。（　　）
9. 在离合器膜片弹簧(或分离杠杆)内端与分离轴承之间预留一定的间隙,一般为十几毫米,这个间隙称为离合器自由间隙。（　　）
10. 从动盘一般都带有扭转减振器,其作用是为消除传动系统的扭转振动。（　　）
11. 膜片弹簧的外缘通过分离钩与压盘联系起来。（　　）
12. 膜片弹簧的外缘通过传动片与压盘联系起来。（　　）
13. 为使离合器接合柔和,驾驶人应逐渐放松离合器踏板。（　　）
14. 为使汽车迅速起步,驾驶人应快速放松离合器踏板。（　　）
15. 离合器主从动件之间摩擦面积越大所传递的转矩越大。（　　）
16. 汽车膜片弹簧离合器在分离时,膜片弹簧会产生反向锥形变形,使压盘与从动盘分离。（　　）
17. 为了保证离合器在传递转矩时处于完全接合状态,不会出现打滑现象,离合器在接合状态时,在分离杠杆内端与分离轴承之间必须预留一定量的间隙。（　　）
18. 为了保证离合器在传递转矩时处于完全分离状态,不会出现干涉现象,离合器在分离状态时,在分离杠杆内端与分离轴承之间必须预留一定量的间隙。（　　）
19. 离合器压盘与离合器盖之间可以采用传动片连接。（　　）
20. 离合器盖通过螺栓固定在飞轮上,为了保持正确的安装位置,离合器盖通过定位销

进行定位。( )

21. 离合器盖通过螺栓固定在飞轮上,为了保持正确的安装位置,离合器盖通过传动销进行定位。( )
22. 离合器的作用是接合和脱开手动变速器。( )
23. 离合器系统是由从动盘、压盘、离合器操纵机构和离合器分离轴承组成的。( )
24. 汽车离合器摩擦片沾油污或磨损严重,会引起离合器分离不彻底。( )
25. 当摩擦式从动盘和发动机转速相同时,说明变速器已连接上。( )
26. 当离合器踏板踩下时,操纵机构移动分离轴承,释放压盘使变速器和发动机脱开。( )
27. 当操作者放开离合器踏板,压紧弹簧将从动盘压紧在飞轮和压盘之间,使变速器与发动机接合。( )
28. 汽车离合器摩擦片沾油污或磨损严重,会引起离合器打滑。( )
29. 有些汽车不是用杠杆式的操纵机构,而是用拉索来连接离合器踏板与分离叉的。( )
30. 有些汽车用带工作缸的液压系统把离合器踏板的运动传送到离合器分离轴承上。( )
31. 根据各元件的动力传递和作用不同,离合器可分为主动部分、从动部分、分离装置和操纵机构。( )
32. 当离合器踏板处于完全放松位置时,活塞右端皮碗位于回油孔与补偿孔之间,两孔均与储液罐相通。( )
33. 当离合器踏板处于完全放松位置时,活塞左端皮碗位于回油孔与补偿孔之间,两孔均与储液罐相通。( )
34. 离合器工作缸活塞直径略大于主缸活塞直径,故液压式操纵机构具有增力作用,以使操纵轻便。( )
35. 离合器主缸活塞直径略大于工作缸活塞直径,故液压式操纵机构具有增力作用,以使操纵轻便。( )
36. 离合器工作缸活塞直径略小于主缸活塞直径,故液压式操纵机构具有增力作用,以使操纵轻便。( )
37. 离合器主缸活塞直径略小于工作缸活塞直径,故液压式操纵机构具有增力作用,以使操纵轻便。( )
38. 卡罗拉乘用车离合器踏板自由行程应为 5.0~15.0mm。( )
39. 卡罗拉乘用车离合器储液罐中的制动液液位应保持在"MAX"与"MIN"两个标记之间。( )
40. 卡罗拉乘用车离合器储液罐中的制动液液位应高于"MAX"标记。( )
41. 卡罗拉乘用车离合器储液罐中的制动液液位应低于"MIN"标记。( )
42. 卡罗拉乘用车离合器从动盘总成最小铆钉深度为 1.0mm。( )
43. 卡罗拉乘用车离合器从动盘总成最大径向圆跳动量为 0.8mm。( )
44. 卡罗拉乘用车飞轮分总成的最大径向圆跳动量为 0.1mm。( )

45. 卡罗拉乘用车离合器油液(制动液)更换周期为每 40000km 或 24 个月更换一次。
（　　）

二、选择题

1. 当膜片式离合器摩擦片磨损后,离合器踏板的自由行程_____。
   (A)变大　　　(B)不变化　　　(C)变小　　　(D)以上都有可能
2. 离合器安装于_____。
   (A)发动机与变速器之间　　　(B)变速器与后驱动轴之间
   (C)分动器与变速器之间　　　(D)变速器与主减速器之间
3. 在正常情况下,发动机工作时,离合器踏板处于自由状态时,_____。
   (A)发动机的动力不传给变速器　　　(B)发动机的动力传给变速器
   (C)离合器分离杠杆受力　　　(D)离合器的主从动部分分离
4. 不属于离合器功用的是_____。
   (A)使换挡时工作平顺　　　(B)防止发动机过载
   (C)实现减速增矩　　　(D)保证汽车起步平稳
5. 不属于汽车离合器部分的是_____。
   (A)分离轴承　　(B)曲轴　　(C)压盘　　(D)从动盘
6. _____是汽车离合器的主要作用。
   (A)保证汽车怠速平稳　　　(B)使换挡时工作平顺
   (C)实现倒车　　　(D)增加变速比
7. 离合器不具备的功用是_____。
   (A)保证汽车平稳起步　　　(B)保证变速器换挡平顺
   (C)防止传动系统过载　　　(D)改变发动机的转矩
8. 液压式操纵机构具有增力作用,使操纵轻便是工作缸活塞直径_____主缸活塞直径来保证的。
   (A)不大于　　(B)小于　　(C)等于　　(D)略大于
9. 膜片弹簧离合器压盘与离合器盖之间通过_____来传递转矩。
   (A)前支承环　　(B)窗口凸块　　(C)传动销　　(D)传动片
10. 从动盘带有扭转减振器是为消除传动系统的_____。
    (A)扭转振动　　　(B)传力过载
    (C)阻尼振动　　　(D)以上都是
11. 不属于离合器液压式操纵机构的是_____。
    (A)离合器主缸　　　(B)离合器工作缸
    (C)离合器踏板　　　(D)膜片弹簧
12. 膜片弹簧离合器分离时通过_____将压盘与从动盘分离。
    (A)前支承环　　(B)后支承环　　(C)分离钩　　(D)以上都是
13. 膜片弹簧离合器通过_____将离合器盖与压盘连接起来。
    (A)传动销　　(B)传动片　　(C)传动螺栓　　(D)以上都是

14. 膜片弹簧两侧装有钢丝支承环,是为了膜片弹簧工作时_____。
    (A)克服阻尼力　(B)减少振动　(C)分离压盘　(D)形成支点

15. 膜片弹簧离合器的主动部分除了飞轮和壳体外,还有_____。
    (A)从动盘　(B)分离杠杆　(C)压紧弹簧　(D)压盘

16. 离合器盖通过螺栓固定在飞轮上,为了保持正确的安装位置,离合器盖通过_____进行定位。
    (A)定位销　(B)传动片　(C)传动块　(D)螺栓

17. 当离合器踏板处于完全放松位置时,离合器主缸_____位于进油和回油孔与补偿孔之间,两孔均与储液罐相通。
    (A)活塞左端皮碗　(B)活塞右端皮碗　(C)活塞　(D)复位弹簧

18. 检查从动盘摩擦片的磨损程度应选用_____。
    (A)百分表　　　　　　(B)外径千分尺
    (C)游标卡尺　　　　　(D)钢直尺和塞尺

19. 技师 A 说对压盘的检查应检查润滑剂数量;技师 B 说应检查压盘的端面圆跳动是否正确。_____的说法正确。
    (A)只有技师 A 说的对　　　　(B)只有技师 B 说的对
    (C)技师 A 和技师 B 说的都对　(D)技师 A 和技师 B 说的都不对

20. 技师 A 说若离合器从动盘沾上渗漏的油,在离合器工作时会打滑;技师 B 说离合器沾了渗漏的油在离合器工作时会发出噪声。_____的说法正确。
    (A)只有技师 A 说的对　　　　(B)只有技师 B 说的对
    (C)技师 A 和技师 B 说的都对　(D)技师 A 和技师 B 说的都不对

21. 当离合器踏板处于初始位置时,离合器主缸活塞左端皮碗位于_____。
    (A)补偿孔的右端　　　　(B)补偿孔与进油和回油孔之间
    (C)主缸腔体内任意位置　(D)进油和回油孔的左端

22. _____是用在离合器液压操纵机构上去推动离合器分离叉的。
    (A)液压螺栓　(B)工作缸　(C)导销　(D)以上都对

23. _____之间的间隙反映在离合器踏板上,称为离合器踏板自由行程。
    (A)分离叉的内端面与分离套筒端面　　(B)分离叉的内端面与分离轴承端面
    (C)分离杠杆的内端面与分离套筒端面　(D)分离杠杆的内端面与分离轴承端面

24. 压盘将从动盘压紧在飞轮端面上是通过_____。
    (A)主动部分　(B)压紧装置　(C)从动部分　(D)操纵机构

25. 离合器是通过_____将动力传给变速器第一轴。
    (A)主动部分　(B)压紧装置　(C)操纵机构　(D)从动部分

26. 离合器从动盘摩擦片的磨损量可通过_____来获得。
    (A)用游标卡尺测量铆钉头埋入的深度
    (B)测量钢片端面圆跳动量
    (C)用外径千分尺测量钢片的厚度
    (D)用百分表测量从动盘的端面圆跳动

27. 离合器液压操纵系统_____使液压系统具有增力作用,以使操纵轻便。
   (A)工作缸活塞直径略小于主缸活塞直径
   (B)工作缸活塞直径略大于主缸活塞直径
   (C)采用杠杆原理
   (D)以上都不是
28. 卡罗拉乘用车离合器储液罐中的制动液液位应_____。
   (A)高于"MAX"标记　　　　　　(B)在"MAX"与"MIN"两个标记之间
   (C)低于"MIN"标记　　　　　　(D)任意位置
29. 使用_____测量卡罗拉乘用车离合器从动盘总成的铆钉深度。
   (A)游标卡尺　　(B)百分表　　(C)钢直尺　　(D)塞尺
30. 使用_____测量卡罗拉乘用车离合器从动盘总成的径向圆跳动。
   (A)游标卡尺　　(B)百分表　　(C)钢直尺　　(D)塞尺
31. 使用_____测量卡罗拉乘用车离合器膜片弹簧磨损的深度和宽度。
   (A)钢直尺　　(B)百分表　　(C)游标卡尺　　(D)塞尺

三、填空题

1. 离合器安装在_____与_____之间。
2. 离合器使发动机与传动系统逐渐接合,保证汽车_____。
3. 离合器_____发动机的动力传动,保证变速器_____。
4. 离合器限制所传递的_____,防止传动系统_____。
5. 离合器的压紧装置(_____弹簧)将从动盘压紧在飞轮端面上。
6. 发动机转矩靠飞轮与从动盘接触面之间的_____作用而传递到从动盘上,再经过从动轴等传给驱动车轮。
7. 根据各元件的动力传递和作用不同,离合器可分为_____、_____、_____和_____。
8. 离合器的从动盘通过_____和变速器主动轴相连,可以前后运动。
9. 汽车在行驶过程中,离合器在压紧弹簧作用下,离合器处于_____状态。
10. 从动盘主要由_____、_____和_____等组成,为消除传动系统的扭转振动,从动盘一般都带有_____。
11. 发动机转矩靠飞轮与从动盘接触面之间的_____而传递到从动盘上,再经过_____等传给驱动车轮。
12. 离合器的接合过程中处于_____,在汽车起步时是必要的。
13. 逐渐抬起离合器踏板,压盘在压紧弹簧的作用下前移逐渐压紧_____,动力由飞轮、_____传给_____,经输出轴输出。
14. 离合器_____将从动盘压紧在飞轮端面上。
15. 机械式离合器操纵机构有_____和_____两种。
16. 离合器液压式操纵机构主要由_____、离合器_____、离合器_____和_____等组成。

17. 当驾驶人踩下离合器踏板,_____和_____在分离叉的推动下,推动_____克服压紧弹簧的力而后移,使离合器处于分离状态,中断动力传递。

18. 在汽车起步时,离合器主、从动部分未达到同步,处于相对打滑的状态称为_____。

19. 由离合器的工作原理可知,在离合器_____与_____之间预留一定的间隙,一般为几毫米,这个间隙称为离合器自由间隙。

20. 离合器分离过程中,为消除离合器自由间隙和分离机构、操纵机构零件的弹性变形所需要踩下的离合器踏板行程称为_____。

21. 膜片弹簧式离合器的离合器盖通过_____进行定位。

22. 膜片弹簧式离合器压盘与离合器盖之间通过周向均布_____来传递转矩。

23. 膜片弹簧式离合器以_____取代螺旋弹簧及分离杠杆,使构造简单、紧凑。

24. 膜片弹簧的径向开有若干切槽,形成_____。

25. 膜片弹簧的外缘通过_____与压盘联系起来。

26. 膜片弹簧两侧装有钢丝支承环,这两个钢丝支承环是膜片弹簧工作时的_____。

27. 离合器的操纵机构起始于_____,终止于分离杠杆,可分为_____和_____。

28. 离合器_____有杠杆传动和钢索传动两种。

29. 离合器主缸壳体上的_____、_____通过进油软管与_____相通。

30. 当离合器踏板处于完全放松位置时,离合器主缸活塞左端皮碗位于_____与_____之间,两孔均与储液罐相通。

31. 离合器工作缸内装有活塞、_____、_____等,壳体上还设有_____。

32. 液压式操纵机构具有增力作用,以使操纵轻便是工作缸活塞直径_____主缸活塞直径来保证的。

33. 当离合器踏板踩下时,离合器主缸推杆推动_____,离合器主缸产生油压,_____经油管使_____的活塞推出,经推杆推动_____,推移分离轴承等使离合器分离。

34. 液压式操纵机构管路系统渗入空气时,可利用_____来排除渗入的空气。

35. 膜片弹簧两侧装有_____,它们是膜片弹簧工作时的支点。

36. 卡罗拉乘用车离合器油液(制动液)更换周期为每_____km或_____个月更换一次。

37. 卡罗拉乘用车离合器储液罐中的制动液液位应保持在_____与_____两个标记之间。

38. 用_____测量卡罗拉乘用车离合器从动盘总成的铆钉深度,最小铆钉深度为_____mm。如有必要,更换离合器从动盘总成。

39. 用_____测量卡罗拉乘用车离合器从动盘总成的径向圆跳动,最大径向圆跳动为_____mm。如有必要,更换离合器从动盘总成。

四、简答题

1. 简述离合器的主要功用。

2. 简述离合器的结构特点和工作原理。

3. 简述离合器的自由间隙和离合器踏板自由行程。

4. 简述膜片弹簧式离合器的结构特点。

5. 简述离合器操纵机构的分类及各自的结构特点。

6. 简述离合器液压式操纵机构的结构特点和工作原理。

7. 维修卡罗拉乘用车离合器时,作业准备工作有哪些?

8. 简述卡罗拉乘用车离合器踏板的检查与调整方法。

9. 卡罗拉乘用车离合器油液的添加与放气操作步骤是什么?

10. 如何检查卡罗拉乘用车离合器分离轴承、压盘和从动盘?

五、看图填空

1. 离合器的基本结构

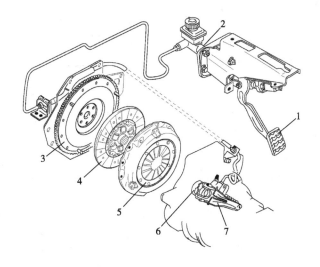

1. _____
2. _____
3. _____
4. _____
5. _____
6. _____
7. _____

2. 离合器的工作原理

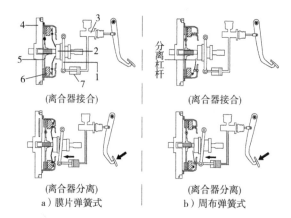

(离合器接合)　　(离合器接合)
(离合器分离)　　(离合器分离)
a）膜片弹簧式　　b）周布弹簧式

| 1. |
| 2. |
| 3. |
| 4. |
| 5. |
| 6. |
| 7. |

3. 离合器的自由间隙

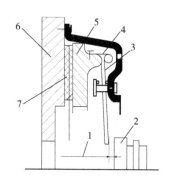

| 1. |
| 2. |
| 3. |
| 4. |
| 5. |
| 6. |
| 7. |

4. 膜片弹簧式离合器的构造（一）

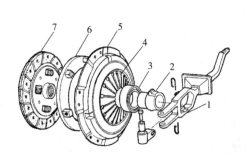

| 1. |
| 2. |
| 3. |
| 4. |
| 5. |
| 6. |
| 7. |

5. 膜片弹簧式离合器的构造(二)

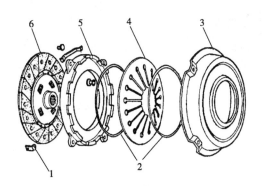

1. _____
2. _____
3. _____
4. _____
5. _____
6. _____

6. 从动盘的结构

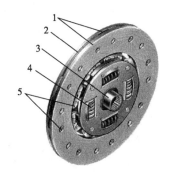

1. _____
2. _____
3. _____
4. _____
5. _____

7. 钢索式操纵机构

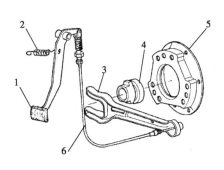

1. _____
2. _____
3. _____
4. _____
5. _____
6. _____

8. 液压式操纵机构

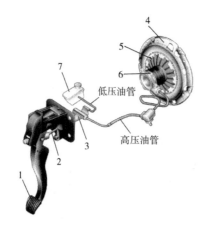

1. _____
2. _____
3. _____
4. _____
5. _____
6. _____
7. _____

9. 离合器主缸的结构

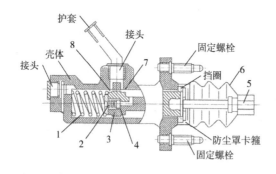

1. _____
2. _____
3. _____
4. _____
5. _____
6. _____
7. _____
8. _____

10. 离合器工作缸的结构

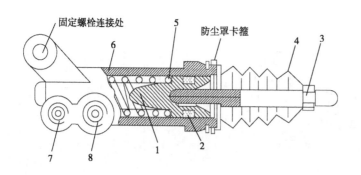

1. _____
2. _____
3. _____
4. _____
5. _____
6. _____
7. _____
8. _____

2.2 手动变速器

一、判断题

1. 变速器的挡位越低,传动比越小,汽车的行驶速度越低。（   ）
2. 虽然汽车手动变速器的结构形式和挡位不同,但其工作原理都是为了改变发动机的输出转矩,适应汽车的动力性和经济性的要求。（   ）
3. 在锁环惯性式同步器中,挂挡时对接合套的轴向阻力是由弹簧压力造成的。（   ）
4. 变速器互锁装置的作用是防止变速器自动脱挡或掉挡。（   ）
5. 当变速器的同步器滑块的中间凸起部分磨损时,容易造成挂挡困难。（   ）
6. 手动变速器各挡位的传动比等于该挡位所有从动齿轮齿数的乘积与所有主动齿轮齿数的乘积之比。（   ）
7. 变速器自锁装置的作用是防止变速器同时挂进两个挡。（   ）
8. 自锁弹簧的弹力减弱容易造成变速器跳挡。（   ）
9. 变速器互锁装置的作用是防止变速器同时挂进两个挡。（   ）
10. 同步器能够保证:变速器换挡时,待啮合齿轮的圆周速度迅速达到一致,以减少冲击和磨损。（   ）
11. 一对齿轮传动只能得到一个固定的传动比,从而得到一种输出转速,并构成一个挡位。（   ）
12. 变速器用于给车辆驱动传输不同的转矩。（   ）
13. 大转矩用于起步、上坡和重负载;小转矩用于较高的车速。（   ）
14. 变速器每次只能在一个挡位工作。（   ）
15. 变速器通过挂入空挡的形式,在发动机运转的情况下,中断动力输出。（   ）
16. 在发动机输出转矩不改变方向的情况下,变速器通过倒挡实现汽车的倒向行驶。（   ）
17. 手动变速器的一个挡位有一个固定的传动比。（   ）
18. 变速传动机构的主要作用是改变发动机曲轴输出的转速、转矩和转动方向。（   ）
19. 超速挡系统可获得更低的油耗。（   ）
20. 大齿轮驱动小齿轮时,输出转速升高,为增速传动。（   ）
21. 大齿轮驱动小齿轮时,输出转速升高,为增矩传动。（   ）
22. 增矩传动时,传动比小于1;增速传动时,传动比大于1。（   ）
23. 增速传动时,传动比小于1;增矩传动时,传动比大于1。（   ）
24. 发动机纵置时,手动变速驱动桥主减速器为一对锥齿轮。（   ）
25. 发动机纵置时,手动变速驱动桥主减速器为一对圆柱齿轮。（   ）
26. 发动机横置时,手动变速驱动桥主减速器采用一对锥齿轮。（   ）
27. 发动机横置时,手动变速驱动桥主减速器采用一对圆柱齿轮。（   ）
28. 发动机横置时,手动变速驱动桥主减速器采用一对圆锥准双曲面齿轮。（   ）

29. 发动机前置后轮驱动的车辆变速操纵机构多采用直接操纵式。（   ）
30. 发动机前置后轮驱动的车辆多采用远距离操纵式变速操纵机构。（   ）
31. 远距离操纵机构多用于发动机前置前轮驱动的乘用车,如别克凯越乘用车的五挡手动变速器。（   ）
32. 别克凯越乘用车的五挡手动变速器采用直接操纵式。（   ）
33. 发动机前置前轮驱动车辆用手动变速驱动桥。（   ）
34. 同步器用于消除齿轮啮合时的撞击、摩擦声。（   ）
35. 同步器用于使两个齿轮在啮合之前达到同一转速。（   ）
36. 同步器是用锥面来使齿轮达到同一转速的。（   ）
37. 桑塔纳2000乘用车变速器具有5个前进挡和1个倒挡,其中三挡为降速挡。（   ）
38. 桑塔纳2000乘用车变速器具有5个前进挡和1个倒挡,其中三挡为直接挡。（   ）
39. 桑塔纳2000乘用车变速器具有5个前进挡和1个倒挡,其中三挡为超速挡。（   ）
40. 桑塔纳2000乘用车变速器具有5个前进挡和1个倒挡,其中五挡为超速挡。（   ）
41. 桑塔纳2000乘用车变速器具有5个前进挡和1个倒挡,其中五挡为降速挡。（   ）
42. 桑塔纳2000乘用车变速器具有5个前进挡和1个倒挡,其中五挡为直接挡。（   ）
43. 桑塔纳2000乘用车变速器全部采用锁环式惯性同步器换挡。（   ）
44. 桑塔纳2000乘用车变速器全部采用锁锁式惯性同步器换挡。（   ）
45. 桑塔纳2000乘用车变速器倒挡是通过一、二挡同步器上的接合套实现的。（   ）
46. 桑塔纳2000乘用车两轴手动变速器中,各挡主动齿轮都与输入轴刚性连接。（   ）
47. 桑塔纳2000乘用车两轴手动变速器中,各挡同步器都在输出轴即从动轴上。（   ）
48. 桑塔纳2000乘用车两轴手动变速器各挡的从动齿轮都在输出轴上,且与输出轴刚性连接。（   ）
49. 桑塔纳2000乘用车变速器换挡杆从空挡向左、向前移动可挂入一挡。（   ）
50. 桑塔纳2000乘用车变速器换挡杆从空挡向左、向前移动可挂入二挡。（   ）
51. 桑塔纳2000乘用车变速器换挡杆从空挡向左、向后移动可挂入二挡。（   ）
52. 桑塔纳2000乘用车变速器换挡杆从空挡向前移动可挂入三挡。（   ）
53. 桑塔纳2000乘用车变速器换挡杆从空挡向后移动可挂入四挡。（   ）
54. 桑塔纳2000乘用车变速器换挡杆从空挡向右、向前移动可挂入五挡。（   ）
55. 桑塔纳2000乘用车变速器换挡杆从空挡向右、向后移动可挂入倒挡。（   ）
56. 科鲁兹(1.6L)乘用车变速器油每10000km或6个月检查一次,必要时添加。（   ）

57. 科鲁兹(1.6L)乘用车变速器油每10000km或12个月检查一次,必要时添加。( )

二、选择题

1. 汽车传动系统传动比越小,则_____。
   (A)传动系统输出转矩越小 (B)车速越小
   (C)挡位越低 (D)发动机转速越低
2. 手动变速器的变速原理是_____。
   (A)利用改变直径不同的齿轮啮合 (B)改变转向
   (C)改变方向 (D)改变输出的转速
3. 手动变速器的作用中不正确的是_____。
   (A)在一定范围内任意改变传动比
   (B)提供空挡
   (C)在不改变曲轴旋转方向的情况下,使汽车能倒退
   (D)可以换挡以改变汽车的牵引力
4. 手动变速器的作用是:在不改变曲轴旋转方向的情况下,使汽车_____。
   (A)能前进或后退 (B)仅能前进
   (C)仅能后退 (D)能急速转弯
5. 齿轮变速原理是利用直径不同的齿轮啮合改变输出的_____。
   (A)转速 (B)转矩 (C)转速和转矩 (D)力
6. 齿轮的传动比是_____之比。
   (A)从动齿轮的齿数与主动齿轮的齿数 (B)主动齿轮的齿数与从动齿轮的齿数
   (C)主动齿轮的转速与从动齿轮的齿数 (D)主动齿轮的转速与从动齿轮的齿数
7. 一对啮合齿轮的传动比是其从动齿轮与主动齿轮的_____之比。
   (A)齿数 (B)转速 (C)角速度 (D)圆周速度
8. 目前手动变速器较多采用_____同步器。
   (A)常压式 (B)惯性式 (C)自增力式 (D)其他形式
9. 汽车挡位越低,_____,获得转矩越大。
   (A)传动比越小,驱动轴的转速便越低 (B)传动比越大,驱动轴的转速便越低
   (C)传动比越大,驱动轴的转速便越高 (D)传动比越小,驱动轴的转速便越高
10. 手动变速器是利用_____工作的。
    (A)带传动变速原理 (B)齿轮传动变速原理
    (C)摩擦轮传动变速原理 (D)蜗轮、蜗杆传动变速原理
11. 在手动变速器中有一对传动齿轮,其中主动齿轮的齿数是A,从动轮的齿数是B,且A大于B,此传动的结果将会是_____。
    (A)减速、减扭 (B)减速、增扭
    (C)增速、减扭 (D)增速、增扭
12. 倒挡轴中倒挡惰轮的主要作用是_____。
    (A)增加倒挡变速比 (B)减小倒挡变速比

(C)改变输出轴的旋转方向　　　　　　(D)以上都不是

13. 一对齿轮,如果输入齿轮是12个齿,而输出齿轮是24个齿,传动比是_____。
    (A)3:1　　　　(B)2:1　　　　(C)1:1　　　　(D)1:3

14. 变速器传动比大于1,其输出转速_____,转矩_____。
    (A)增加,降低　　　　　　　　(B)降低,增加
    (C)先增加,后降低　　　　　　(D)不变

15. 一对齿数不同的齿轮啮合传动时可以变速,而且两齿轮的转速与齿轮的齿数成_____。
    (A)反比　　　(B)正比　　　(C)线性　　　(D)没有关系

16. _____惯性同步器主要用于轿车和轻型货车的手动变速器中。
    (A)滑块式　　(B)锁环式　　(C)锥块式　　(D)锁销式

17. 大多数_____,变速杆一般直接安装在变速器壳体上。
    (A)发动机前置前轮驱动车辆　　(B)发动机前置后轮驱动车辆
    (C)发动机后置后轮驱动车辆　　(D)公共汽车

18. 当互锁装置失效时,变速器容易造成_____故障。
    (A)乱挡　　　　　　　　　　(B)跳挡
    (C)异响　　　　　　　　　　(D)挂挡后不能退回空挡

19. 变速器互锁的作用是_____。
    (A)防止同时挂上两个挡位　　(B)防止误挂倒挡
    (C)防止变速器自动脱挡或挂挡　(D)以上都是

20. 变速器倒挡锁的作用是_____。
    (A)防止同时挂上两个挡位　　(B)防止误挂倒挡
    (C)防止变速器自动脱挡或挂挡　(D)以上都是

21. 变速器_____装置的作用是可防止同时挂上两个挡。
    (A)互锁　　　(B)自锁　　　(C)倒挡锁　　(D)锁止销

22. 变速器自锁装置的主要作用是防止_____。
    (A)变速器乱挡　　　　　　　(B)变速器跳挡
    (C)变速器误挂倒挡　　　　　(D)挂挡困难

23. 如果用一个较小齿轮去驱动较大齿轮,那么_____。
    (A)输出转矩会降低　　　　　(B)输出转矩会增加
    (C)输出转速会增加　　　　　(D)以上都不对

24. _____不属于同步器。
    (A)锁环　　　(B)花键毂　　(C)摩擦锥盘　　(D)滚柱轴承

25. 不属于手动变速器的作用是:_____。
    (A)改变发动机的输出功率
    (B)改变发动机传给驱动车轮的转矩
    (C)改变发动机传给驱动车轮的转速
    (D)在发动机旋转方向不变的情况下,能使汽车前进和后退

26. 手动变速器不包括_____机件。
    (A)齿轮及壳体　(B)同步器　(C)操纵机构　(D)传动轴
27. 锁环式惯性同步器不包括_____组件。
    (A)锁环　(B)接合套　(C)锥块及弹簧圈　(D)花键毂
28. 桑塔纳2000乘用车变速器具有5个前进挡和1个倒挡,其中一挡为_____。
    (A)降速挡　(B)直接挡　(C)超速挡　(D)倒挡
29. 桑塔纳2000乘用车变速器具有5个前进挡和1个倒挡,其中三挡为_____。
    (A)降速挡　(B)直接挡　(C)超速挡　(D)倒挡
30. 桑塔纳2000乘用车变速器具有5个前进挡和1个倒挡,其中五挡为_____。
    (A)降速挡　(B)直接挡　(C)超速挡　(D)倒挡
31. 科鲁兹(1.6L)乘用车变速器油每10000km或_____检查一次,必要时添加。
    (A)1个月　(B)3个月　(C)6个月　(D)12个月

三、填空题

1. 变速器按传动比级数不同可分为_____、_____和_____三种。
2. 变速器的功用是:改变发动机传给驱动车轮的_____,以适应各种行驶条件的需要;在保证发动机运转的条件下能_____;在离合器接合的情况下能_____发动机与传动系统的动力传递。
3. 手动变速器的基本构造包括_____机构和_____机构两部分。
4. 变速器通过_____在保证发动机运转方向不变的条件下实现_____。
5. 变速器通过_____,在离合器接合的情况下能中断_____与_____的动力传递。
6. 变速器按操纵方式可分为_____、_____和_____三种。
7. 变速器中是通过不同的挡位来实现_____、_____这一功用的。
8. 变速器通过改变_____,扩大驱动轮转速和转矩的_____,以适应汽车不同工况下所需的_____和合适的_____,并使发动机尽量在_____而_____的有利工况下工作。
9. 为了实现汽车的倒向行驶,变速器中设置了_____。
10. 在发动机起动和怠速运转、_____、_____和_____等情况下,都需要中断发动机的动力传动,因此变速器中设有_____。
11. 一对齿数不同的齿轮啮合传动时可以实现_____,而且两齿轮的转速比与其齿数成_____。
12. 一对啮合齿轮的传动比是其主动齿轮与从动齿轮的_____之比。
13. 当小齿轮为主动齿轮,带动大齿轮转动时,输出转速_____,为减速传动,此时传动比_____1;当大齿轮驱动小齿轮时,输出转速_____,为增速传动,此时传动比_____1。
14. 汽车手动变速器操纵机构有_____式和_____式两种形式,发动机前置前轮驱动车辆一般采用_____式。

15. 别克凯越乘用车采用发动机_____的底盘布置形式,五挡手动变速器采用_____操纵机构。

16. 变速器的功用主要有:_____、_____、_____和_____。

17. 二轴式变速器多用于发动机前置_____驱动的汽车,一般与驱动桥合称为_____。

18. 换挡锁装置包括_____装置、_____装置和_____装置。

19. 自锁装置用于防止变速器_____并保证轮齿以全齿宽啮合;互锁装置用于防止_____;倒挡锁装置用于防止_____。

20. 手动变速器是通过拥有不同的挡位来实现_____的功用;通过变速器中设有空挡来实现_____的功用。

21. 减速传动时传动比_____;增速传动时传动比_____。

22. 发动机纵置时,主减速器为一对_____;发动机横置时,主减速器采用一对_____。

23. 同步器的功用是使接合套与待啮合的齿圈迅速_____,缩短_____,且防止在同步前啮合而产生_____。

24. 锁环式同步器的花键毂用_____套装在二轴外花键上,用_____、_____轴向定位;三个滑块分别装在花键毂上三个均布的_____内,沿槽可以轴向移动。

25. 锁环式同步器的花键毂两端与齿轮之间各有一个青铜制成的_____即_____;锁环有_____,与接合齿圈_____相配合,组成锥面摩擦副。通过这对锥面摩擦副的摩擦,可使转速不等的两齿轮在_____迅速达到同步。

26. 前置发动机有_____布置和_____布置两种形式,与其配用的二轴式变速器也有两种不同的结构形式。

27. 目前所采用的同步器几乎都是摩擦式惯性同步器,按锁止装置的不同,可分为_____惯性同步器和_____惯性同步器。

28. 桑塔纳2000乘用车二轴式五挡手动变速器有_____个前进挡和_____个倒挡,全部采用锁环式惯性同步器换挡。

29. 桑塔纳2000乘用车变速器一挡动力传递路线是:变速器换挡杆从空挡_____、_____移动,实现:动力→输入轴→_____→_____→_____→输出轴→动力输出。

30. 桑塔纳2000乘用车变速器二挡动力传递路线是:变速器换挡杆从空挡_____、_____移动,实现:动力→输入轴→_____→_____→_____→输出轴→动力输出。

31. 桑塔纳2000乘用车变速器三挡动力传递路线是:变速器换挡杆从空挡_____移动,实现:动力→输入轴→_____→_____→_____→输出轴→动力输出。

32. 桑塔纳2000乘用车变速器四挡动力传递路线是:变速器换挡杆从空挡_____移动,实现:动力→输入轴→_____→_____→_____→输出轴→动力输出。

33. 桑塔纳2000乘用车变速器五挡动力传递路线是:变速器换挡杆从空挡_____、_____移动,实现:动力→输入轴→_____→_____→_____→输出轴→

动力输出。

34. 桑塔纳 2000 乘用车变速器倒挡动力传递路线是:变速器换挡杆从空挡_____、_____移动,实现:动力→输入轴→_____→_____→_____→输出轴→动力反向输出。

35. 科鲁兹(1.6L)乘用车变速器油每_____km 或_____个月检查一次,必要时添加。

四、简答题

1. 简述变速器的种类和功用。

2. 简述齿轮传动的基本原理。

3. 简述桑塔纳 2000 乘用车手动变速器各挡动力传递路线。

4. 简述同步器的功用及分类。

5. 简述锁环式同步器的结构特点。

6. 简述变速器操纵机构的类型和各自的特点。

7. 简述变速器操纵机构换挡锁装置的种类及各自的作用。

8. 简述手动变速器油的检查与更换方法。

五、看图填空

1. 锁环式惯性同步器

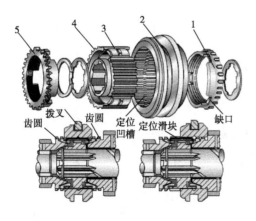

1.
2.
3.
4.
5.

2. 手动变速器换挡操纵系统

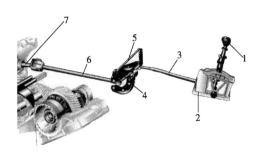

1. _____
2. _____
3. _____
4. _____
5. _____
6. _____
7. _____

3. 手动变速器变速传动机构

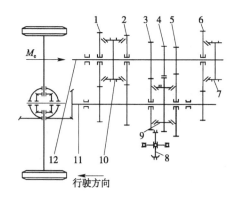

1. _____
2. _____
3. _____
4. _____
5. _____
6. _____
7. _____
8. _____
9. _____
10. _____
11. _____
12. _____

4. 自锁装置

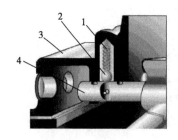

1. _____
2. _____
3. _____
4. _____

5. 互锁装置

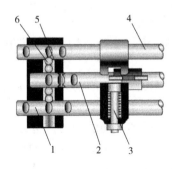

1. _____
2. _____
3. _____
4. _____
5. _____
6. _____

2.3 自动变速器

一、判断题

1. 在自动变速器的行星齿轮变速机构中,太阳轮、齿圈和行星齿轮三者的旋转轴线是重合的。 （ ）
2. 自动变速器中的单向离合器是以机械方式进行运作的。 （ ）
3. 自动变速器中的多片式离合器是利用液压方式进行操纵的。 （ ）
4. 在自动变速器的油泵中,工作时产生油液泄漏是与输出油压有关的。 （ ）
5. 自动变速器的内啮合式齿轮泵,是靠液力变矩器的输出轴驱动的。 （ ）
6. 自动变速器中的内啮合式齿轮泵,其内齿轮就是主动齿轮。 （ ）
7. 自动变速器中的内啮合式齿轮泵,其内齿轮是不旋转的。 （ ）
8. 由于行星齿轮变速机构处于常啮合状态,故动力传输不会产生齿轮间冲击。 （ ）
9. 在液力变矩器中,由于导轮的作用,使泵轮的转矩增大。 （ ）
10. 自动变速器中,齿轮变速机构的换挡离合器是装于转动轴上的。 （ ）
11. 液力变矩器的锁止含义是把导轮锁固,以提高传动效率。 （ ）
12. 当行星齿轮变速机构中的太阳轮、齿圈或行星架都不被锁止时,则会形成空挡。 （ ）
13. 采用辛普森齿轮变速机构的自动变速器,其结构特点是前后行星架组成一体。 （ ）
14. 液力变矩器的导轮改变并加强了从泵轮流出的油流,使涡轮得到增强的油流,从而使涡轮增矩。 （ ）
15. 液力变矩器的泵轮是主动轮,其叶片直接焊在壳体的内表面上。 （ ）
16. 具有4个前进挡的电控自动变速器,必须具有4个换挡电磁阀。 （ ）
17. 根据换挡工况的需要,自动变速器中的单向离合器由液压系统控制其分离或锁止。 （ ）

18. 自动变速器中制动器的作用是把行星齿轮机构中的某两个元件连接起来,形成一个整体共同旋转。（ ）
19. 在液力变矩器中,当导轮处于锁止状态下,将反过来使泵轮的转矩减小。（ ）
20. 自动变速器的作用是连接发动机和驱动车轮。（ ）
21. 自动变速器的主要零件包括液力变矩器、齿轮变速机构、液压控制系统以及电子控制系统。（ ）
22. 通过对不同的元件进行约束和限制,可以得到不同的动力传递方式:固定太阳轮,如果将齿圈作为主动件,行星架为从动件,得到的传动比大于1,是降速增矩。（ ）
23. 通过对不同的元件进行约束和限制,可以得到不同的动力传递方式:固定太阳轮,如果将行星架作为主动件,齿圈为从动件,得到的传动比大于1,是降速增矩。（ ）
24. 通过对不同的元件进行约束和限制,可以得到不同的动力传递方式:固定行星架,如果将齿圈作为主动件,太阳轮为从动件,得到的传动比小于1,是增速降矩。（ ）
25. 如果将太阳轮、齿圈和行星架中任意两个连成一体,得到的传动比等于1,是直接挡。（ ）
26. 如果太阳轮、齿圈和行星架中,既无元件制动,又无任意两元件连成一体,则动力不能传递,是空挡。（ ）
27. 通过对不同的元件进行约束和限制,可以得到不同的动力传递方式:固定行星架,如果将太阳轮作为主动件,齿圈为从动件,得到的传动比大于1,是增速降矩,而且实现了倒挡。（ ）
28. 通过对不同的元件进行约束和限制,可以得到不同的动力传递方式:固定齿圈,如果将太阳轮作为主动件,行星架为从动件,得到的传动比大于1,是降速增矩。（ ）
29. 通过对不同的元件进行约束和限制,可以得到不同的动力传递方式:固定齿圈,如果将行星架作为主动件,太阳轮为从动件,得到的传动比小于1,是升速降矩。（ ）
30. 有两种形式的制动器用于锁定行星齿轮变速机构中的某一元件,即片式制动器和带式制动器。（ ）
31. 油泵由液力变矩器驱动,用于产生油压以助于锁定自动变速器中的离合器和制动器。（ ）
32. 液力变矩器中单向离合器使导轮可以朝顺时针方向旋转(从发动机前面看),但不能朝逆时针方向旋转。（ ）
33. 液力变矩器中单向离合器使导轮可以朝逆时针方向旋转(从发动机前面看),但不能朝顺时针方向旋转。（ ）
34. 液力变矩器在涡轮转速较低时,单向离合器处于锁止状态。（ ）
35. 液力变矩器在涡轮转速较高时,单向离合器处于锁止状态。（ ）
36. 自动变速器严禁使用手动变速器齿轮油、主减速器专用油或发动机机油。（ ）
37. 自动变速器必须加注厂家规定的自动变速器油。（ ）
38. 次调压阀的作用是将液压泵输出压力精确调节到所需值后再输入主油路。（ ）
39. 主调压阀的作用是将液压泵输出压力精确调节到所需值后再输入主油路。（ ）
40. 次调压阀是把主调压阀泄出的油压调节成变矩器油压。（ ）

41. 满足主油路系统在不同工况、不同挡位时,具有不同油压的要求是主调压阀的作用。
(　　)

42. 满足主油路系统在不同工况、不同挡位时,具有不同油压的要求是次调压阀的作用。
(　　)

43. 节气门开度较小时,自动变速器所传递的转矩较小,执行机构中的离合器、制动器不易打滑,主油路压力可以降低。(　　)

44. 当发动机节气门开度较大时,因传递的转矩增大,为防止离合器、制动器打滑,主油路压力要升高。(　　)

45. 当发动机节气门开度较大时,自动变速器所传递的转矩较小,执行机构中的离合器、制动器不易打滑,主油路压力可以降低。(　　)

46. 汽车低速挡行驶时,所传递的转矩较大,为防止离合器、制动器打滑,主油路压力要高。(　　)

47. 在高速挡行驶时,自动变速器传递的转矩较小,可降低主油路油压,以减少液压泵的运转阻力。(　　)

48. 在高速挡行驶时,所传递的转矩较大,主油路压力要高。(　　)

49. 倒挡的使用时间较少,为减小自动变速器尺寸,执行机构中的离合器、制动器不易打滑,主油路压力可以降低。(　　)

50. 检查自动变速器油液位时,要在发动机怠速且制动踏板踩下的情况下,将换挡杆换到从 P 位置到 L 位置的所有位置,然后回到 P 位置。(　　)

51. 执行自动变速器油压测试时须在自动变速器油的正常工作温度为 70~80℃下进行。
(　　)

52. 在自动变速器油的正常工作温度为 50~80℃下执行自动变速器油压测试。(　　)

53. 管路油压压力测试时务必由两人一起完成,一名技师进行测试时,另一名技师应在车外观察车轮或车轮挡块的状况。(　　)

54. 对自动变速器油压检测必须在检查和调整发动机之后进行。(　　)

55. 对自动变速器油压检测应在空调关闭的情况下进行。(　　)

56. 对自动变速器油压失速测试时,测试的持续时间不得超过 10s。(　　)

57. 倒挡的使用时间较少,倒挡执行机构被制作得较小,为避免出现打滑,需提高操纵油压。(　　)

58. 自动变速器是指汽车驾驶中离合器的操纵和变速器的操纵都实现了自动化,简称 MT。(　　)

59. 自动变速器是指汽车驾驶中离合器的操纵和变速器的操纵都实现了自动化,简称 AT。(　　)

60. P 位为驻车挡。换挡杆置于此位置时,驻车锁止机构将自动变速器输出轴锁止。
(　　)

61. P 位为倒挡。换挡杆置于此位置时,液压系统倒挡油路被接通,驱动轮反转,实现倒向行驶。(　　)

62. R 位为倒挡。换挡杆置于此位置时,液压系统倒挡油路被接通,驱动轮反转,实现倒

向行驶。( )

63. R位为驻车挡。换挡杆置于此位置时,驻车锁止机构将自动变速器输出轴锁止。( )

64. N位为空挡。换挡杆置于此位置时,所有齿轮变速机构的齿轮空转,不能输出动力。( )

65. D_4(或D)位为前进挡。( )

66. D_3位为高速发动机制动挡。( )

67. 发动机只有在换挡杆置于N或P位时才能起动,此功能靠空挡起动开关来实现。( )

68. 2(或S)位为中速发动机制动挡。( )

69. 1位(或L位)为低速发动机制动挡。( )

70. 发动机只有在换挡杆置于D或R位时才能起动,此功能靠空挡起动开关来实现。( )

71. 液力变矩器位于自动变速器的最前端,安装在发动机的飞轮上。( )

72. 液力变矩器是一个通过自动变速器油(ATF)传递动力的装置,可以实现动力的柔和传递。( )

73. 液力变矩器具有一定的减速增矩功能。( )

74. 液力变矩器具有一定的增速降矩功能。( )

75. 目前所有的乘用车电控液力自动变速器都采用行星齿轮变速机构进行变速。( )

76. 有的乘用车电控液力自动变速器采用平行轴齿轮变速机构进行变速。( )

77. 电控液力自动变速器换挡执行元件主要包括离合器、制动器和单向离合器。( )

78. 电控液力自动变速器换挡执行元件包括离合器和制动器。( )

79. 液力变矩器能防止传动系统过载。( )

80. 有两个导轮的液力变矩器,称为四元件液力变矩器。( )

81. 液力变矩器工作时,ATF在液力变矩器中的循环流动为泵轮→涡轮→导轮→泵轮。( )

82. 液力变矩器工作时,ATF在液力变矩器中的循环流动为泵轮→导轮→涡轮→泵轮。( )

83. 内啮合齿轮泵主要由主动齿轮、从动齿轮、月牙板、壳体等组成。( )

84. 当发动机不工作,换挡杆在D位和R位时,可利用推车起动发动机。( )

85. 常见的液力变矩器的单向离合器有滚柱式及楔块式两种。( )

86. 液力变矩器中的锁止离合器可提高了传动效率,提高汽车在正常行驶时的燃油经济性,并防止ATF过热。( )

87. 当车辆起步、低速或在坏路面上行驶时,液力变矩器中的锁止离合器应处于分离状态。( )

88. 当车辆起步、低速或在坏路面上行驶时,液力变矩器中的锁止离合器应处于接合状态。( )

89. 当车辆以中速至高速行驶时,液力变矩器中的锁止离合器应处于接合状态。(　　)
90. 当车辆以中速至高速行驶时,液力变矩器中的锁止离合器应处于分离状态。(　　)
91. 行星齿轮变速机构的太阳轮与行星齿轮是外啮合,二者的旋转方向相反。(　　)
92. 行星齿轮变速机构的太阳轮与行星齿轮是外啮合,二者的旋转方向相同。(　　)
93. 行星齿轮变速机构的行星齿轮与齿圈是内啮合,二者的旋转方向相反。(　　)
94. 行星齿轮变速机构的行星齿轮与齿圈是内啮合,二者的旋转方向相同。(　　)
95. 电控液力自动变速器换挡阀的工作由换挡电磁阀控制,其控制方式有加压控制和泄压控制两种。(　　)
96. 电磁式车速传感器主要由永久磁铁、电磁感应线圈、转子等组成。转子一般安装在变速器输出轴上。(　　)
97. 温度传感器一般都是一个负温度系数的热敏电阻,即温度升高,电阻下降。(　　)
98. 电磁阀根据功能的不同,可以分为换挡电磁阀、锁止离合器电磁阀和油压电磁阀。(　　)
99. 绝大多数自动变速器换挡电磁阀是采用开关式电磁阀。(　　)
100. 绝大多数自动变速器换挡电磁阀是采用占空比式电磁阀。(　　)
101. 绝大多数自动变速器油压电磁阀是采用占空比式电磁阀。(　　)
102. 绝大多数自动变速器油压电磁阀是采用开关式电磁阀。(　　)
103. 自动变速器锁止离合器电磁阀可采用开关式电磁阀或占空比式电磁阀。(　　)
104. 辛普森Ⅰ型行星齿轮变速机构结构特点是前、后两个行星齿轮变速机构共用一个太阳轮。(　　)
105. 拉威挪式行星齿轮变速机构是一种双排单、双级复合式行星齿轮变速机构。(　　)
106. 拉威挪式行星齿轮变速机构中前、后排共用一个齿圈和一个行星架。(　　)
107. 拉威挪式行星齿轮变速机构中外行星齿轮为长行星齿轮,它与齿圈、短行星齿轮和大太阳轮同时啮合。(　　)
108. 拉威挪式行星齿轮变速机构中外行星齿轮为长行星齿轮,它与齿圈、短行星齿轮和小太阳轮同时啮合。(　　)
109. 拉威挪式行星齿轮变速机构中内行星齿轮为短行星齿轮,它与小太阳轮和长行星齿轮同时啮合。(　　)
110. 拉威挪式行星齿轮变速机构中内行星齿轮为短行星齿轮,它与大太阳轮和长行星齿轮同时啮合。(　　)

二、选择题

1. ＿＿＿＿不是自动变速器的简称。
   (A)AT　　　　(B)MT　　　　(C)EAT　　　　(D)ECT
2. CVT 是＿＿＿＿的简称。
   (A)电控液力自动变速器　　　　(B)机械式自动变速器
   (C)无级自动变速器　　　　　　(D)双离合器自动变速器
3. AMT 是＿＿＿＿的简称。

(A)电控液力自动变速器 　　　　　(B)机械式自动变速器
(C)无级自动变速器 　　　　　　　(D)双离合器自动变速器

4. 自动变速器的换挡杆通常有_____位置。
   (A)2或3个　　(B)3或4个　　(C)6或7个　　(D)8或9个

5. _____符号表示自动变速器的驻车挡。
   (A)P　　　　(B)R　　　　　(C)N　　　　　(D)D

6. _____符号表示自动变速器的倒挡。
   (A)P　　　　(B)R　　　　　(C)N　　　　　(D)D

7. _____符号表示自动变速器的空挡。
   (A)P　　　　(B)R　　　　　(C)N　　　　　(D)D

8. _____符号表示自动变速器的前进挡。
   (A)P　　　　(B)R　　　　　(C)N　　　　　(D)D

9. _____符号表示自动变速器的前进挡。
   (A)D_4(或D)　　(B)D_3(或3)　　(C)2(或S)　　(D)1位(或L位)

10. _____符号表示自动变速器的高速发动机制动挡。
    (A)D_4(或D)　　(B)D_3(或3)　　(C)2(或S)　　(D)1位(或L位)

11. _____符号表示自动变速器的中速发动机制动挡。
    (A)D_4(或D)　　(B)D_3(或3)　　(C)2(或S)　　(D)1位(或L位)

12. _____符号表示自动变速器的低速发动机制动挡。
    (A)D_4(或D)　　(B)D_3(或3)　　(C)2(或S)　　(D)1位(或L位)

13. 换挡杆置于_____位时,驻车锁止机构将自动变速器输出轴锁止。
    (A)P　　　　(B)R　　　　　(C)N　　　　　(D)D

14. 换挡杆置于_____位时,液压系统倒挡油路被接通,驱动轮反转,实现倒向行驶。
    (A)P　　　　(B)R　　　　　(C)N　　　　　(D)D

15. 换挡杆置于_____位时,所有齿轮变速机构的齿轮空转,不能输出动力。
    (A)P　　　　(B)R　　　　　(C)N　　　　　(D)D

16. 换挡杆置于_____位时,随着行驶条件的变化,在前进挡中自动升降挡,实现自动变速功能。
    (A)P　　　　(B)R　　　　　(C)N　　　　　(D)D

17. 发动机只有在换挡杆置于_____位时才能起动,此功能靠空挡起动开关来实现。
    (A)N或P　　(B)N或R　　(C)D或P　　(D)R或P

18. 发动机只有在换挡杆置于N或P位时才能起动,此功能靠_____来实现。
    (A)开关式电磁阀　　　　　　　(B)占空比式电磁阀
    (C)制动灯开关　　　　　　　　(D)空挡起动开关

19. 液力变矩器位于自动变速器的_____。
    (A)最前端　　(B)最后端　　(C)中间位置　　(D)任意位置

20. 液力变矩器是一个通过_____传递动力的装置,可以实现动力的柔和传递。
    (A)机油　　　(B)ATF　　　(C)制动液　　　(D)齿轮油

21. 液力变矩器在一定范围内自动改变传动比,具有一定的_____功能。
    (A)增速增矩　　　(B)减速增矩　　　(C)增速减矩　　　(D)减速减矩
22. 电控液力自动变速器换挡执行元件不包括_____。
    (A)离合器　　　　(B)制动器　　　　(C)减振器　　　　(D)单向离合器
23. 关于自动变速器的液力变矩器,下列说法中正确的是_____。
    (A)能将发动机的转矩传递给自动变速器齿轮变速机构
    (B)涡轮与发动机转速相同
    (C)导轮由发动机直接驱动
    (D)导轮与涡轮之间通过单向离合器连接
24. _____部件不属于液力变矩器的组成。
    (A)导轮　　　　　(B)行星齿轮　　　(C)涡轮　　　　　(D)泵轮
25. 四元件液力变矩器是指液力变矩器中有两个_____。
    (A)泵轮　　　　　(B)涡轮　　　　　(C)导轮　　　　　(D)锁止离合器
26. 液力变矩器中,_____位于液力变矩器的后部,与液力变矩器壳体连在一起。
    (A)泵轮　　　　　(B)涡轮　　　　　(C)导轮　　　　　(D)锁止离合器
27. _____是液力变矩器中的输入部件。
    (A)泵轮　　　　　(B)涡轮　　　　　(C)导轮　　　　　(D)单向离合器
28. 液力变矩器中,_____是通过带花键的从动轴向后面的自动变速器齿轮变速机构输出动力。
    (A)泵轮　　　　　(B)涡轮　　　　　(C)导轮　　　　　(D)单向离合器
29. 液力变矩器的输出部件是_____。
    (A)泵轮　　　　　(B)涡轮　　　　　(C)导轮　　　　　(D)单向离合器
30. 液力变矩器中的涡轮与_____连接。
    (A)导轮　　　　　　　　　　　　　　(B)飞轮
    (C)泵轮　　　　　　　　　　　　　　(D)齿轮变速机构的输入轴
31. _____使得导轮只能单向旋转(顺时针旋转)。
    (A)泵轮　　　　　(B)涡轮　　　　　(C)单向离合器　　(D)锁止离合器
32. 在自动变速器中,液力变矩器的工作原理就像两台对置的电风扇,一台电风扇接通电源,另一台电风扇不接电源。那么通电电风扇与不通电电风扇分别相当于液力变矩器中的_____部件。
    (A)泵轮与涡轮　　(B)泵轮与导轮　　(C)涡轮与导轮　　(D)涡轮与泵轮
33. 液力变矩器中,泵轮是被_____驱动旋转的。
    (A)液力变矩器外壳　　　　　　　　　(B)从涡轮抛出的油流
    (C)单向离合器　　　　　　　　　　　(D)锁止离合器
34. 在输出轴处于增矩工况下,自动变速器的液力变矩器中的导轮处于_____状态。
    (A)自由　　　　　(B)锁止　　　　　(C)与涡轮同速　　(D)与泵轮同速
35. 在自动变速器中,当液力变矩器的泵轮和涡轮转速差值越大时,则_____。
    (A)输出转矩越大　　　　　　　　　　(B)输出转矩越小

(C)效率越高　　　　　　　　(D)输出功率越大

36. 自动变速器的液力变矩器中,当导轮被锁止时,其油流的特点是_____。
 (A)导轮能保持从涡轮流出的冲向泵轮的油液方向
 (B)导轮能改变从涡轮流出的冲向泵轮的油液方向
 (C)导轮能改变从泵轮冲向涡轮的油液方向
 (D)导轮能保持从泵轮流出的冲向涡轮的油液方向

37. 在单排行星齿轮机构中,齿圈为主动件,行星架为从动件,太阳轮固定,得到的是_____。
 (A)增速降矩　　(B)降速降矩　　(C)增速增矩　　(D)降速增矩

38. 在单排行星齿轮机构中,行星架为主动件,齿圈为从动件,太阳轮固定,得到的传动比_____。
 (A)小于1　　　(B)大于1　　　(C)等于1　　　(D)不确定

39. 在单排行星齿轮机构中,太阳轮为主动件,行星架为从动件,齿圈固定,得到的传动比_____。
 (A)小于1　　　(B)大于1　　　(C)等于1　　　(D)不确定

40. 在单排行星齿轮机构中,行星架为主动件,太阳轮为从动件,齿圈固定,得到的是_____。
 (A)增速降矩　　(B)降速降矩　　(C)增速增矩　　(D)降速增矩

41. 在单排行星齿轮机构中,太阳轮为主动件,齿圈为从动件,行星架固定,得到的是_____。
 (A)减速挡　　　(B)超速挡　　　(C)直接挡　　　(D)倒挡

42. 在单排行星齿轮机构中,如果将太阳轮、齿圈和行星架三个元件中的任何两个元件连为一体转动,得到的传动比_____。
 (A)小于1　　　(B)大于1　　　(C)等于1　　　(D)不确定

43. 在单排行星齿轮机构中,如果太阳轮、齿圈和行星架三个元件没有任何约束得到的是_____。
 (A)减速挡　　　(B)空挡　　　(C)直接挡　　　(D)倒挡

44. 自动变速器换挡执行元件中,不是以液压控制的部件是_____。
 (A)单向离合器　(B)离合器　　　(C)片式制动器　(D)带式制动器

45. 在自动变速器中,离合器的作用是_____。
 (A)连接　　　　(B)固定　　　　(C)单向锁止　　(D)以上都不是

46. 在自动变速器中,多片式离合器的作用是_____。
 (A)限制输入轴与输出轴不产生过大的速差
 (B)固定行星齿轮变速机构的某个元件
 (C)连接轴和行星齿轮变速机构中的元件或连接行星齿轮变速机构中的不同元件
 (D)控制换挡不造成过大的冲击

47. 在自动变速器中,制动器的作用_____。
 (A)连接　　　　(B)固定　　　　(C)单向锁止　　(D)以上都不是

48. 自动变速器的油泵，是被_____驱动的。
    (A)液力变矩器壳体　　　　　　(B)导轮
    (C)从泵轮抛向涡轮的油流　　　(D)单向离合器

49. _____的作用是将油泵输出压力精确调节到所需值后再输入主油路。
    (A)主调压阀　　(B)次调压阀　　(C)换挡阀　　(D)手动阀

50. 次调压阀是把_____泄出的油压调节成液力变矩器油压。
    (A)主调压阀　　　　　　　(B)锁止离合器控制阀
    (C)换挡阀　　　　　　　　(D)手动阀

51. 次调压阀是把主调压阀泄出的油压调节成_____油压。
    (A)离合器　　　　　　　　(B)主油路
    (C)制动器　　　　　　　　(D)液力变矩器

52. _____的功用是控制各挡位油路的转换。
    (A)主调压阀　　(B)次调压阀　　(C)换挡阀　　(D)手动阀

53. 对于自动变速器的手动阀，正确的说法是_____。
    (A)与驾驶室内的换挡杆相连
    (B)手动阀独立存在，不在阀体中
    (C)手动阀由加速踏板连动
    (D)手动阀直接控制前进挡的挡位

54. 液力变矩器的锁止离合器电磁阀的作用是当车速升到一定值后，控制油液能把_____锁为一体。
    (A)泵轮和导轮　　　　　　(B)泵轮和涡轮
    (C)泵轮和单向离合器　　　(D)涡轮和导轮

55. _____不是电控液力自动变速器的输入传感器。
    (A)节气门位置传感器　　　(B)车速传感器
    (C)发动机转速传感器　　　(D)爆震传感器

56. 在电控自动变速器的控制系统中，使用最广泛的、反映发动机负荷的传感器是_____。
    (A)发动机转速传感器　　　(B)节气门位置传感器
    (C)冷却液温度传感器　　　(D)进气歧管绝对压力传感器

57. 决定自动变速器换挡时刻的主要传感信息是车速传感器及_____。
    (A)节气门位置传感器　　　(B)发动机转速传感器
    (C)冷却液温度传感器　　　(D)ATF温度传感器

58. 在电控液力自动变速器中，为达到顺利换挡的目的，对绝大多数换挡阀的控制是采用_____。
    (A)单向节流阀　　　　　　(B)开关式电磁阀
    (C)脉冲宽度可调式电磁阀　(D)占空式电磁阀

59. 辛普森Ⅰ型行星齿轮变速机构的特点是：前、后两个行星齿轮变速机构_____。
    (A)共用一个齿圈　　　　　(B)共用一个太阳轮

35

(C)共用一个行星架　　　　　　　　(D)后太阳轮与前行星架刚性连接

60. 卡罗拉乘用车配备的 U341E 型自动变速器行星齿轮变速机构(辛普森Ⅱ型行星齿轮变速机构),采用了 CR－CR 式行星齿轮变速机构,该行星齿轮变速机构仅有_____独立元件。

(A)2 个　　　　(B)3 个　　　　(C)4 个　　　　(D)6 个

61. 在拉威娜式行星齿轮自动变速器行星齿轮变速机构中,_____与齿圈啮合。

(A)长行星齿轮　　(B)短行星齿轮　　(C)大太阳轮　　(D)小太阳轮

62. 在拉威娜式行星齿轮自动变速器行星齿轮变速机构中,_____与小太阳轮啮合。

(A)长行星齿轮　　　　　　　　　(B)短行星齿轮
(C)大太阳轮　　　　　　　　　　(D)齿圈

63. 在拉威娜式行星齿轮自动变速器行星齿轮变速机构中,动力由_____输出。

(A)长行星齿轮　　(B)短行星齿轮　　(C)行星架　　(D)齿圈

64. 自动变速器油压试验时,应在 ATF(自动变速器油)工作温度为_____℃下由两人完成测试。

(A)50～80　　　(B)70～80　　　(C)80～90　　　(D)90～100

三、填空题

1. 所谓自动变速器是指汽车驾驶中_____的操纵和_____的操纵都实现了自动化,简称_____。

2. 目前自动变速器的自动换挡等过程都是由自动变速器的_____控制的,因此自动变速器又可简称_____、_____、_____等。

3. 自动变速器按结构、控制方式的不同,可以分为_____、_____和_____。

4. 按车辆驱动方式的不同,可以分为_____和_____。

5. 按照自动变速器换挡杆置于前进挡时的挡位数的不同,可以分为_____、_____、_____自动变速器等。

6. 乘用车自动变速器的换挡杆通常有 6 或 7 个位置,分别是 P 位,_____;_____,空挡;R 位,_____;_____,前进挡;2 位,_____和 L 位,_____。

7. P 位为_____。换挡杆置于此位置时,驻车锁止机构将自动变速器_____锁止。

8. R 位为_____。换挡杆置于此位置时,液压系统倒挡油路被接通,驱动轮反转,实现_____。

9. N 位为_____。换挡杆置于此位置时,所有齿轮变速机构的齿轮_____,不能输出动力。

10. D_4(或 D)位为_____。换挡杆置于此位置时,液压系统控制装置根据_____信号和_____信号自动接通相应的前进挡油路,齿轮变速机构在_____的控制下得到相应的传动比。随着行驶条件的变化,在前进挡中自动升降挡,实现_____功能。

11. D_3(或 3)位为_____。换挡杆位于该位置时,液压制动系统只能接通前进挡中的一、二、三挡油路,自动变速器只能在这_____间自动换挡,无法升入_____,从而使汽车获得_____效果。

12. 2(或 S)位为_____。换挡杆置于此位置时,液压控制系统只能接通前进挡中的一、二挡油路,自动变速器只能在这_____间自动换挡,无法升入_____挡位,从而使汽车获得_____效果。

13. 1 位(或 L 位)为_____。换挡杆置于此位置时,汽车被锁定在前进挡的一挡,只能在该挡位行驶而无法升入_____,_____效果更强。

14. 发动机只有在换挡杆置于_____位或_____位时才能起动,此功能靠_____来实现。

15. 常见的换挡杆的位置可布置在_____上或_____上。

16. 自动变速器主要由_____、_____、_____、_____和_____等组成。

17. 液力变矩器位于自动变速器的最前端,安装在发动机的_____上,它是一个通过_____传递动力的装置,可以实现动力的柔和传递。

18. 液力变矩器的主要作用是利用_____循环流动将发动机的动力传递给自动变速器齿轮变速机构的_____,并能根据汽车行驶阻力的变化,在一定范围内自动改变_____,具有一定的_____功能。

19. 液力变矩器还具有_____的功用,在发动机不熄火、自动变速器位于_____的情况下,汽车可以处于停车状态。

20. 自动变速器齿轮变速机构可形成不同的_____,组合成电控液力自动变速器不同的_____。

21. 目前绝大多数电控液力自动变速器采用_____进行变速,有的车型采用_____(如本田车系)进行变速。

22. 电控液力自动变速器换挡执行元件主要包括_____、_____和_____。

23. 液压控制系统是由_____、各种控制阀及与之相连通的液压换挡执行元件,如_____、_____等组成液压控制回路。

24. 汽车行驶中根据驾驶人的要求和行驶条件的需要,液压控制系统控制_____和_____的工作状况的改变来实现齿轮变速机构的_____。

25. 电子控制系统主要包括_____、_____、_____等。

26. 电子控制系统中的_____及各种_____将发动机工况、车速等信号传递给电子控制单元(ECU),经 ECU 处理后发出控制指令给_____、_____和_____按一定规律控制换挡执行元件工作,实现自动变速器自动换挡。

27. 液力变矩器位于_____和_____之间,以_____为工作介质。

28. 液力变矩器主要功用为传递转矩、_____、_____、_____等。

29. 发动机的转矩通过液力变矩器的主动元件,再通过_____传给液力变矩器的从动元件,最后传给自动变速器_____。

30. 根据工况的不同,液力变矩器可以在一定范围内实现_____和_____的无级变化。

31. 液力变矩器由于采用_____传递动力,当踩下制动踏板时,发动机也不会熄火,此时相当于离合器_____;当抬起制动踏板时,汽车可以起步,此时相当于离合器_____。

32. ATF 在工作的时候需要油泵提供一定的压力,而油泵一般是由_____驱动的。

33. 由于采用 ATF 传递动力,液力变矩器的动力传递_____,且能防止传动系统_____。

34. 液力变矩器通常由_____、_____和_____三个元件组成,称为三元件液力变矩器。也有的采用两个导轮,则称为_____。

35. 液力变矩器总成封在一个钢制壳体(液力变矩器壳体)中,内部充满_____。液力变矩器壳体通过螺栓与发动机曲轴后端的_____连接,与发动机曲轴一起旋转。

36. 液力变矩器的泵轮位于液力变矩器的_____,与液力变矩器_____连在一起。涡轮位于泵轮_____,通过带花键的从动轴向后面的自动变速器_____输出动力。泵轮、涡轮和导轮上都带有叶片。

37. 液力变矩器的导轮位于_____与_____之间,通过_____支承在固定套管上,使得导轮只能单向旋转(顺时针旋转)。

38. 液力变矩器工作时,发动机带动壳体旋转,壳体带动_____旋转,_____的叶片将 ATF 带动起来,并冲击到_____的叶片。

39. ATF 在液力变矩器中的循环流动方向为_____→_____→_____→_____。

40. 单向离合器功用是实现导轮的_____,即导轮只能_____时针转动而不能_____时针转动。

41. 当涡轮与泵轮转速差较大时,单向离合器处于_____状态,导轮不能_____。

42. 当涡轮转速升高到一定程度后,单向离合器_____,即导轮_____,使得液力变矩器不能改变输出_____,在高速区实现耦合传动。

43. 常见的单向离合器有_____及_____两种。

44. 楔块式单向离合器由_____、_____、_____、_____等组成。

45. 楔块式单向离合器的内外座圈组成的滚道宽度是_____,采用不均匀形状的楔块,楔块的大端长度_____滚道宽度。

46. 楔块式单向离合器的内座圈_____,当外座圈顺时针旋转时,楔块_____旋转,外座圈可相对楔块和内座圈_____;反之,当外座圈逆时针旋转时,楔块_____旋转,楔块阻止外座圈_____。

47. 锁止离合器简称_____,可以将_____和_____直接连接起来,即将发动机与自动变速器齿轮变速机构直接连接起来。

48. 当车辆起步、低速或在坏路面上行驶时,应将锁止离合器_____,使液力变矩器具有_____作用。此时油液流至锁止离合器的_____,锁止离合器片前端与后端的压力相同,使锁止离合器_____。

49. 当车辆以中速至高速行驶时,油液流至锁止离合器的_____,使锁止离合器片与前盖一起转动。此时发动机的动力经液力_____、_____、_____传给后面的自动变速器_____,相当于将_____和_____刚性连在一起,传动效率为100%。

50. 自动变速器的齿轮变速机构主要有_____和_____。

51. 齿轮变速机构与液力变矩器配合使用,执行机构根据自动变速器控制系统的命令来_____或_____、_____或_____齿轮变速机构的某个元件,通过改变动力传递路线得到不同的_____。

52. 单排行星齿轮变速机构主要由一个_____、一个带有若干个行星齿轮的_____和一个_____组成。

53. 单排行星齿轮变速机构运动规律的特性方程式为:$n_1 + \alpha n_2 - (1+\alpha)n_3 = 0$。式中,$n_1$为_____;$n_2$为_____;$n_3$为_____;$\alpha$为_____。

54. 由于太阳轮与行星轮是_____,所以二者的旋转方向是相反的;而行星齿轮与齿圈是_____,则这二者的旋转方向是相同的。

55. 在单排行星齿轮机构中,齿圈为主动件,行星架为从动件,太阳轮固定,传动比为_____,说明为_____传动,可以作为_____挡。

56. 在单排行星齿轮机构中,行星架为主动件,齿圈为从动件,太阳轮固定,传动比为_____,说明为_____传动,可以作为_____挡。

57. 在单排行星齿轮机构中,太阳轮为主动件,行星架为从动件,齿圈固定,传动比为_____,说明为_____传动,可以作为_____挡。

58. 在单排行星齿轮机构中,行星架为主动件,太阳轮为从动件,齿圈固定,传动比为_____,说明为_____传动,可以作为_____挡。

59. 在单排行星齿轮机构中,太阳轮为主动件,齿圈为从动件,行星架固定,传动比为_____,说明主从动件的旋转方向_____,可以作为_____挡。

60. 在单排行星齿轮机构中,若使太阳轮、齿圈和行星架三个元件中的任何两个元件连为一体转动,则另一个元件的转速必然与前两者_____转动。传动比为_____。这种传动方式用于变速器的_____挡传动。

61. 在单排行星齿轮机构中,如果太阳轮、齿圈和行星架三个元件没有任何约束,则各元件的运动是_____,此时为_____挡。

62. 行星齿轮自动变速器的换挡执行元件包括_____、_____和_____。

63. 行星齿轮自动变速器的换挡执行元件中,_____和_____以液压方式控制行星齿轮变速机构元件的旋转,_____是以机械方式对行星齿轮变速机构的元件进行锁止。

64. 离合器主要由_____、_____、_____、_____、_____、_____等组成。

65. 制动器的功用是固定行星齿轮变速机构中的元件,防止其转动。制动器有

_____和_____两种形式。

66. 带式制动器由_____和_____等组成。

67. 带式制动器中,制动带的一端支承在与_____固连的支座上,另一端与控制油缸的_____相连。

68. 目前大多数制动器设置了_____。在右腔撤除油压的同时,左腔进油,活塞在油压和_____的共同作用下复位,可迅速解除制动。

69. 液压控制系统的基本组成包括_____、_____和_____三大部分。

70. 液压控制系统的动力源是_____,它是整个液压控制系统的工作基础。

71. 执行机构主要由_____、_____等组成。其功用是在控制油压的作用下实现离合器的_____、制动器的_____动作,以便得到相应的挡位。

72. 液压控制系统的控制机构包括阀体和各种阀,包括_____、_____、_____等。此外,液压控制系统还包括一些辅助装置,如用于防止换挡冲击的蓄能器、止回阀等。

73. 油泵的功用是产生一定压力和流量的 ATF,供给_____、_____和_____。

74. 油泵一般位于_____和_____之间,由_____驱动。

75. 油泵的类型主要有_____、_____和_____。

76. 内啮合齿轮泵主要由_____、_____、_____、_____等组成。

77. 主调压阀的作用是将_____输出压力精确调节到所需值后再输入_____。

78. 节气门开度较小时,自动变速器所传递的转矩较小,换挡执行机构中的离合器、制动器不易打滑,主油路压力可以_____。而当发动机节气门开度较大时,因传递的转矩增大,为防止离合器、制动器打滑,主油路压力要_____。

79. 汽车低速挡行驶时,所传递的转矩较大,主油路压力_____。而在高速挡行驶时,自动变速器传递的转矩较小,可_____主油路油压,以减少油泵的运转阻力。

80. 倒挡的使用时间较少,为减小自动变速器尺寸,倒挡执行机构被制作得较小,为避免出现打滑,需_____操纵油压。

81. 次调压阀是把_____泄出的油压调节成_____。

82. 手动阀又称为手控阀或手动换挡阀,与驾驶室内的_____相连,其功用是控制各挡位油路的_____。

83. 电控液力自动变速器换挡阀的工作由_____控制,其控制方式有两种:一种是_____,另一种是_____。

84. 锁止离合器电磁阀采用_____电磁阀,ECU可利用_____大小来调节锁止离合器电磁阀的开度,以控制作用在锁止离合器控制阀右端的_____,调节锁止离合器控制阀左移时排油孔的_____,从而控制锁止离合器活塞右侧油压的大小。

85. 锁止离合器电磁阀采用脉冲式电磁阀,当作用在锁止离合器电磁阀上的脉冲电信号的占空比为_____时,锁止离合器电磁阀关闭,没有油压作用在锁止离合器控制阀的右端,此时锁止离合器活塞左右两侧的油压相同,锁止离合器处于_____状态。

86. 锁止离合器电磁阀采用脉冲式电磁阀,当作用在锁止离合器电磁阀上的脉冲电信号

_____时,锁止离合器电磁阀的开度和作用在锁止离合器控制阀右端的油压以及锁止离合器控制阀左移打开的排油孔开度均较小,锁止离合器活塞左右两侧油压差以及由此产生的锁止离合器接合力也较小,使锁止离合器处于_____状态。

87. 锁止离合器电磁阀采用脉冲式电磁阀,作用在锁止离合器电磁阀上的脉冲信号的占空比_____,锁止离合器活塞左右两侧油压差以及锁止离合器接合力也越大。当脉冲信号的占空比达到一定数值时,锁止离合器即可完全_____。

88. 自动变速器的电子控制系统包括_____、_____和_____三部分。

89. 自动变速器的电子控制系统的传感器及开关部分主要包括_____、_____、发动机转速传感器、_____、_____、_____、_____、_____等。

90. 自动变速器的电子控制系统的执行器部分主要包括各种_____和_____等。

91. ECU 主要完成_____、_____、_____、_____和_____等功能。

92. 节气门位置传感器安装在_____上,用于检测节气门开度的大小,并将数据传送给 ECU,ECU 根据此信号判断_____,从而控制自动变速器的_____、_____和对锁止离合器控制。

93. 一般是采用_____,又称_____,其结构实际上是一个_____,E 是_____,IDL 是_____,V_{TA} 是_____,V_C 是_____,ECU 提供恒定_____电压。

94. 车速传感器用于检测自动变速器_____转速,自动变速器 ECU 根据车速传感器输入的信号计算出车速,并以此信号控制自动变速器的_____和锁止离合器的_____。

95. 常见的车速传感器有_____、_____、_____三种形式。

96. 电磁式车速传感器主要由_____、_____、_____等组成。转子一般安装在变速器_____上,永久磁铁和电磁感应线圈安装在_____上。

97. 温度传感器一般都是一个_____的热敏电阻,即温度_____,电阻_____。

98. ECU 接收温度传感器信号,当温度低于设定温度时,可防止自动变速器换入_____,同时_____也不能工作。

99. 空挡起动开关(又称驻车挡/空挡位置开关)有两个功用,一是给自动变速器 ECU 提供_____信息,二是保证只有换挡杆置于_____才能起动发动机。

100. 制动灯开关安装在_____上。自动变速器 ECU 通过制动灯开关检测是否踩下制动踏板,如果踩下制动踏板,ECU 会_____锁止离合器的工作。

101. 电磁阀根据功能的不同,可以分为_____、_____和_____。

102. 电磁阀根据工作原理的不同,可以分为_____和_____。

103. 绝大多数换挡电磁阀是采用_____电磁阀,油压电磁阀是采用_____电磁阀,而锁止离合器电磁阀采用_____的和_____的都有。

104. 开关式电磁阀的功用是开启或关闭液压油路,通常用于控制_____和部分车型_____的工作。

105. 开关式电磁阀由_____、_____、_____、_____和球阀等组成。

106. 占空比式电磁阀（又称_____）与开关式电磁阀类似，由_____、_____、_____等组成。

107. 辛普森Ⅰ型行星齿轮变速机构是由两个单排行星齿轮组连接而成的一种双排行星齿轮变速机构，其结构特点是：前、后两个行星齿轮变速机构共用一个_____。

108. 卡罗拉乘用车配备的 U341E 型自动变速器行星齿轮变速机构有 4 个独立元件（_____、_____、_____、_____），其特点是变速比大、效率高、元件轴转速低。

109. 卡罗拉乘用车配备的 U341E 型自动变速器，前进挡离合器 C_1 的功能是连接_____和_____。

110. 卡罗拉乘用车配备的 U341E 型自动变速器，直接离合器 C_2 的功能是连接_____和_____。

111. 卡罗拉乘用车配备的 U341E 型自动变速器，倒挡离合器 C_3 的功能是连接_____和_____。

112. 卡罗拉乘用车配备的 U341E 型自动变速器，OD 挡和二挡制动器 B_1 的功能是固定_____。

113. 卡罗拉乘用车配备的 U341E 型自动变速器，二挡制动器 B_2 的功能是固定_____。

114. 卡罗拉乘用车配备的 U341E 型自动变速器，一挡和倒挡制动器 B_3 的功能是固定_____。

115. 卡罗拉乘用车配备的 U341E 型自动变速器，1 号单向离合器 F_1 的功能是与_____配合，阻止后太阳轮_____转动。

116. 卡罗拉乘用车配备的 U341E 型自动变速器，2 号单向离合器 F_2 的功能是阻止_____逆时针转动。

117. 拉威娜式行星齿轮自动变速器行星齿轮变速机构结构是一种双排单、双级复合式行星齿轮变速机构。前排为单级机构，后排是双级机构，前、后排共用一个_____和一个_____。

118. 拉威娜式行星齿轮自动变速器行星齿轮变速机构结构中，在行星架上，外行星齿轮为_____，它与_____和_____同时啮合。

119. 拉威娜式行星齿轮自动变速器行星齿轮变速机构结构中，内行星齿轮为_____，它与_____和_____同时啮合。

120. 桑塔纳 2000GSi-AT 乘用车的 01N 型四挡拉威娜式行星齿轮自动变速器，主要由_____、_____、_____和_____等。

121. 拉威娜式行星齿轮变速机构由大、小太阳轮各_____个，长、短行星齿轮各_____个，行星架和_____组成。

122. 拉威娜式行星齿轮自动变速器行星齿轮变速机构结构中，短行星轮与_____及_____啮合；长行星齿轮同时与_____、_____及_____啮合，动力通过_____输出。

123. 拉威娜式行星齿轮自动变速器行星齿轮变速机构结构中,离合器 K1 用于驱动_____,离合器 K2 用于驱动_____,离合器 K3 用于驱动_____,制动器 B1 用于制动_____,制动器 B2 用于制动_____,单向离合器 F 防止_____逆时针转动。

124. 拉威娜式行星齿轮自动变速器行星齿轮变速机构结构中,_____可将液力变矩器的_____和_____刚性连在一起。

125. 检查自动变速器油时,应在发动机怠速且制动踏板踩下的情况下,将换挡杆换到从_____到_____的所有位置。然后回到_____。

126. 自动变速器油压测试条件之一是在 ATF(自动变速器油)的正常工作温度为_____下执行测试。

127. 自动变速器油压测试中,管路压力测试务必由两人一起完成,一名技师进行测试时,另一名技师应在车外观察_____的状况。

128. 失速测试时,自动变速器油压测试的持续时间不得超过_____。

129. 检查空挡起动开关时,施加驻车制动并将点火开关置于_____位置;踩下制动踏板,检查并确认换挡杆在_____或_____位置时发动机能起动,而在其他位置时不能起动;检查并确认当换挡杆在 R 位时倒车灯应_____,_____鸣响,但在其他位置不起作用。如果发现故障,则应检查空挡起动开关的_____。

四、简答题

1. 简述自动变速器的作用及分类方法。

2. 简述自动变速器换挡杆的使用方法。

3. 简述自动变速器的基本组成及各组成部件的作用。

4. 简述电控液力自动变速器工作的基本原理。

5. 简述液力变矩器的功用。

6. 简述液力变矩器的结构特点。

7. 简述液力变矩器的工作原理。

8. 简述单向离合器的作用、分类及工作原理。

9. 简述锁止离合器的结构特点和工作原理。

10. 简述自动变速器齿轮变速机构的作用及分类。

11. 简述单排行星齿轮变速机构的组成及传动比产生的基本原理。

12. 简述换挡执行元件的组成和作用原理。

13. 简述离合器的功用、组成和工作原理。

14. 简述制动器的功用、组成和工作原理。

15. 简述液压控制系统的基本组成。

16. 简述油泵的作用、组成及工作原理。

17. 简述油泵使用的注意的事项。

18. 简述主调压阀的作用及工作原理。

19. 简述次调压阀的作用及工作原理。

20. 简述手动阀的作用及工作原理。

21. 简述换挡阀的控制原理。

22. 简述锁止离合器控制阀的作用原理。

23. 简述电子控制系统的组成及各组件的作用。

24. 简述自动变速器常用的传感器及开关的功用和各自的结构特点。

25. 简述电磁阀的分类及各自的工作原理。

26. 简述辛普森式行星齿轮自动变速器齿轮变速机构的结构特点。

27. 简述卡罗拉乘用车配备的 U341E 型自动变速器行星齿轮变速机构(辛普森Ⅱ型行星齿轮变速机构)的结构特点。

28. 参考图 2-1 和表 2-1,简述卡罗拉乘用车配备的 U341E 型自动变速器各挡动力传递路线。

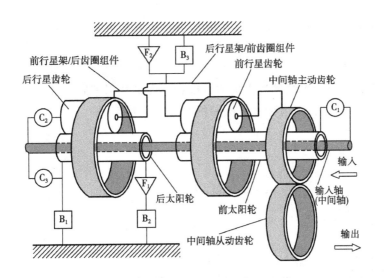

图 2-1 U341E 型自动变速器行星齿轮变速机构的结构

各换挡执行元件的工作情况　　　　　　　　　　　　　　　表 2-1

换挡杆位置	挡位	离 合 器			制 动 器			单向离合器	
		C_1	C_2	C_3	B_1	B_2	B_3	F_1	F_2
P	驻车挡								
R	倒挡			○			○		
N	空挡								
D	一挡	○							○
	二挡	○				○		○	
	三挡	○	○			○			
	四挡		○		○	○			
3	一挡	○							○
	二挡	○				○		○	
	三挡	○	○			○			
2	一挡	○							○
	二挡	○			○	○		○	
L	一挡	○					○		○

注：○表示工作。

29. 简述拉威娜式行星齿轮自动变速器行星齿轮变速机构的结构特点。

30. 简述桑塔纳2000GSi-AT乘用车的01N型四挡拉威娜式行星齿轮自动变速器行星齿轮变速机构的结构特点。

31. 参考图2-2和表2-2,简述桑塔纳2000GSi-AT乘用车的01N型四挡拉威娜式行星齿轮自动变速器拉威娜行星齿轮变速机构各挡动力传递路线。

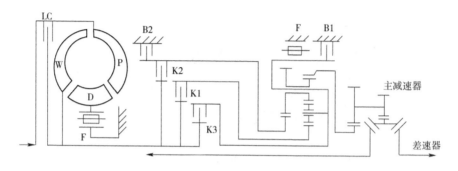

图2-2 拉威娜行星齿轮变速机构的简图

各挡位换挡元件的工作情况 表2-2

挡 位	B1	B2	K1	K2	K3	F
R	○			○		○
1挡			○			○
2挡		○	○			
3挡			○		○	
4挡		○			○	

注:○表示离合器、制动器或单向离合器工作。

32. 简述丰田卡罗拉乘用车U341E型自动变速器油的检查方法。

33. 简述丰田卡罗拉乘用车U341E型自动变速器故障码的读取和清除方法。

34. 简述丰田卡罗拉乘用车U341E型自动变速器油压的检查方法。

35. 简述丰田卡罗拉乘用车U341E型自动变速器空挡起动开关的检查和调整方法。

五、看图填空

1. 自动变速器换挡杆位置示意图

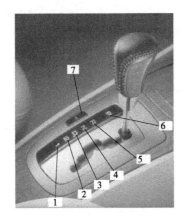

1. _____
2. _____
3. _____
4. _____
5. _____
6. _____
7. _____

2. 电控自动变速器的组成和原理图

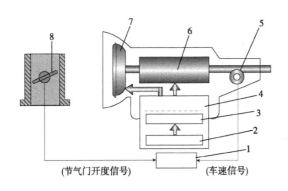

1. _____
2. _____
3. _____
4. _____
5. _____
6. _____
7. _____
8. _____

3. 液力变矩器的组成

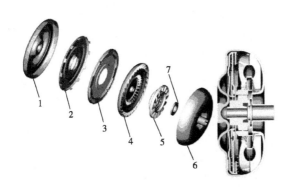

1. _____
2. _____
3. _____
4. _____
5. _____
6. _____
7. _____

4. ATF 在液力变矩器中的循环流动

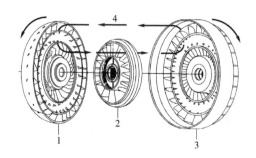

1. _____
2. _____
3. _____
4. _____

5. 单向离合器的构造

1. _____
2. _____
3. _____
4. _____
5. _____

6. 单向离合器的工作原理

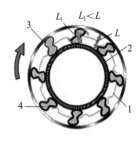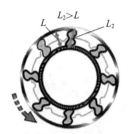

1. _____
2. _____
3. _____
4. _____

7. 锁止离合器的结构、原理(一)

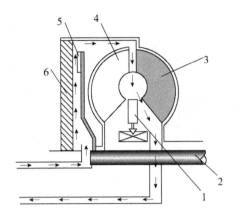

1. _____
2. _____
3. _____
4. _____
5. _____
6. _____

8. 锁止离合器的结构、原理(二)

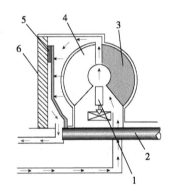

1. _____
2. _____
3. _____
4. _____
5. _____
6. _____

9. 单排行星齿轮机构

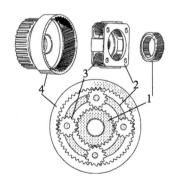

1. _____
2. _____
3. _____
4. _____

10. 离合器零件分解图

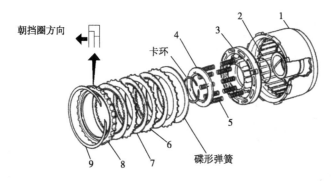

1. ___
2. ___
3. ___
4. ___
5. ___
6. ___
7. ___
8. ___
9. ___

11. 离合器工作原理

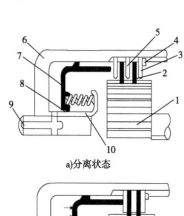

a) 分离状态

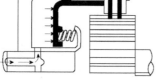

b) 接合状态

1. ___
2. ___
3. ___
4. ___
5. ___
6. ___
7. ___
8. ___
9. ___
10. ___

12. 带式制动器的零件分解图

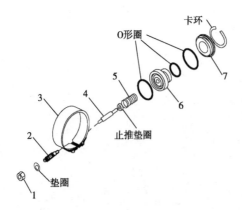

1. ___
2. ___
3. ___
4. ___
5. ___
6. ___
7. ___

13. 制动器的工作原理

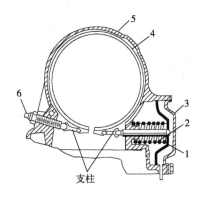

支柱

1. _____
2. _____
3. _____
4. _____
5. _____
6. _____

14. 内啮合齿轮泵的结构、原理（一）

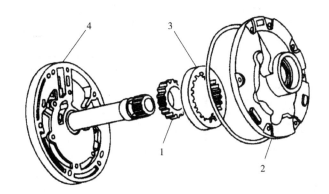

1. _____
2. _____
3. _____
4. _____

15. 内啮合齿轮泵的结构、原理（二）

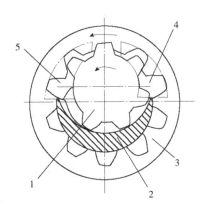

1. _____
2. _____
3. _____
4. _____
5. _____

16. 节气门位置传感器的结构

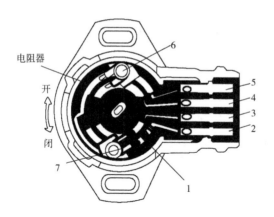

1.
2.
3.
4.
5.
6.
7.

17. 电磁式车速传感器的结构、原理

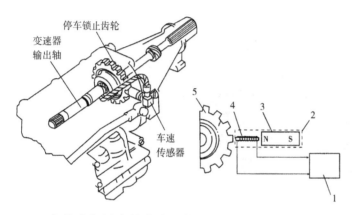

1.
2.
3.
4.
5.

18. 辛普森行星齿轮变速机构原理图

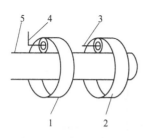 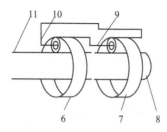

a) 辛普森Ⅰ型行星齿轮变速机构　　b) 辛普森Ⅱ型行星齿轮变速机构

1.
2.
3.
4.
5.
6.
7.
8.
9.
10.
11.

19. U341E 型自动变速器行星齿轮变速机构的结构

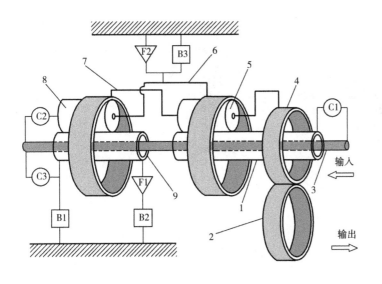

1. ＿＿＿＿＿＿
2. ＿＿＿＿＿＿
3. ＿＿＿＿＿＿
4. ＿＿＿＿＿＿
5. ＿＿＿＿＿＿
6. ＿＿＿＿＿＿
7. ＿＿＿＿＿＿
8. ＿＿＿＿＿＿
9. ＿＿＿＿＿＿

20. 拉威娜式行星齿轮自动变速器行星齿轮变速机构结构示意图

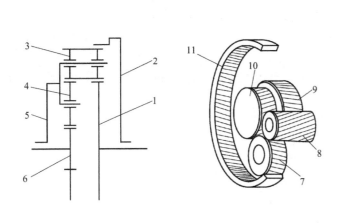

1. ＿＿＿＿＿＿
2. ＿＿＿＿＿＿
3. ＿＿＿＿＿＿
4. ＿＿＿＿＿＿
5. ＿＿＿＿＿＿
6. ＿＿＿＿＿＿
7. ＿＿＿＿＿＿
8. ＿＿＿＿＿＿
9. ＿＿＿＿＿＿
10. ＿＿＿＿＿＿
11. ＿＿＿＿＿＿

21. 拉威娜式行星齿轮变速器的结构

1. _____
2. _____
3. _____
4. _____
5. _____
6. _____
7. _____
8. _____

2.4 万向传动装置

一、判断题

1. 万向传动装置的功用是能在轴线相交且相互位置经常发生变化的两转轴之间传递动力。
（　）
2. 万向传动装置主要包括万向节和传动轴,对于传动距离较远的分段式传动轴,还设置有中间支承。（　）
3. 万向节按其刚度大小的不同,可分为刚性万向节和柔性万向节。（　）
4. 万向节按其刚度大小的不同,分为不等速万向节、准等速万向节和等速万向节。
（　）
5. 刚性万向节按其速度特性的不同,分为不等速万向节、准等速万向节和等速万向节。
（　）
6. 十字轴式刚性万向节属于不等速万向节。（　）
7. 十字轴式刚性万向节属于准等速万向节。（　）
8. 十字轴式刚性万向节属于等速万向节。（　）
9. 双联式刚性万向节属于不等速万向节。（　）
10. 双联式刚性万向节属于准等速万向节。（　）
11. 双联式刚性万向节属于等速万向节。（　）
12. 三销轴式刚性万向节属于不等速万向节。（　）
13. 三销轴式刚性万向节属于准等速万向节。（　）
14. 三销轴式刚性万向节属于等速万向节。（　）
15. 球叉式刚性万向节属于不等速万向节。（　）
16. 球叉式刚性万向节属于准等速万向节。（　）

17. 球叉式刚性万向节属于等速万向节。（　）
18. 球笼式刚性万向节属于不等速万向节。（　）
19. 球笼式刚性万向节属于准等速万向节。（　）
20. 球笼式刚性万向节属于等速万向节。（　）
21. 发动机前置后轮驱动的变速器与驱动桥之间常用十字轴式刚性万向节。（　）
22. 发动机前置后轮驱动的变速器与驱动桥之间常用准等速万向节。（　）
23. 发动机前置后轮驱动的变速器与驱动桥之间常用等速万向节。（　）
24. 发动机前置前轮驱动的内、外半轴之间常用等速万向节。（　）
25. 发动机前置前轮驱动的内、外半轴之间常用不等速万向节。（　）
26. 发动机前置前轮驱动的内、外半轴之间常用准等速万向节。（　）
27. 十字轴式刚性万向节允许相邻两轴的最大交角为15°~20°。（　）
28. 十字轴式刚性万向节允许相邻两轴的最大交角为45°。（　）
29. 十字轴式刚性万向节主要由十字轴、万向节叉等组成。（　）
30. 十字轴式刚性万向节的万向节叉上的孔分别套在十字轴的四个轴颈上。（　）
31. 十字轴式刚性万向节在十字轴轴颈与万向节叉孔之间装有滚针和套筒，用带有锁片的螺钉和轴承盖来使之轴向定位。（　）
32. 为了润滑轴承，十字轴式刚性万向节的十字轴内钻有油道，且与油嘴、安全阀相通。（　）
33. 单个十字轴式刚性万向节在主动轴和从动轴之间有夹角的情况下，当主动叉等角速转动时，从动叉是不等角速的，这称为十字轴式刚性万向节的不等速特性。（　）
34. 所谓十字轴式刚性万向节的不等速性是指从动轴在转动一周内，其角速度时而大于主动轴的角速度、时而小于主动轴的角速度的现象。（　）
35. 单个十字轴式刚性万向节的两转轴之间的夹角越大，不等速性就越大。（　）
36. 单个十字轴式刚性万向节的两转轴之间的夹角越大，不等速性就越小。（　）
37. 十字轴式刚性万向节的不等速特性将使从动轴及其相连的传动部件产生扭转振动，从而产生附加的交变载荷，影响部件寿命。（　）
38. 可以采用双十字轴刚性万向节的传动方式，第一万向节的不等速特性可以被第二万向节的不等速特性所抵消，从而实现两轴间的等角速传动。（　）
39. 双十字轴刚性万向节传递等角速传动的具体条件是：①第一万向节两轴间夹角与第二万向节两轴间夹角相等；②第一万向节的从动叉与第二万向节的主动叉处于同一平面。（　）
40. 双十字轴刚性万向节的传动只能近似地解决等速传动问题，且由于两轴夹角最大只能是20°。（　）
41. 双十字轴刚性万向节的传动只能近似地解决等速传动问题，且由于两轴夹角最大只能是10°。（　）
42. 等速万向节的工作原理是保证万向节在工作过程中，其传力点永远位于两轴交角的平分面上。（　）
43. 等速万向节的工作原理是保证万向节在工作过程中，其传力点永远位于两轴交角的

平分线上。( )

44. 等速万向节使轴的输出转速恰好与输入转速相等。( )

45. 等速万向节只能用于转向驱动桥的半轴上。( )

46. 常见的球笼式万向节有固定型球笼式等速万向节(RF节)和伸缩型球笼式等速万向节(VL节)。( )

47. 一般地,固定型球笼式等速万向节用RF节表示。( )

48. 一般地,固定型球笼式等速万向节用VL节表示。( )

49. 一般地,伸缩型球笼式等速万向节用VL节表示。( )

50. 一般地,伸缩型球笼式等速万向节用RF节表示。( )

51. 固定型球笼式万向节由6个钢球、星形套、球形壳和保持架等组成。( )

52. 固定型球笼式万向节的6个钢球分别装在各条凹槽中,由球笼使其保持在同一平面内。( )

53. 固定型球笼式万向节的6个钢球分别装在各条凹槽中,由球笼使其保持在同一条直线上。( )

54. 固定型球笼式万向节的动力由主动轴、钢球、球形壳输出。( )

55. 固定型球笼式万向节的动力由主动轴、保持架、球形壳输出。( )

56. 球笼式万向节工作时6个钢球都参与传力,故承载能力强、磨损小、寿命长。( )

57. 球笼式万向节工作时6个钢球只有3个钢球参与传力,故磨损小、寿命长。( )

58. 球笼式万向节被广泛应用于各种型号的转向驱动桥和独立悬架的驱动桥。( )

59. 球笼式万向节只能用在独立悬架驱动桥上。( )

60. 伸缩型球笼式等角速万向节又称直槽滚道型等速万向节。( )

61. 伸缩型球笼式等角速万向节内、外滚道为圆筒形直槽,使万向节本身可轴向伸缩(伸缩量可达40~50mm)。( )

62. 伸缩型球笼式等角速万向节内、外滚道为圆筒形直槽,使万向节本身可轴向伸缩(伸缩量可达60~90mm)。( )

63. 伸缩型球笼式等角速万向节滚动阻力小,适用于断开式驱动桥的万向传动装置。( )

64. 伸缩型球笼式等角速万向节所连接的两轴夹角不能太大,因此常常和固定型球笼式等速万向节组合在一起使用。( )

65. 伸缩型球笼式等角速万向节所连接的两轴夹角可以变化很大。( )

66. 伸缩型球笼式等角速万向节常常和固定型球笼式等速万向节组合在一起使用,以保证在夹角和距离发生变化的条件下传递动力。( )

67. RF节和VL节广泛应用于采用独立悬架的乘用车转向驱动桥,其中RF节用于靠近车轮处。( )

68. RF节和VL节广泛应用于采用独立悬架的乘用车转向驱动桥,其中VL节用于靠近车轮处。( )

69. RF节和VL节广泛应用于采用独立悬架的乘用车转向驱动桥,其中VL节用于靠近驱动桥处。( )

70. RF 节和 VL 节广泛应用于采用独立悬架的乘用车转向驱动桥,其中 RF 节用于靠近驱动桥处。 （ ）

71. 三枢轴球面滚轮式等速万向节又称自由三枢轴式万向节。 （ ）

72. 三枢轴球面滚轮式等速万向节由三个枢轴构成,它们的轴线交于输入轴上一点,并且垂直于驱动轴。 （ ）

73. 三枢轴球面滚轮式等速万向节由三个枢轴构成,它们的轴线交于输入轴上一点,并且平行于驱动轴。 （ ）

74. 三枢轴球面滚轮式等速万向节的三个枢轴位于同一平面内并互成120°。 （ ）

75. 传动轴是万向传动装置中的主要传力部件。通常用来连接变速器(或分动器)和驱动桥。 （ ）

76. 在转向驱动桥和断开式驱动桥中,传动轴用来连接差速器和驱动车轮。 （ ）

77. 超重型货车的传动轴一般采用无缝钢管制成。 （ ）

78. 转向驱动桥、断开式驱动桥或微型汽车的传动轴通常制成实心轴。 （ ）

79. 转向驱动桥、断开式驱动桥或微型汽车的传动轴通常制成空心轴。 （ ）

80. 传动轴不平衡会造成传动轴的振动问题。 （ ）

81. 传动轴总成装配后应进行动平衡试验。 （ ）

82. 传动轴总成装配后应进行静平衡试验。 （ ）

83. 汽车行驶中,传动轴的长度可以自动变化。 （ ）

84. 一般是通过采用滑动叉和花键组成的滑套连接,以实现传动轴长度的变化。（ ）

85. 传动轴分段时需加中间支承,中间支承通常装在车架横梁上,能补偿传动轴轴向和角度方向的安装误差。 （ ）

86. 传动轴分段时需加中间支承,中间支承通常装在车架横梁上,能补偿汽车行驶过程中因发动机窜动或车架变形等引起的位移。 （ ）

87. 中间支承是由支架和轴承等组成,轴承固定在中间传动轴后部的轴颈上。 （ ）

二、选择题

1. ＿＿＿＿＿＿不是万向传动装置的组件。
   (A)万向节　　　(B)传动轴　　　(C)从动盘　　　(D)中间支承

2. 常用的十字轴式万向节属于＿＿＿＿＿＿。
   (A)不等速万向节　(B)准等速万向节　(C)等速万向节　(D)柔性万向节

3. 双联式万向节属于＿＿＿＿＿＿。
   (A)不等速万向节　(B)准等速万向节　(C)等速万向节　(D)柔性万向节

4. 三销轴式万向节属于＿＿＿＿＿＿。
   (A)不等速万向节　(B)准等速万向节　(C)等速万向节　(D)柔性万向节

5. 球叉式万向节属于＿＿＿＿＿＿。
   (A)不等速万向节　(B)准等速万向节　(C)等速万向节　(D)柔性万向节

6. 球笼式万向节属于＿＿＿＿＿＿。
   (A)不等速万向节　(B)准等速万向节　(C)等速万向节　(D)柔性万向节

7. _____主要用于发动机前置后轮驱动的变速器与驱动桥之间。
　　(A)十字轴式刚性万向节　　　　　(B)双联式万向节
　　(C)球叉式万向节　　　　　　　　(D)球笼式万向节
8. _____主要用于发动机前置前轮驱动的内、外半轴之间。
　　(A)不等速万向节　(B)准等速万向节　(C)等速万向节　(D)柔性万向节
9. 常见的不等速万向节为十字轴式刚性万向节,它允许相邻两轴的最大交角为_____。
　　(A)2°　　　　(B)5°~10°　　　(C)15°~20°　　(D)45°
10. 单个十字轴式刚性万向节,当主动轴转过一周时,从动轴转过_____。
　　(A)一周　　　(B)小于一周　　　(C)大于一周　　(D)不一定
11. 等速万向节的工作原理是保证万向节在工作过程中,其传力点永远位于两轴交角的_____。
　　(A)平面上　　(B)垂直平面上　　(C)平分面上　　(D)平行面上
12. 采用独立悬架的乘用车转向驱动桥中,_____用于靠近车轮处。
　　(A)固定型球笼式等速万向节　　　(B)伸缩型球笼式等速万向节
　　(C)三枢轴球面滚轮式等速万向节　(D)球叉式等速万向节
13. 采用独立悬架的乘用车转向驱动桥中,_____用于靠近驱动桥处。
　　(A)固定型球笼式等速万向节　　　(B)伸缩型球笼式等速万向节
　　(C)三枢轴球面滚轮式等速万向节　(D)球叉式等速万向节
14. 变速器与驱动桥的相对位置引起的传动轴长度的变化由_____来实现。
　　(A)中间支承　　　　　　　　　　(B)十字轴万向节
　　(C)等速万向节　　　　　　　　　(D)滑套连接
15. 传动轴分段时需加中间支承,但中间支承不具备_____的作用。
　　(A)能补偿传动轴轴向和角度方向的安装误差
　　(B)补偿汽车行驶过程中因发动机窜动引起的位移
　　(C)补偿因车架变形引起的位移
　　(D)补偿变速器与驱动桥的相对位置引起的传动轴长度的变化

三、填空题

1. 万向传动装置在汽车上有很多应用,结构也稍有不同,但其功用都是一样的,即在_____且相互位置经常发生变化的两转轴之间传递_____。
2. 万向传动装置在汽车中最常见的应用是位于_____与_____之间。
3. 万向传动装置主要包括_____和_____,对于传动距离较远的分段式传动轴,还设置有_____。
4. 在汽车上使用的万向节按其刚度大小的不同,可分为_____万向节和_____万向节。
5. 刚性万向节按其速度特性的不同,分为_____万向节、_____万向节和_____万向节。

6. 准等速万向节最常见的为_____万向节和_____万向节。
7. 等速万向节最常见的为_____万向节和_____万向节。
8. 十字轴式刚性万向节主要用于发动机前置后轮驱动的_____与_____之间,等角速万向节主要用于发动机前置前轮驱动的_____、_____之间。
9. 常见的不等速万向节为_____万向节,它允许相邻两轴的最大交角为_____。
10. 十字轴式刚性万向节主要由_____、_____等组成。
11. 十字轴式刚性万向节的万向节叉上的孔分别套在十字轴的_____轴颈上。在十字轴轴颈与万向节叉孔之间装有_____和_____,用带有锁片的螺钉和_____来使之轴向定位。
12. 单个十字轴式刚性万向节在主动轴和从动轴之间有夹角的情况下,当主动叉等角速转动时,从动叉是_____,这称为十字轴式刚性万向节的_____。且两转轴之间的夹角越大,_____就越大。
13. 十字轴式刚性万向节的不等速特性可以采用双十字轴刚性万向节的传动方式来实现两轴间的等角速传动。具体条件是:①第一万向节两轴间夹角与第二万向节两轴间夹角_____;②第一万向节的_____与第二万向节的_____处于同一平面。
14. 等速万向节的工作原理是保证万向节在工作过程中,其传力点永远位于_____的平分面上。
15. 常见的球笼式万向节有_____和_____。
16. 固定型球笼式万向节由6个钢球、_____、_____和_____等组成。
17. 球笼式万向节工作时_____都参与传力,故承载能力强、磨损小、寿命长。它被广泛应用于各种型号的_____和独立悬架的驱动桥。
18. 伸缩型球笼式等角速万向节又称_____。其结构与球笼式相近,只是内、外滚道为_____直槽,使万向节本身可轴向伸缩。
19. RF 节和 VL 节广泛应用于采用独立悬架的乘用车转向驱动桥,其中 RF 节用于靠近_____处,VL 节用于靠近_____处。
20. 三枢轴球面滚轮式等速万向节又称自由_____,由三个位于_____内互成120°的枢轴构成,它们的轴线交于_____上一点,并且_____于驱动轴。
21. 在转向驱动桥和断开式驱动桥中,传动轴是用来连接_____和_____。
22. 传动轴有_____和_____之分。为了减轻传动轴的质量,传动轴多为_____,超重型货车则直接采用_____。
23. 转向驱动桥、断开式驱动桥或微型汽车的传动轴通常制成_____。传动轴两端的连接件装好后,应进行_____。在质量小的一侧补焊_____。
24. 汽车行驶过程中,变速器与驱动桥的相对位置会发生变化,随着_____角度的改变,其长度也会改变,因此采用_____和花键组成的_____连接,以实现传动轴长度的变化。
25. 传动轴分段时需加中间支承,中间支承通常装在_____上,能补偿传动轴

_____和_____的安装误差,以及汽车行驶过程中因_____或_____等引起的位移。

26. 中间支承是由_____和_____等组成。

四、简答题

1. 简述万向传动装置的功用和组成。

2. 简述万向节的类型。

3. 简述十字轴刚性万向节的结构特点。

4. 简述十字轴万向节的不等速特性及实现等速传动的条件。

5. 简述等速万向节的作用原理及常见类型。

6. 简述固定型球笼式等速万向节的结构特点。

7. 简述伸缩型球笼式等角速万向节的结构特点。

8. 简述三枢轴球面滚轮式等速万向节的结构特点。

9. 简述传动轴的结构特点。

10. 简述中间支承的结构特点。

五、看图填空

1. 变速器与驱动桥之间的万向传动装置

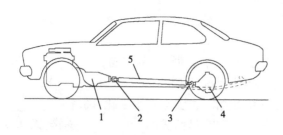

1. _____
2. _____
3. _____
4. _____
5. _____

2. 万向传动装置的组成

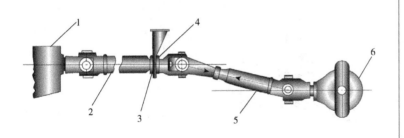

1. _____
2. _____
3. _____
4. _____
5. _____
6. _____

3. 十字轴式刚性万向节

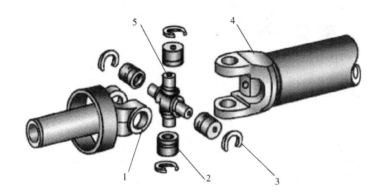

1. _____
2. _____
3. _____
4. _____
5. _____

4. 润滑油道及密封装置

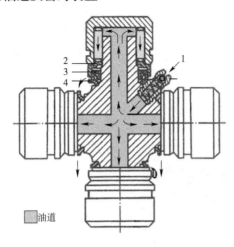

■ 油道

1. _____
2. _____
3. _____
4. _____

5. 固定型球笼式等速万向节

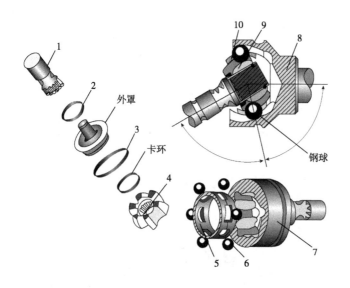

1. _____
2. _____
3. _____
4. _____
5. _____
6. _____
7. _____
8. _____
9. _____
10. _____

6. 伸缩型球笼式等速万向节

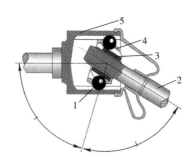

1. _____
2. _____
3. _____
4. _____
5. _____

7. RF 节与 VL 节在转向驱动桥中的布置

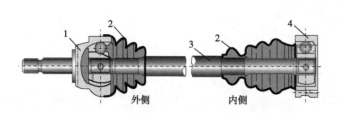

1. _____
2. _____
3. _____
4. _____

8. 三枢轴球面滚轮式等速万向节

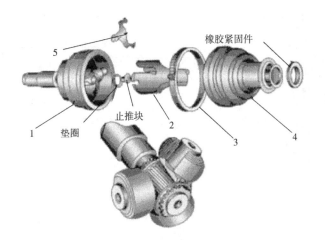

1. _____
2. _____
3. _____
4. _____
5. _____

9. 传动轴的构造

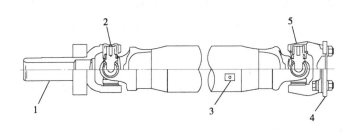

1. _____
2. _____
3. _____
4. _____
5. _____

10. 滑动叉的构造

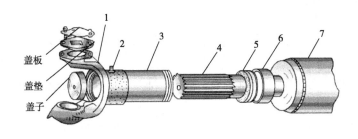

1. _____
2. _____
3. _____
4. _____
5. _____
6. _____
7. _____

11. 中间支承

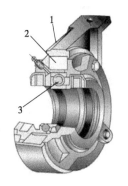

1. _____
2. _____
3. _____

2.5 驱 动 桥

一、判断题

1. 驱动桥的功用是将由万向传动装置传来的发动机转矩传给驱动车轮。（　）
2. 驱动桥具有降速增矩、改变动力传动方向，而且允许左右驱动车轮以不同的转速旋转的功能。（　）
3. 驱动桥具有降速增矩、改变动力传动方向，而且增加发动机功率的功能。（　）
4. 驱动桥是传动系统的最后一个总成，一般由主减速器、差速器、半轴和桥壳等组成。（　）
5. 驱动桥的主要零部件都在装在驱动桥的桥壳中。（　）
6. 按照悬架结构的不同，驱动桥可以分为整体式驱动桥和断开式驱动桥。（　）
7. 整体式驱动桥又称非断开式驱动桥。（　）
8. 按照悬架结构的不同，驱动桥可以分为刚性驱动桥和非刚性驱动桥。（　）
9. 按照悬架结构的不同，驱动桥可以分为非断开式驱动桥和断开式驱动桥。（　）
10. 整体式驱动桥与非独立悬架配用。（　）
11. 整体式驱动桥与独立悬架配用。（　）
12. 整体式驱动桥两端通过悬架与车架或车身连接，左右半轴始终在一条直线上，即左右驱动轮不能相互独立地跳动。（　）
13. 整体式驱动桥两端通过悬架与车架或车身连接，左右半轴始终在一条直线上，即左右驱动轮能相互独立地跳动。（　）
14. 断开式驱动桥与独立悬架配用。（　）
15. 断开式驱动桥与非独立悬架配用。（　）
16. 断开式驱动桥其主减速器固定在车架或车身上，驱动桥壳制成分段并用铰链连接，半轴也分段并用万向节连接。（　）
17. 断开式驱动桥两端分别用悬架与车架或车身连接。两侧驱动车轮及桥壳可以彼此

独立地相对于车架或车身上下跳动。 （   ）
18. 主减速器可将发动机转矩传给差速器。 （   ）
19. 主减速器可将发动机转矩直接传给半轴。 （   ）
20. 主减速器可将发动机转矩直接传给驱动车轮。 （   ）
21. 主减速器在动力的传动过程中要将转矩增大并相应降低转速。 （   ）
22. 主减速器在动力的传动过程中要将转矩降低并相应增大转速。 （   ）
23. 对于纵置发动机,主减速器要将转矩的旋转方向改变90°。 （   ）
24. 对于纵置发动机,主减速器要将转矩的旋转方向改变180°。 （   ）
25. 主减速器按参加传动的齿轮副数目的不同,可分为单级主减速器和双级主减速器。
（   ）
26. 主减速器按参加传动的齿轮副数目的不同,可分为单速式主减速器和双速式主减速器。 （   ）
27. 主减速器按参加传动的齿轮副数目的不同,可分为圆柱齿轮式主减速器和锥齿轮式主减速器。 （   ）
28. 有些重型汽车又将双级主减速器的第二级圆柱齿轮传动设置在两侧驱动车轮附近,称为轮边减速器。 （   ）
29. 主减速器按主减速器传动比个数的不同,可分为单速式主减速器和双速式主减速器。 （   ）
30. 主减速器按主减速器传动比个数的不同,可分为单级主减速器和双级主减速器。
（   ）
31. 主减速器按主减速器传动比个数的不同,可分为圆柱齿轮式主减速器和锥齿轮式主减速器。 （   ）
32. 单速式主减速器的传动比是固定的,而双速式主减速器则有两个传动比供驾驶人选择。 （   ）
33. 主减速器按齿轮副结构形式的不同,可分为圆柱齿轮式主减速器和锥齿轮式主减速器。 （   ）
34. 主减速器按齿轮副结构形式的不同,可分为单级主减速器和双级主减速器。（   ）
35. 主减速器按齿轮副结构形式的不同,可分为单速式主减速器和双速式主减速器。
（   ）
36. 圆柱齿轮式主减速器可分为定轴轮系主减速器和行星轮系主减速器。 （   ）
37. 锥齿轮式主减速器可分为螺旋锥齿轮式主减速器和准双曲面锥齿轮式主减速器。
（   ）
38. 单级主减速器主要用于乘用车及中型以下客货车。 （   ）
39. 对于发动机纵向布置的汽车,单级主减速器都采用一对锥齿轮传动。 （   ）
40. 对于发动机纵向布置的汽车,单级主减速器都采用一对圆柱齿轮传动。 （   ）
41. 对于发动机横向布置的汽车,单级主减速器都采用一对圆柱齿轮传动。 （   ）
42. 对于发动机横向布置的汽车,单级主减速器都采用一对锥齿轮传动。 （   ）
43. 桑塔纳2000乘用车主减速器装于变速器壳体内,没有专门的主减速器壳体。
（   ）

44. 桑塔纳2000乘用车变速器输出轴即为主减速器主动轴。（　　）
45. 差速器的功用是将主减速器传来的动力传给左、右两半轴。（　　）
46. 差速器在必要时允许左、右半轴以不同转速旋转。（　　）
47. 差速器的作用是保证两侧驱动车轮以相同转速旋转。（　　）
48. 差速器可使左、右驱动车轮相对地面纯滚动而不是滑动。（　　）
49. 差速器可保证两侧驱动车轮在任何道路条件下均能保持纯滚动和等角速转动。
（　　）
50. 当汽车转弯行驶时，外侧车轮移过的距离大于内侧车轮移过的距离。（　　）
51. 当汽车转弯行驶时，外侧车轮移过的距离小于内侧车轮移过的距离。（　　）
52. 应用最广泛的普通齿轮差速器为锥齿轮差速器。（　　）
53. 差速器由差速器壳、行星齿轮轴、行星齿轮、半轴齿轮等组成。（　　）
54. 桑塔纳2000乘用车差速器的行星齿轮轴装入差速器壳体后用弹簧销定位。（　　）
55. 桑塔纳2000乘用车差速器的行星齿轮轴装入差速器壳体后用螺栓固定。（　　）
56. 桑塔纳2000乘用车差速器的行星齿轮和半轴齿轮的背面制成球面，与球面垫片和垫圈相配合，以减摩、耐磨。（　　）
57. 桑塔纳2000乘用车差速器中的螺纹套用于紧固半轴齿轮。（　　）
58. 桑塔纳2000乘用车差速器中的螺纹套用于紧固行星齿轮。（　　）
59. 桑塔纳2000乘用车差速器通过一对圆锥滚子轴承支承在变速器壳体中。（　　）
60. 桑塔纳2000乘用车差速器通过一对球轴承支承在变速器壳体中。（　　）
61. 差速器的工作时，主减速器传来的动力带动差速器壳转动，经过行星齿轮轴、行星齿轮、半轴齿轮、半轴，最后传给两侧驱动车轮。（　　）
62. 当主减速器从动锥齿轮旋转时，差速器的行星齿轮公转。（　　）
63. 差速器的工作时，当单侧半轴齿轮受到阻力时，差速器的行星齿轮一边公转一边自转。
（　　）
64. 汽车在平坦的公路上直线行驶时，差速器的行星齿轮只能公转而不自转。（　　）
65. 汽车在平坦的公路上直线行驶时，差速器的行星齿轮既公转又自转。（　　）
66. 汽车在良好平坦的公路上弯道行驶时，差速器的行星齿轮既公转又自转。（　　）
67. 汽车在良好平坦的公路上弯道行驶时，差速器的行星齿轮只能公转而不自转。
（　　）
68. 当任何一侧半轴齿轮的转速为零时，另一侧半轴齿轮的转速为差速器壳转速的2倍。
（　　）
69. 无论差速器差速与否，行星锥齿轮差速器都具有转矩等量分配的特性。（　　）
70. 半轴的功用是将差速器传来的动力传给驱动车轮。（　　）
71. 半轴因其传递的转矩较大，常制成实心轴。（　　）
72. 半轴用于把差速器输出端和驱动轮连接起来。（　　）
73. 整体式驱动桥中的半轴为一刚性整轴。（　　）
74. 转向驱动桥和断开式驱动桥中的半轴则分段并用万向节连接。（　　）
75. 现代汽车常采用全浮式和半浮式两种半轴支承形式。（　　）

76. 全浮式半轴支承,半轴两端承受转矩,不承受其他任何反力和弯矩。（ ）
77. 全浮式半轴支承,半轴两端承受转矩,还承受其他任何反力和弯矩。（ ）
78. 半浮式半轴支承,半轴外端不仅要承受转矩,而且还要承受各种反力及其形成的弯矩。（ ）
79. 半浮式半轴支承,半轴外端仅承受转矩,不承受弯矩。（ ）
80. 半浮式半轴支承,半轴内端只承受转矩,不承受弯矩。（ ）
81. 半浮式半轴支承,半轴内端只承受转矩,还承受弯矩。（ ）
82. 驱动桥壳既是传动系统的组成部分,同时也是行驶系统的组成部分。（ ）
83. 驱动桥壳作为传动系统的组成部分,其功用是安装并保护主减速器、差速器和半轴。（ ）
84. 驱动桥壳作为传动系统的组成部分,其功用是安装悬架或轮毂,和从动桥一起支承汽车悬架以上各部分质量,承受驱动车轮传来的反力和力矩,并在驱动车轮与悬架之间传力。（ ）
85. 驱动桥壳作为行驶系统的组成部分,其功用是安装悬架或轮毂,和从动桥一起支承汽车悬架以上各部分质量,承受驱动车轮传来的反力和力矩,并在驱动车轮与悬架之间传力。（ ）
86. 驱动桥壳作为行驶系统的组成部分,其功用是安装并保护主减速器、差速器和半轴。（ ）
87. 驱动桥壳可分为整体式桥壳和分段式桥壳两种类型。（ ）
88. 整体式桥壳一般是铸造制作,具有较大的强度和刚度,且便于主减速器的拆装和调整,适用于中型以上货车。（ ）
89. 分段式桥壳一般分为两段,由螺栓将两段连成一体,具有较大的强度和刚度,且便于主减速器的拆装和调整。（ ）

二、选择题

1. 驱动桥的功用是将由万向传动装置传来的发动机转矩传给驱动车轮,传递过程中,_____不正确。

    (A)降速   (B)增矩   (C)增大功率   (D)改变方向

2. 驱动桥是传动系统的最后一个总成,一般由主减速器、差速器、半轴和桥壳等组成,_____在动力的传递过程中要将转矩增大并相应降低转速。

    (A)主减速器   (B)差速器   (C)半轴   (D)桥壳

3. 驱动桥是传动系统的最后一个总成,一般由主减速器、差速器、半轴和桥壳等组成,_____使左、右驱动车轮相对地面纯滚动而不是滑动。

    (A)主减速器   (B)差速器   (C)半轴   (D)桥壳

4. 驱动桥是传动系统的最后一个总成,一般由主减速器、差速器、半轴和桥壳等组成,_____将差速器传来的动力传给驱动车轮。

    (A)主减速器   (B)差速器   (C)半轴   (D)桥壳

5. 驱动桥是传动系统的最后一个总成,一般由主减速器、差速器、半轴和桥壳等组成,_____既是传动系统的组成部分,同时也是行驶系统的组成部分。

    (A)主减速器   (B)差速器   (C)半轴   (D)桥壳

6. 驱动桥主减速器是用来改变传动方向,降低转速和_____。
   (A)产生离地间隙　　　　　　(B)增大功率
   (C)增大转矩　　　　　　　　(D)减小转矩

7. 桑塔纳2000乘用车的主减速器属于_____结构。
   (A)单级圆柱齿轮式　　　　　(B)单级锥齿轮式
   (C)轮边行星齿轮式　　　　　(D)单排行星齿轮式

8. 夏利7130乘用车的主减速器属于_____结构。
   (A)单级圆柱齿轮式　　　　　(B)单级锥齿轮式
   (C)轮边行星齿轮式　　　　　(D)单排行星齿轮式

9. 宝来1.8T乘用车的主减速器属于_____结构。
   (A)单级圆柱齿轮式　　　　　(B)单级锥齿轮式
   (C)轮边行星齿轮式　　　　　(D)单排行星齿轮式

10. 汽车传动系统中的差速器的作用是_____。
    (A)必要时可使左右从动车轮产生一定的转速差
    (B)必要时可使左右驱动车轮产生转速差
    (C)必要时可使驱动轮产生减速增矩的差别
    (D)减少驱动车轮和从动车轮的运动干涉

11. _____安装在差速器壳上。
    (A)主减速器主动锥齿轮　　　(B)主减速器从动锥齿轮
    (C)行星齿轮　　　　　　　　(D)半轴齿轮

12. _____不属于差速器的组件。
    (A)行星齿轮　　(B)半轴齿轮　　(C)从动锥齿轮　　(D)行星齿轮轴

13. 汽车转弯行驶时,差速器中的行星齿轮_____。
    (A)只有自转,没有公转　　　(B)只有公转,没有自转
    (C)既有公转,又有自转　　　(D)静止不动

14. 汽车转弯时,通过差速器的作用,形成_____。
    (A)内侧车轮转速减慢而外侧车轮转速增加
    (B)内侧车轮转速增加而外侧车轮转速减慢
    (C)内侧车轮和外侧车轮的转速相等
    (D)内侧车轮滑动

15. 当汽车左转向时,由于差速器的作用,左右两侧驱动轮转速不同,那么转矩的分配应是_____。
    (A)左轮大于右轮　　　　　　(B)右轮大于左轮
    (C)左、右轮相等　　　　　　(D)右轮为零

16. 差速器具有转矩平均分配的特点,因此当左轮打滑时,右轮获得的转矩_____。
    (A)大于左轮转矩　　　　　　(B)小于左轮转矩
    (C)等于左轮转矩　　　　　　(D)等于零

17. 半轴与差速器半轴齿轮的连接用_____。
    (A)螺栓　　　　　　　　　　(B)强力焊接的型钢
    (C)花键　　　　　　　　　　(D)润滑脂油封
18. 前驱动桥的半轴上均安装_____万向节。
    (A)普通　　　(B)十字轴　　　(C)准等速　　　(D)等速
19. 只承受转矩,而两端均不承受其他任何反力和弯矩的半轴支承形式称为_____。
    (A)全浮式半轴支承　　　　　(B)半浮式半轴支承
    (C)刚性式半轴支承　　　　　(D)3/4 支撑式半轴
20. 半轴两端承受转矩,而且半轴外端还要承受各种反力及其形成的弯矩的半轴支承形式称为_____。
    (A)全浮式半轴支承　　　　　(B)半浮式半轴支承
    (C)刚性式半轴支承　　　　　(D)3/4 支撑式半轴

三、填空题

1. 驱动桥的功用是将由万向传动装置传来的发动机转矩传给_____,并经_____、改变动力_____,使汽车行驶,而且允许左右驱动车轮以_____旋转。
2. 驱动桥是传动系统的最后一个总成,一般由_____、_____、_____和_____等组成,驱动桥的主要零部件都在装在驱动桥的_____中。
3. 按照悬架结构的不同,驱动桥可以分为_____和_____。
4. 整体式驱动桥又称_____。整体式驱动桥与_____悬架配用。
5. 整体式驱动桥的驱动桥壳为一刚性的整体,驱动桥两端通过_____与车架或车身连接,左右半轴始终在一条直线上,即左右_____不能相互独立地跳动。
6. 断开式驱动桥与_____悬架配用。其主减速器固定在_____上,驱动桥壳制成分段并用_____连接,半轴也分段并用_____连接。
7. 断开式驱动桥两端分别用_____与车架或车身连接。这样,两侧驱动车轮及桥壳可以_____地相对于车架或车身上下跳动。
8. 主减速器的功用有:将发动机转矩传给_____;在动力的传递过程中要将转矩_____并相应_____转速;对于纵置发动机,还要将转矩的_____改变90°。
9. 按参加传动的齿轮副数目的不同,可分为_____主减速器和_____主减速器。有些重型汽车又将_____主减速器的第二级圆柱齿轮传动设置在两侧驱动车轮附近,称为_____。
10. 按主减速器传动比个数的不同,可分为_____主减速器和_____主减速器。
11. 单速式主减速器的传动比是_____,而双速式主减速器则有_____传动比供驾驶人选择。
12. 按齿轮副结构形式的不同,可分为_____主减速器和_____主减速器。
13. 对于发动机纵向布置的汽车,由于需要改变动力传递方向,单级主减速器都采用一对_____传动;对于发动机横向布置的汽车,单级主减速器采用一对_____即可。

14. 差速器的功用是将_____传来的动力传给左、右两半轴,并在必要时允许左、右半轴以_____旋转,使左、右_____相对地面纯滚动而不是滑动。

15. 当汽车转弯行驶时,外侧车轮移过的距离_____内侧车轮。

16. 应用最广泛的普通齿轮差速器为_____差速器。

17. 桑塔纳乘用车差速器由_____、_____、_____、_____、_____和垫圈等组成。

18. 桑塔纳乘用车差速器行星齿轮轴装入差速器壳体后用_____定位。行星齿轮和半轴齿轮的背面制成球面,与_____相配合,以减摩、耐磨。

19. 桑塔纳乘用车差速器螺纹套用于紧固_____。差速器通过一对_____支承在变速器壳体中。

20. 差速器的工作原理,主减速器传来的动力带动差速器壳转动,经过_____、_____、_____、_____,最后传给两侧驱动车轮。

21. 差速器的工作原理,当单侧半轴齿轮受到阻力时,行星齿轮一边_____一边_____。

22. 差速器的工作原理,如果行星齿轮公转100周,则在直线行驶时,左右两行星齿轮加起来就公转_____。在转弯时,若左边的行星齿轮公转50周,则右边的行星齿轮就转_____,左右两行星齿轮共转_____。

23. 半轴的功用是将差速器传来的动力传给_____。因其传递的转矩较大,常制成_____。

24. 半轴的结构因驱动桥结构形式的不同而异。整体式驱动桥中的半轴为一_____。而转向驱动桥和断开式驱动桥中的半轴则分段并用_____连接。

25. 现代汽车常采用_____和_____两种半轴支承形式。

26. 全浮式半轴支承广泛应用于各型货车上。半轴外端锻造有_____,用螺栓紧固在轮毂上,轮毂用一对圆锥滚子轴承支承在_____上,_____与空心梁压配成一体,组成驱动桥壳。

27. 全浮式半轴支承形式,半轴与桥壳没有直接联系,半轴只在两端承受_____,不承受其他任何_____,所以称为全浮式半轴支承。

28. 半浮式半轴支承,半轴用一个圆锥滚子轴承直接支承在_____的座孔内。车轮与桥壳之间无_____联系,而支承于悬伸出的半轴外端。

29. 半浮式半轴支承,地面作用于车轮的各种反力都须经半轴外端的悬伸部分传给桥壳,使半轴外端不仅要承受_____,而且还要承受各种_____。半轴内端通过花键与半轴齿轮连接,不承受_____。故称这种支承形式为半浮式半轴支承。

30. 驱动桥壳既是_____的组成部分,同时也是_____的组成部分。

31. 驱动桥壳作为传动系统的组成部分,其功用是安装并保护_____、_____和_____。

32. 驱动桥壳作为行驶系统的组成部分,其功用是安装_____,和从动桥一起支承汽车悬架以上各部分质量,承受驱动车轮传来的_____,并在驱动车轮与悬架之间_____。

33. 驱动桥壳可分为_____和_____两种类型。

34. 整体式桥壳一般是_____,具有较大的强度和刚度,且便于_____的拆装和调整,适用于中型以上货车。

四、简答题

1. 简述驱动桥的功用和组成。

2. 简述驱动桥的类型及各自的特点。

3. 简述主减速器的功用及常见主减速器的类型。

4. 简述单级主减速器的特点。

5. 简述桑塔纳乘用车差速器的功用、结构特点及其工作原理。

6. 简述半轴的功用、结构特点及半轴支承形式的特点。

7. 驱动桥壳的功用及结构特点。

五、看图填空

1. 驱动桥的组成

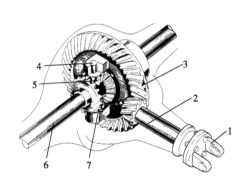

1. _____
2. _____
3. _____
4. _____
5. _____
6. _____
7. _____

2. 桑塔纳2000乘用车主减速器和差速器的零件分解图

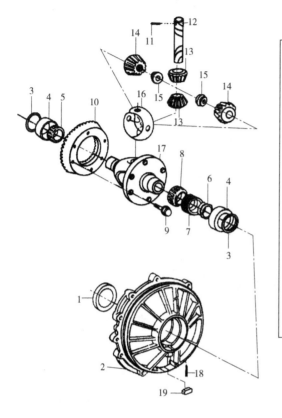

1. _____ 11. _____
2. _____ 12. _____
3. _____ 13. _____
4. _____ 14. _____
5. _____ 15. _____
6. _____ 16. _____
7. _____ 17. _____
8. _____ 18. _____
9. _____ 19. _____
10. _____

3. 桑塔纳2000乘用车差速器

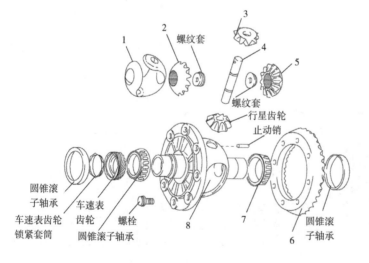

1. _____
2. _____
3. _____
4. _____
5. _____
6. _____
7. _____
8. _____

4. 差速器运动原理

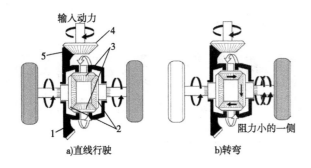

a) 直线行驶　　b) 转弯

1. _____
2. _____
3. _____
4. _____
5. _____

5. 全浮式半轴示意图

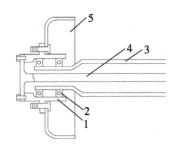

1. _____
2. _____
3. _____
4. _____
5. _____

6. 半浮式半轴示意图

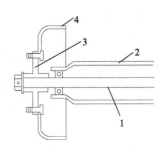

1. _____
2. _____
3. _____
4. _____

单元 3
行 驶 系 统

3.1 车桥及车轮定位

一、判断题

1. 转向轮偏转时,主销随之转动。 ( )
2. 主销后倾角和主销内倾角都起到使车轮自动回正、沿直线行驶作用。 ( )
3. 主销内倾角能使汽车转向系统在转向后回复直线行驶的位置。 ( )
4. 前轮前束为两侧轮胎上缘间的距离与下缘间的距离之差。 ( )
5. 汽车转向轮定位参数中的主销后倾角,直接影响汽车的操纵稳定性,若倾角过大,汽车将因转向过于灵敏而行驶不稳,过小则转向沉重。 ( )
6. 一般载货汽车的前桥是转向桥,后桥是驱动桥。 ( )
7. 越野汽车的前桥通常是转向兼驱动。 ( )
8. 主销内倾角导致轮胎形成圆锥滚动效应,为了避免这种效应带来的不良后果,将两前轮适当向内偏转,即形成前轮前束。 ( )
9. 前轮前束是最重要的车轮定位参数,因为前轮前束通常是首先要求调整的。 ( )
10. 前轮当前束不正确时,将引起严重的轮胎磨损。 ( )
11. 目前汽车普遍采用扁平低压胎,主销后倾角可以减小,甚至接近于零或为负值。 ( )
12. 主销内倾角越大或转向轮偏转角越大,汽车前部就被抬起得越高,转向轮自动回正的作用就越大。 ( )
13. 主销内倾角越小或转向轮偏转角越小,汽车前部就被抬起得越低,转向轮自动回正的作用就越大。 ( )
14. 主销内倾角过大,会导致转向沉重。 ( )
15. 主销内倾角过小,会导致转向沉重。 ( )
16. 许多前轮驱动车辆有较小的正后轮外倾角,以改善转向稳定性。 ( )
17. 许多前轮驱动车辆有较大的正后轮外倾角,以改善转向稳定性。 ( )
18. 为了避免悬架和转向总成受到磨损或损害,需要对车轮进行定位。 ( )
19. 车轮外倾的作用是使车轮转向后自动回正。 ( )
20. 对于前轮驱动的汽车,前轮宜为正前束,后轮宜为负前束。 ( )
21. 对于前轮驱动的汽车,前轮宜为负前束,后轮宜为正前束。 ( )

22. 对于后轮驱动的汽车,前轮宜为负前束,后轮宜为正前束。（　）
23. 对于后轮驱动的汽车,前轮宜为正前束,后轮宜为负前束。（　）
24. 前轮定位不准主要会影响汽车行驶的方向稳定性和操纵性,同时也会带来轮胎的不正常磨损。（　）
25. 车桥位于悬架与车轮总成之间,其两端安装车轮总成。（　）
26. 车桥通过悬架与车架(或车身)相连,其功用是传递车架(或车身)与车轮总成之间各种载荷。（　）
27. 整体式车桥与非独立悬架配用;断开式车桥与独立悬架配用。（　）
28. 整体式车桥与独立悬架配用;断开式车桥与非独立悬架配用。（　）
29. 车桥分为转向桥、驱动桥、转向驱动桥和支持桥四种类型,其中只有支持桥属于从动桥。（　）
30. 车桥分为转向桥、驱动桥、转向驱动桥和支持桥四种类型,其中只有转向桥属于从动桥。（　）
31. 越野汽车和前轮驱动汽车的前桥,称为转向驱动桥。（　）
32. 支持桥除不能转向外,其他功能和结构与转向桥相同。（　）
33. 转向桥基本结构由前轴(前梁)、转向节、主销、轮毂等部分组成。（　）
34. 转向节是转向桥的主体。（　）
35. 转向驱动桥中的半轴必须分成内外两段。（　）
36. 转向驱动桥中的主销必须分制成两段。（　）
37. 转向驱动桥中,与转向轮相连的半轴必须分成内外两段,其间一般用十字轴刚性万向节连接。（　）
38. 主销后倾角一般是将前轴连同悬架安装在车架上时,使前轴向后倾斜而形成的。（　）
39. 主销后倾角越大、车速越高,回正力矩越大。（　）
40. 主销后倾角越小、车速越低,回正力矩越大。（　）
41. 主销后倾的回正作用随着车速的增高而增大。（　）
42. 主销内倾的回正作用随着车速的增高而增大。（　）
43. 主销内倾的回正作用几乎与车速无关。（　）
44. 前轮前束的功用是消除因车轮外倾所造成的不良后果,保证车轮不向外滚动。（　）
45. 前轮前束的功用是消除因主销后倾所造成的不良后果,保证车轮不向外滚动。（　）
46. 桑塔纳2000乘用车只有前轮定位可以检查与调整。（　）
47. 桑塔纳2000乘用车后轮定位不可以检查与调整。（　）

二、选择题

1. 车桥壳承受和传递地面和车架之间的_____和力矩。
   （A）振动　　　（B）作用力　　　（C）滑动　　　（D）摆动

2. 转向轮绕着_____摆动。
   (A)转向节　　　(B)主销　　　　(C)前梁　　　　(D)车架

3. 转向轮定位中,_____可通过改变横拉杆的长度来调整。
   (A)主销后倾　　(B)主销内倾　　(C)车轮外倾　　(D)前轮前束

4. 越野汽车的前桥属于_____。
   (A)转向桥　　　(B)驱动桥　　　(C)转向驱动桥　(D)支持桥

5. 前轮定位中,转向操纵轻便主要是靠_____。
   (A)主销后倾　　(B)主销内倾　　(C)车轮外倾　　(D)前轮前束

6. 桑塔纳2000乘用车后桥是_____。
   (A)转向桥　　　(B)驱动桥　　　(C)转向驱动桥　(D)支持桥

7. 桑塔纳2000乘用车前桥是_____。
   (A)转向桥　　　(B)驱动桥　　　(C)转向驱动桥　(D)支持桥

8. 前轮前束的作用是减少_____对轮胎的影响。
   (A)主销后倾　　(B)主销内倾　　(C)车轮外倾　　(D)悬架

9. 如果主销的顶端向车辆后面倾斜2°,这是_____。
   (A)正车轮外倾角　　　　　　　(B)负车轮外倾角
   (C)负主销后倾角　　　　　　　(D)正主销后倾角

10. _____被定义为主销的顶部向前或向后倾斜一定的角度。
    (A)前轮前束　　(B)主销内倾　　(C)车轮外倾　　(D)主销后倾

11. _____被定义为左右两车轮前端水平距离与其后端水平距离之差。
    (A)前轮前束　　(B)车轮外倾　　(C)主销内倾　　(D)主销后倾

12. 转向轮自动回正的作用是由_____来实现的。
    (A)车轮外倾　　　　　　　　　(B)前轮前束
    (C)主销后倾和主销内倾　　　　(D)以上都是

13. 现代乘用车在低速行驶时,主要是由于_____的作用使前轮在转向后自动回正。
    (A)主销内倾　　(B)车轮外倾　　(C)主销后倾　　(D)前轮前束

14. 汽车在高速行驶时,主要是_____使前轮自动回正。
    (A)主销内倾　　(B)车轮外倾　　(C)主销后倾　　(D)前轮前束

15. 从车的侧面看,_____是车轮转向轴线与铅垂线之间的夹角。
    (A)主销内倾角　(B)主销后倾角　(C)车轮外倾角　(D)前轮前束

16. 从车前面向车后看,_____为前轮或后轮平面相对铅垂面的倾斜角。
    (A)主销内倾角　(B)主销后倾角　(C)车轮外倾角　(D)前轮前束

17. 改变转向横拉杆的总长度,可以改变_____的值。
    (A)前轮前束　　(B)车轮转角　　(C)主销　　　　(D)车轮外倾角

18. 进行转向轮定位时,_____对于轮胎磨损是最重要的。
    (A)前轮前束　　(B)车轮外倾角　(C)主销后倾角　(D)主销内倾角

19. 对于前轮前束值的测量,_____说法正确。
    (A)测量部位应略低于轮胎水平中心线

(B)测量部位应略高于轮胎水平中心线
(C)测量部位为沿轮胎水平中心线处
(D)测量部位可任意选取

20. _____定位角度在所有车辆上是可调节的。
    (A)车轮外倾角　(B)主销后倾角　(C)前轮前束　(D)主销内倾角

21. _____因素对车轮侧滑影响较大。
    (A)前轮前束值的大小　　　　　(B)主销后倾角的大小
    (C)主销内倾角的大小　　　　　(D)转向盘自由行程的大小

22. 汽车挂车的车桥是_____。
    (A)转向桥　　(B)驱动桥　　(C)转向驱动桥　　(D)支持桥

23. _____不属于转向桥。
    (A)前轴　　(B)转向节　　(C)主销　　(D)车轮总成

24. 转向驱动桥的半轴必须分成_____段。
    (A)2　　(B)3　　(C)4　　(D)6

25. 转向驱动桥不包括_____。
    (A)主减速器　　　　　(B)差速器
    (C)十字轴刚性万向节　　(D)主销

26. 在转向轮定位中，γ代表_____。
    (A)车轮外倾角　(B)主销后倾角　(C)主销内倾角　(D)前轮前束

27. 在转向轮定位中，β代表_____。
    (A)车轮外倾角　(B)主销后倾角　(C)主销内倾角　(D)前轮前束

28. 在转向轮定位中，α代表_____。
    (A)车轮外倾角　(B)主销后倾角　(C)主销内倾角　(D)前轮前束

29. 在转向轮定位中，$A-B$代表_____。
    (A)车轮外倾角　(B)主销后倾角　(C)主销内倾角　(D)前轮前束

30. 在转向轮定位中，_____可使汽车行驶时，两个车轮运动轨迹逐渐向各自的外侧滚开的趋势。
    (A)车轮外倾　(B)主销后倾　(C)主销内倾　(D)前轮前束

31. 在转向轮定位中，_____可使汽车行驶时，两个车轮运动轨迹逐渐向各自的内侧偏斜的趋势。
    (A)车轮外倾　(B)主销后倾　(C)主销内倾　(D)前轮前束

32. 在转向轮定位中，当汽车转向时，由于_____的作用，车轮连同整个汽车前部被向上抬起。
    (A)车轮外倾　(B)主销后倾　(C)主销内倾　(D)前轮前束

三、填空题

1. 根据车桥作用的不同，车桥可分为 _____、_____、_____ 和 _____ 四种。

2. 转向桥由_____、_____、_____和_____等主要部分组成。

3. 转向桥前轴是转向桥的主体,根据断面形状分有_____和_____两种。

4. 转向驱动桥转向节轴颈部分制成中空的,以便_____穿入其中。

5. 桑塔纳2000乘用车的前桥总成,采用的是_____、_____转向驱动桥。

6. 桑塔纳2000乘用车的悬架车轮轴承壳与下摆臂之间通过_____连接,从而使前轮固定,并通过下摆臂上的长孔可调整_____。

7. 为了减小车辆转向时的车身倾斜,在副车架与下摆臂之间大多数乘用车都装有_____。

8. 桑塔纳乘用车后桥是_____,车桥只向车轮传递_____或拉力,不传递_____。

9. 前轮定位是为了保证汽车_____的稳定性和_____的轻便性,减少轮胎和其他机件的磨损,必须保证_____、_____和_____三者与车架的安装保持一定的相对位置关系。

10. 在大多数断开式转向桥中没有主销,一般采用上、下球头销_____。

11. 前轮定位包括_____、_____、_____和_____四个参数。

12. 按悬架结构形式的不同,车桥分为_____和_____两种。_____车桥与非独立悬架配用,_____车桥与独立悬架配用。

13. 主销安装在前轴上,其上端略向后倾斜,这种现象称为_____;其上端略向内侧倾斜,这种现象称为_____。

14. 车桥位于_____与车轮总成之间,其两端安装_____,通过悬架与车架(或车身)相连,其功用是传递车架(或车身)与_____之间各种载荷。

15. 主销后倾角越大、车速_____,回正力矩_____,转向轮偏转后自动回正的能力也越_____。

16. 采用超低压轮胎的汽车,主销后倾角可以_____,甚至可以是_____。

17. 主销内倾可_____转向时驾驶人施加在转向盘上的力,使转向操纵轻便。同时还可以_____因路面不平而从转向轮传到转向盘上的冲击力。

18. _____的回正作用随着车速的增高而增大,而_____的回正作用几乎与车速无关。

19. 车轮旋转平面与垂直于车辆支承面的纵向平面之间的夹角称为_____,功用是提高车轮工作的_____和转向操纵的_____。

20. 车轮安装在车桥上,两前轮后端距离 A _____前端距离 B,其差值 $A-B$ 称为_____。

21. 前轮前束的功用是消除因_____所造成的不良后果,保证车轮不向外滚动,防止车轮_____和减轻_____的磨损。

22. 后轮定位内容主要包括_____和_____。

23. 一般前驱汽车,前驱动轮宜采用_____,后从动轮宜采用_____;对于后驱汽车,前从动轮宜采用_____,后驱动轮宜采用_____。

24. 转向驱动桥与转向轮相连的半轴必须分成_____和_____两段,其间一般用_____连接。

25. 车桥分为转向桥、驱动桥、转向驱动桥和支持桥四种类型。其中_____和_____都属于从动桥。

26. 挂车的车桥就是_____。_____除不能转向外,其他功能和结构与转向桥相同。

27. 转向桥的作用是支承汽车_____,安装前轮及制动器(前),连接车架,承受车架与车轮总成之间的作用力及其产生的_____,同时还要使前轮偏转以实现_____。

28. 在垂直于汽车支承平面的纵向平面内,主销轴线与汽车支承平面垂线之间的夹角 γ 称为_____。

29. 在垂直于汽车支承平面的横向平面内,主销轴线与汽车支承平面垂线之间的夹角 β 称为_____。

30. 主销内倾的功用是使转向轮_____,并使转向操纵_____。

31. 车轮旋转平面与垂直于车辆支承面的纵向平面之间的夹角 α 称为_____。

四、简答题

1. 简述车桥的功用及分类。

2. 简述转向桥的结构特点。

3. 简述转向驱动桥的结构特点。

4. 简述桑塔纳2000乘用车前桥和后桥的结构特点。

5. 简述转向轮定位参数及功用。

6. 简述非转向轮定位及作用。

7. 简述桑塔纳2000乘用车前轮定位检查与调整的技术标准与要求。

8. 桑塔纳2000乘用车前轮定位检查与调整的准备工作有哪些?

9. 简述桑塔纳2000乘用车前轮前束的检查与调整方法。

五、看图填空

1. 汽车整体式转向桥结构

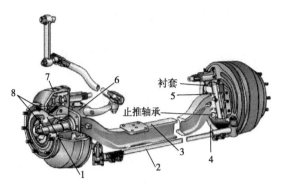

衬套
止推轴承

1. _____
2. _____
3. _____
4. _____
5. _____
6. _____
7. _____
8. _____

2. 转向驱动桥示意图

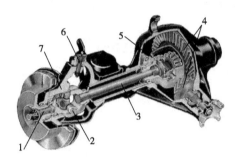

1. _____
2. _____
3. _____
4. _____
5. _____
6. _____
7. _____

3. 桑塔纳 2000 车型的转向驱动桥

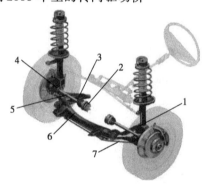

1. _____
2. _____
3. _____
4. _____
5. _____
6. _____
7. _____

4. 桑塔纳 2000GSi 车型后桥结构示意图

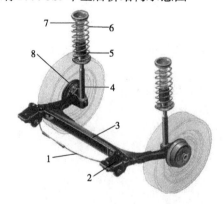

1. _____
2. _____
3. _____
4. _____
5. _____
6. _____
7. _____
8. _____

3.2 车轮总成

一、判断题

1. 汽车车轮总成是由车轮和轮胎两大部分组成。（　）
2. 汽车车轮总成是汽车行驶系统中及其重要的部件之一，它处于悬架和地面之间。（　）
3. 车轮功用是安装轮胎，承受轮胎与车桥之间的各种载荷。（　）
4. 车轮一般是由轮毂、轮辋和轮辐组成。（　）
5. 轮毂通过球轴承装在车桥或转向节轴颈上，用于连接车轮与车桥。（　）
6. 车轮有辐板式车轮和辐条式车轮两种形式。（　）
7. 普通乘用车多采用辐条式车轮。（　）
8. 重型汽车都采用辐板式车轮。（　）
9. 目前广泛采用的乘用车车轮为铝合金车轮。（　）
10. 轮辋用于安装和固定轮胎。（　）
11. 现代汽车都采用充气式轮胎，轮胎安装在轮辋上，直接与路面接触。（　）
12. 轮胎可以缓和汽车行驶中所受到的冲击，并衰减由此而产生的振动。（　）
13. 现在汽车均采用高压胎。（　）
14. 目前乘用车上应用的轮胎主要是低压（超低压）轮胎。（　）
15. 有内胎轮胎由外胎、内胎和垫带等组成，使用时安装在汽车车轮的轮辋上。（　）
16. 有内胎轮胎俗称真空胎。（　）
17. 外胎是轮胎的主要组成部分，主要由胎面、胎圈和胎体等组成。（　）
18. 无内胎轮胎没有内胎及垫带。（　）
19. 胎面是轮胎的外表面，可分为胎冠、胎肩和胎侧三部分。（　）
20. 如果轮胎花纹接近磨损标记，应更换轮胎。（　）
21. 胎圈由钢丝圈、帘布层包边和胎圈包布组成，具有很大的刚度和强度。（　）
22. 帘布层是外胎的骨架，主要用于承受载荷，并使其具有足够的强度。（　）
23. 缓冲层是外胎的骨架，主要用于承受载荷，并使其具有足够的强度。（　）
24. 子午线轮胎较斜交轮胎有较小的滚动阻力，抗磨能力强，耐冲击性能好，故子午线轮胎仍得到广泛的使用。（　）
25. 子午线轮胎虽比斜交轮胎有较大的滚动阻力，但它抗磨能力强，耐冲击性能好，故子午线轮胎仍得到广泛的使用。（　）
26. 缓冲层作用是加强胎面与帘布层之间的结合，防止汽车紧急制动时胎面与帘布层脱离，并缓和汽车行驶时所受到的路面冲击。（　）
27. 目前在汽车上应用广泛的是斜交轮胎。（　）
28. 轮胎名义扁平比是指轮胎高度 H 与宽度 B 之比。（　）
29. 轮胎名义扁平比是指轮胎宽度 B 与高度 H 之比。（　）

30. 在轮胎的规格中,R为子午线轮胎结构代号。( )
31. 装用新轮胎时,同一车轴上配同一规格、结构、层级和花纹的轮胎。( )
32. 如果轮胎花纹接近磨损指示标记,应进行轮胎换位。( )
33. 车轮总成安装应按对角线顺序分2~3次拧紧车轮螺母,最后一次要按规定力矩拧紧。( )
34. 轮胎充入的空气不得含有水分和油雾。( )
35. 扒胎时,用撬杠将胎缘撬在拆装头上,点踩踏板,让转盘顺时针旋转,直到胎缘脱落为止。( )
36. 扒胎时,用撬杠将胎缘撬在拆装头上,点踩踏板,让转盘逆时针旋转,直到胎缘脱落为止。( )
37. 扒胎时,将轮胎内空气放尽,去掉车轮上的平衡块,以免发生危险。( )
38. 轮胎装配时,应顺时针旋转转盘让胎缘落入钢圈槽内。( )
39. 轮胎装配时,应逆时针旋转转盘让胎缘落入钢圈槽内。( )
40. 轮胎装配时,使轮胎平衡点位置与气门嘴呈180°角安装。( )
41. 前轮轮胎比后轮轮胎花纹磨损严重,应进行轮胎换位。( )
42. 为了使轮胎磨损均匀,子午线轮胎的轮胎换位,应按照单边换位的规范进行。( )
43. 为了使轮胎磨损均匀,子午线轮胎的轮胎换位,应按照左右交叉换位的规范进行。( )
44. 进行轮胎换位是为了保持汽车各个轮胎磨损基本均匀,延长轮胎使用寿命。( )
45. 轮胎换位后,应按所换的胎位要求,重新调整气压。( )
46. 轮胎换位后须做好记录,下次换位仍要按上次选定的换位方法换位。( )
47. 若车轮动、静不平衡量过大,则主要检查车轮平衡块是否脱落,是否存在轮胎异常磨损、局部损坏或修补方法不当的情况,汽车行驶中该车轮是否因发生过较严重的碰撞而产生轮辋变形等。( )
48. 使用离车式车轮动平衡机为轮胎做动平衡时,需将车轮从车上拆下。( )
49. 使用离车式车轮动平衡机为轮胎做动平衡时,无需将车轮从车上拆下。( )
50. 使用离车式车轮动平衡机为轮胎做动平衡后,轮胎的动不平衡量要小于5g。( )
51. 使用离车式车轮动平衡机为轮胎做动平衡后,轮胎的动不平衡量要小于10g。( )
52. 进行车轮动平衡检查,在轮辋的内侧或外侧的时钟12点位置加装指示装置显示的该侧平衡块质量。( )
53. 进行车轮动平衡检查时,轮胎气压一定要达到规定值。( )
54. 进行车轮动平衡检查时,不必检查轮胎气压。( )
55. 进行车轮动平衡检查,内外侧要分别进行,平衡块装卡要牢固。( )
56. 在车轮内外侧加装指示装置显示的该侧平衡块质量后,不必再进行平衡试验。( )

57. 安装平衡块后有可能产生新的不平衡,应重新进行平衡试验。　　　　　(　　)

二、选择题

1. 汽车车轮总成是汽车行驶系统中及其重要的部件之一,_____不是车轮总成的基本功用。
　　(A)支承整车质量,包括在汽车质量上下运动时产生的惯性动载荷
　　(B)缓和由路面传递来的冲击载荷
　　(C)把路面作用的各种力传给车架(或车身)
　　(D)承担跨越障碍的作用,保证汽车的通过性

2. _____不属于车轮的组成部件。
　　(A)轮毂　　　(B)轮辋　　　(C)轮辐　　　(D)轮胎

3. 车轮的组成部件中,_____是通过圆锥滚子轴承装在车桥或转向节轴颈上,用于连接车轮与车桥。
　　(A)轮毂　　　(B)轮辋　　　(C)轮辐　　　(D)轮胎

4. 车轮的组成部件中,_____用于安装和固定轮胎。
　　(A)轮毂　　　(B)轮辋　　　(C)轮辐　　　(D)轮胎

5. 目前广泛采用的乘用车车轮为_____。
　　(A)铝合金车轮　(B)铸铁车轮　(C)硬塑料车轮　(D)不锈钢车轮

6. 现代汽车都采用充气式轮胎,轮胎安装在轮辋上,直接与路面接触,_____不是轮胎的功用。
　　(A)支承汽车的质量,承受路面传来的各种载荷
　　(B)和汽车悬架共同来缓和汽车行驶中所受到的冲击,并衰减由此而产生的振动,以保证汽车有良好的乘坐舒适性和行驶平顺性
　　(C)传递车架(或车身)与车轮之间各种载荷
　　(D)保证车轮和路面有良好的附着性,以提高汽车的动力性、制动性和通过性

7. 按轮胎内的空气压力大小分类,气压在 0.2～0.5MPa 的轮胎称为_____。
　　(A)高压胎　　(B)超高压胎　　(C)低压胎　　(D)超低压胎

8. 按轮胎内的空气压力大小分类,气压在 0.5～0.7MPa 的轮胎称为_____。
　　(A)高压胎　　(B)超高压胎　　(C)低压胎　　(D)超低压胎

9. 按轮胎内的空气压力大小分类,气压在 0.2MPa 以下的轮胎称为_____。
　　(A)高压胎　　(B)超高压胎　　(C)低压胎　　(D)超低压胎

10. 现代汽车几乎都采用充气轮胎,轮胎按胎体帘布层结构不同可分为_____。
　　(A)有内胎轮胎和无内胎轮胎　　(B)低压胎和高压胎
　　(C)斜交轮胎和子午线轮胎　　　(D)普通花纹轮胎和越野花纹轮胎

11. 目前乘用车上应用的轮胎主要是_____。
　　(A)高压胎　　(B)低压胎　　(C)有内胎轮胎　　(D)斜交轮胎

12. 目前乘用车上应用的轮胎主要是_____。
　　(A)高压胎　　(B)斜交轮胎　　(C)有内胎轮胎　　(D)无内胎轮胎

13. 目前乘用车上应用的轮胎主要是_____。
    (A)高压胎　　(B)有内胎轮胎　　(C)子午线轮胎　　(D)斜交轮胎
14. _____与路面直接接触,直接承受冲击与摩擦,并保护胎体免受机械损伤。
    (A)胎冠　　(B)胎肩　　(C)胎侧　　(D)胎圈
15. 按国家标准的规定,每只轮胎应沿圆周等距离设置磨损标志"△"符号,不少于_____。
    (A)3个　　(B)4个　　(C)5个　　(D)6个
16. 帘布层的帘线按一定角度交叉排列,帘线与轮胎横断面的交角通常为50°的轮胎是_____。
    (A)斜交轮胎　　(B)子午线轮胎　　(C)普通花纹轮胎　　(D)越野花纹轮胎
17. 帘布层帘线排列的方向与轮胎横断面一致,即垂直于轮胎胎面中心线的轮胎是_____。
    (A)斜交轮胎　　(B)子午线轮胎　　(C)普通花纹轮胎　　(D)越野花纹轮胎
18. 普通斜交轮胎的规格用_____表示。
    (A)B-d　　(B)d-B　　(C)B/d　　(D)d/B
19. 普通斜交轮胎的规格用 B-d 表示,其中 B 为_____。
    (A)轮胎外径　　(B)轮胎内径　　(C)轮胎断面宽度　　(D)轮胎断面高度
20. 普通斜交轮胎的规格用 B-d 表示,其中 d 为_____。
    (A)轮胎外径　　(B)轮胎内径　　(C)轮胎断面宽度　　(D)轮胎断面高度
21. 子午线轮胎规格是 185/60 R 14 82 H,其中 185 为_____。
    (A)轮胎名义断面宽度代号　　(B)轮胎名义扁平比代号
    (C)子午线轮胎结构代号　　(D)轮胎名义直径代号
22. 子午线轮胎规格是 185/60 R 14 82 H,其中 60 为_____。
    (A)轮胎名义断面宽度代号　　(B)轮胎名义扁平比代号
    (C)子午线轮胎结构代号　　(D)轮胎名义直径代号
23. 子午线轮胎规格是 185/60 R 14 82 H,其中 R 为_____。
    (A)轮胎名义断面宽度代号　　(B)轮胎名义扁平比代号
    (C)子午线轮胎结构代号　　(D)轮胎名义直径代号
24. 子午线轮胎规格是 185/60 R 14 82 H,其中 14 为_____。
    (A)轮胎名义断面宽度代号　　(B)轮胎名义扁平比代号
    (C)子午线轮胎结构代号　　(D)轮胎名义直径代号
25. 子午线轮胎规格是 185/60 R 14 82 H,其中 82 为_____。
    (A)轮胎名义断面宽度代号　　(B)轮胎名义扁平比代号
    (C)荷重等级　　(D)速度等级代号
26. 子午线轮胎规格是 185/60 R 14 82 H,其中 H 为_____。
    (A)轮胎名义断面宽度代号　　(B)轮胎名义扁平比代号
    (C)荷重等级　　(D)速度等级代号
27. 子午线轮胎规格是 185/60 R 14 82 H,其最高行驶速度为_____km/h。

(A)150　　　　　(B)160　　　　　(C)180　　　　　(D)210

28. 轮胎 195/70 R 1495 H TL 中"TL"表示_____。

(A)高速轮胎　　(B)无内胎轮胎　　(C)低速轮胎　　　(D)斜交轮胎

29. 技师 A 说,子午线轮胎应该单边换位,不能交叉换位。技师 B 说,子午线轮胎应交叉换位。_____是正确的。

(A)只有 A 正确　(B)只有 B 正确　(C)两者都正确　　(D)两者都不正确

30. 离车式车轮动平衡机组成中没有_____。

(A)驱动装置　　　　　　　　(B)转轴与支承装置

(C)显示与控制装置　　　　　(D)空气压缩机

31. 用离车式车轮动平衡机为轮胎做动平衡试验时,不需要输入_____数据。

(A)轮辋直径　　　　　　　　(B)轮胎外径

(C)轮辋边缘至右支承的距离　(D)轮辋宽度

32. 用离车式车轮动平衡机为轮胎做动平衡试验前不必_____。

(A)清除被测车轮上的泥土、石子

(B)检查轮胎的磨损程度

(C)检查轮胎气压,视必要充至汽车制造厂的规定值

(D)拆掉旧平衡块

三、填空题

1. 汽车车轮总成是由_____和_____两大部分组成,是汽车行驶系统中及其重要的部件之一。

2. 汽车车轮总成是_____和_____之间,具有缓和由路面传递来的冲击载荷的作用。

3. 汽车车轮总成的作用之一是支承整车_____,包括在汽车质量上下运动时产生的惯性_____。

4. 汽车车轮总成的作用之一是通过轮胎和路面之间的附着作用,产生驱动和阻止汽车运动的外力,即为汽车提供_____力和_____力。

5. 汽车车轮总成的作用之一是产生平衡汽车转向离心力的_____,以便顺利转向,并通过轮胎产生的自动_____,使车轮具有保持直线行驶的能力。

6. 车轮是介于_____和_____之间承受负荷的旋转组件,其功用是_____,承受_____与_____之间的各种载荷。

7. 车轮一般是由_____、_____和_____组成。

8. 车轮的_____通过圆锥滚子轴承装在车桥或转向节轴颈上,用于连接车轮与车桥。_____用于安装和固定轮胎。_____用于将轮毂和轮辋连接起来,并通过螺栓与轮毂连接起来。

9. 按轮辐结构的不同,车轮可以分为两种形式:_____车轮和_____车轮。

10. 普通乘用车和轻型、中型货车普遍采用辐板式车轮,由_____、_____、_____和_____组成。

11. 车轮中用以连接_____和_____的钢质圆盘称为辐板，大多是冲压制成的，少数是和轮毂铸成一体，后者主要用于重型汽车。
12. 乘用车的辐板所用板料较薄，目前广泛采用的乘用车车轮为_____车轮，且多为整体式的，即_____和_____铸成一体。
13. 辐条式车轮按辐条结构的不同分为_____车轮和_____车轮。
14. 轮辋的常见结构形式有：_____、_____和_____。此外，还有_____、_____、_____、_____等。
15. 现代汽车都采用_____轮胎，轮胎安装在_____上，直接与路面接触。
16. 按轮胎内空气压力的大小，轮胎分为_____、_____和_____三种。
17. 按轮胎有无内胎，轮胎分为有_____和_____两种。目前乘用车上普遍采用_____。
18. 按胎体帘布层结构的不同，轮胎分为_____和_____。目前，_____在汽车上广泛应用。
19. 根据轮胎花纹的不同，轮胎分为_____、_____、_____。
20. 根据轮胎帘线材料不同，轮胎分为_____、_____、_____、_____。
21. 充气轮胎按结构的不同，可分为_____和_____两种。
22. 有内胎轮胎由_____、_____和_____等组成，使用时安装在汽车车轮的_____上。
23. 无内胎轮胎俗称_____，在外观上与普通轮胎相似，但是没有_____及_____。
24. 无内胎轮胎的气门嘴用橡胶垫圈和螺母直接固定在_____上，空气直接充入外胎中，其密封性由_____和_____来保证。
25. 无内胎轮胎的外胎是轮胎的主要组成部分，主要由_____、_____和_____等组成。
26. 轮胎的胎面是轮胎的外表面，可分为_____、_____和_____三部分。
27. 胎冠又称行驶面，它与路面直接接触，在胎面上制有各种形状的花纹，主要有_____、_____、_____等。
28. _____是较厚的胎冠和较薄的胎侧间的过渡部分，一般也制有各种花纹，以提高该部位的_____。
29. _____又称胎壁，它由数层橡胶构成，覆盖_____两侧，保护内胎免受外部损坏。
30. 轮胎的胎面磨损标志位于胎面花纹沟底部，通常在磨损标志对应的胎肩处标出_____符号。每只轮胎应沿圆周等距离设置，不少于_____个。
31. 轮胎的胎圈是帘布层的根基，由_____、_____和_____组成，可以使外胎牢固地安装在轮辋上。
32. 轮胎的胎体由_____和_____组成。
33. 轮胎的胎体帘布层是外胎的骨架，主要用于_____，保持外胎的_____，并使其具有足够的_____。

34. 按照帘布层帘线排列方式的不同,轮胎可以分为_____和_____。
35. 斜交轮胎帘布层的帘线按一定角度交叉排列,帘线与轮胎横断面的交角通常为_____。子午线轮胎帘布层帘线排列的方向与_____一致,即垂直于轮胎胎面中心线,类似于地球仪上的子午线。
36. 轮胎的胎体缓冲层夹在_____和_____之间,质软而弹性大。
37. 普通斜交轮胎的规格用 B-d 表示,B 为_____,d 为_____。载货汽车斜交轮胎和乘用车斜交轮胎的尺寸 B 和 d 均使用英制(in)单位。
38. 子午线轮胎规格是 185/60 R 14 82 H,其中 185 为_____,60 为_____,R 为_____,14 为_____,82 为_____,H 为_____。
39. 检查轮胎时,前轮轮胎比后轮轮胎花纹磨损严重时,应进行车辆_____。
40. 当轮胎胎面花纹接近磨损标志时,应_____。
41. 用_____可检查卡罗拉车乘用车轮胎的径向圆跳动,轮胎径向圆跳动应为_____。
42. 轮胎换位方法常用的有_____和_____。
43. 车轮的动平衡试验有_____和_____两种方法。
44. 离车式车轮动平衡机主要由_____、转轴与_____、_____、_____及防护罩组成。
45. 车轮动平衡机的平衡重又称配重,通常有_____和_____两种类型。

四、简答题

1. 简述车轮总成的组成及功用。

2. 简述车轮的组成、功用及各组成部件的结构特点。

3. 简述轮胎的功用和类型。

4. 简述轮胎的结构特点。

5. 以 185/60 R 14 82 H 为例说明子午线轮胎规格的含义。

6. 简述轮胎的检查内容及方法。

7. 简述车轮总成的拆装方法。

8. 简述轮胎的更换方法。

9. 简述车轮动平衡的检查与调整方法。

五、看图填空

1. 车轮总成

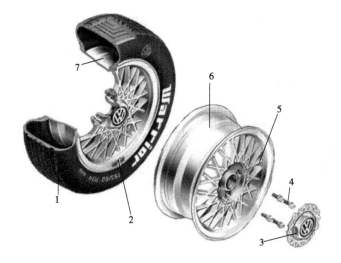

| 1. _____ |
| 2. _____ |
| 3. _____ |
| 4. _____ |
| 5. _____ |
| 6. _____ |
| 7. _____ |

2. 车轮的组成

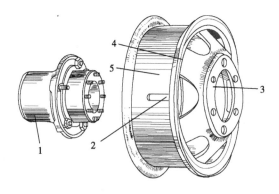

| 1. _____ |
| 2. _____ |
| 3. _____ |
| 4. _____ |
| 5. _____ |

3. 铝合金车轮

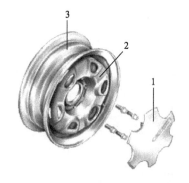

| 1. _____ |
| 2. _____ |
| 3. _____ |

4. 轮胎的结构

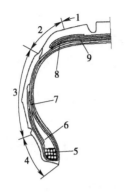

1. _____
2. _____
3. _____
4. _____
5. _____
6. _____
7. _____
8. _____
9. _____

5. 轮胎的尺寸标注

1. _____
2. _____
3. _____
4. _____

3.3 车架与悬架

一、判断题

1. 车架俗称"大梁",它是跨接在前后车轮上的桥梁式结构,是构成整个汽车的骨架。
（　　）
2. 车架是整个汽车的装配基体,汽车绝大多数的零部件、总成都要安装在车架上。
（　　）
3. 汽车上采用的车架有4种类型:边梁式车架、中梁式车架、综合式车架和无梁式车架。
（　　）
4. 目前汽车上多采用边梁式车架和无梁式车架。（　　）
5. 目前汽车上多采用中梁式车架和综合式车架。（　　）
6. 边梁式车架由两根位于两边的纵梁和若干横梁组成,用铆接法或焊接法将纵梁与横梁连接成坚固的刚性构架。
（　　）
7. 边梁式车架由一根贯穿汽车纵向的中央纵梁和若干根横向悬伸托架所组成。（　　）
8. 边梁式车架结构简单、便于整车的布置,在各种类型的汽车上都广泛应用。（　　）
9. 边梁式车架制造工艺复杂,目前应用也不多。（　　）

10. 中梁式车架又称脊梁式车架,由一根贯穿汽车纵向的中央纵梁和若干根横向悬伸托架所组成。 （ ）
11. 中梁式车架其前端制成伸出支架,用以固定发动机。传动轴在中梁内穿过。（ ）
12. 综合式车架是由边梁式和中梁式车架结合而成的。 （ ）
13. 综合式车架前段或后段近似边梁式结构,便于分别安装发动机或驱动桥。（ ）
14. 综合式车架制造工艺复杂,目前应用也不多。 （ ）
15. 综合式车架结构简单、便于整车的布置,在各种类型的汽车上都广泛应用。（ ）
16. 无梁式车架又称承载式车身 （ ）
17. 采用承载式车身的特点是没有车架(大梁),车身就作为发动机和底盘各总成的安装基础,各种载荷全部由车身承受。 （ ）
18. 部分乘用车和客车为减轻自身质量,以车身代替车架,这种车身又称承载式车身。
 （ ）
19. 乘用车车身总成结构主要包括车身壳体、车门、车窗、车前后钣金件、车身内外装饰件、车身附件、座椅以及通风装置等。 （ ）
20. 车身壳体是一切车身部件和零件的安装基础,由纵、横梁支柱等主要承力元件,以及与它们相连接的钣金件经焊接而共同组成的刚性空间结构。 （ ）
21. 车前后钣金件,包括散热器框架前后围板、发动机罩、前后翼子板、挡泥板等。
 （ ）
22. 悬架是车架(或车身)与车桥(或车轮总成)之间一切传力连接装置的总称。（ ）
23. 悬架是连接车架(或车身)和车桥(或车轮总成),把路面作用到车轮总成的各种力传给车架(或车身)。 （ ）
24. 悬架能缓和冲击、衰减振动,使乘坐舒适,具有良好的平顺性。 （ ）
25. 悬架能保证汽车具有良好的操纵稳定性。 （ ）
26. 汽车悬架可分为非独立悬架和独立悬架两大类。 （ ）
27. 汽车悬架是弹性地连接车桥和车架,缓和行驶中车辆受到的冲击力。 （ ）
28. 非独立悬架的特点是左右车轮安装在一根整体式车桥两端,车桥则通过悬架与车架相连。 （ ）
29. 非独立悬架的特点是左右车轮安装在断开式车桥两端。 （ ）
30. 采用非独立悬架的汽车,当一侧车轮发生位置变化后会导致另一侧车轮的位置也发生变化。 （ ）
31. 采用非独立悬架的汽车,当一侧车轮发生位置变化后,不会影响另一侧车轮的位置。
 （ ）
32. 采用非独立悬架的汽车,可减少汽车的非簧载质量。 （ ）
33. 独立悬架的结构特点是车桥制成断开的,每一侧车轮单独通过悬架与车架(或车身)连接。 （ ）
34. 独立悬架与整体式车桥配合使用。 （ ）
35. 采用独立悬架的汽车,两侧车轮可以单独运动而互不影响。 （ ）
36. 采用独立悬架的汽车,当一侧车轮发生位置变化后会导致另一侧车轮的位置也发生

变化。 （ ）
37. 与非独立悬架相比较,汽车采用独立悬架有助于消除转向车轮不断偏摆的不良现象。 （ ）
38. 采用独立悬架的汽车,可减少汽车的非簧载质量(即不由弹簧支承的质量)。 （ ）
39. 采用独立悬架可以提高汽车的平均行驶速度。 （ ）
40. 采用独立悬架的汽车,发动机总成的位置可以降低和前移,使汽车重心下降,因而可提高汽车的行驶稳定性。 （ ）
41. 越野汽车全部车轮采用独立悬架还可保证汽车在不平道路上行驶时,所有车轮和路面有良好的接触,从而可增大牵引力。 （ ）
42. 采用独立悬架的汽车,可增大汽车的离地间隙,使汽车的通过性能大大提高。 （ ）
43. 采用独立悬架的汽车,其独立悬架结构复杂,制造成本高,维修不便。 （ ）
44. 采用独立悬架的汽车,当车轮跳动时,由于车轮外倾角与轮距变化较大,轮胎磨损较严重。 （ ）
45. 悬架一般都由弹性元件、减振器、导向机构等组成,乘用车一般还有横向稳定器。 （ ）
46. 弹性元件使车架(或车身)与车桥(或车轮总成)之间做弹性连接,可以缓和由于不平路面带来的冲击,并承受和传递垂直载荷。 （ ）
47. 弹性元件可以衰减由于路面冲击产生的振动,使振动的振幅迅速减小。 （ ）
48. 弹性元件的作用是保证车轮相对于车架(或车身)的运动关系。 （ ）
49. 弹性元件可以防止车身在转向等情况下发生过大的横向倾斜。 （ ）
50. 减振器可以衰减由于路面冲击产生的振动,使振动的振幅迅速减小。 （ ）
51. 减振器的作用是缓和由于不平路面带来的冲击。 （ ）
52. 减振器的作用是保证车轮相对于车架(或车身)的运动关系。 （ ）
53. 减振器的作用是防止车身在转向等情况下发生过大的横向倾斜。 （ ）
54. 导向机构包括纵向推力杆和横向推力杆,用于传递纵向载荷和横向载荷。 （ ）
55. 导向机构可以保证车轮相对于车架(或车身)的运动关系。 （ ）
56. 导向机构的作用是防止车身在转向等情况下发生过大的横向倾斜。 （ ）
57. 导向机构的作用是衰减由于路面冲击产生的振动。 （ ）
58. 导向机构的作用是缓和由于不平路面带来的冲击。 （ ）
59. 横向稳定器可以防止车身在转向等情况下发生过大的横向倾斜。 （ ）
60. 横向稳定器可以保证车轮相对于车架(或车身)的运动关系。 （ ）
61. 横向稳定器可以衰减由于路面冲击产生的振动。 （ ）
62. 横向稳定器可以缓和由于不平路面带来的冲击。 （ ）
63. 汽车悬架系统中,导向机构作用是用来传递力和力矩的。 （ ）
64. 汽车上常用的弹性元件包括钢板弹簧、螺旋弹簧、扭杆弹簧和气体弹簧等。 （ ）
65. 钢板弹簧又称叶片弹簧。 （ ）

66. 钢板弹簧用弹簧钢制成。（   ）
67. 钢板弹簧可通过各片相互之间的滑动摩擦,部分衰减路面的冲击作用。（   ）
68. 钢板弹簧各片在汽车行驶过程中会出现滑移。（   ）
69. 汽车行驶在不平路面上时,允许钢板弹簧的弹簧片轻微地伸长和缩短。（   ）
70. 钢板弹簧在车桥靠近车架(或车身)时靠钢板弹簧的弹性形变来起缓冲作用。
（   ）
71. 钢板弹簧具有缓冲和减振的作用。（   ）
72. 一副钢板弹簧通常由很多曲率半径不同、长度不等、宽度一样、厚度相等的弹簧钢板片叠成。（   ）
73. 一副钢板弹簧通常由很多曲率半径相同、长度不等、宽度一样、厚度相等的弹簧钢板片叠成。（   ）
74. 一副钢板弹簧通常由很多曲率半径不同、长度不等、宽度一样、厚度不相等的弹簧钢板片叠成。（   ）
75. 一副钢板弹簧通常由很多曲率半径不同、长度不等、宽度不等、厚度相等的弹簧钢板片叠成。（   ）
76. 一副钢板弹簧在整体上近似等强度的弹性梁。（   ）
77. 钢板弹簧第一片最长的钢板弹簧,称为主片,其两端或一端弯成卷耳状。（   ）
78. 在钢板弹簧全长内装有 2~4 个钢板夹。（   ）
79. 钢板弹簧的中部通过 U 形螺栓和压板与车桥刚性固定。（   ）
80. 钢板弹簧的中部通过一根中心螺栓和压板与车桥刚性固定。（   ）
81. 钢板弹簧的两端用销子铰接在车架的支架和吊耳上。（   ）
82. 吊耳是布置在钢板弹簧端部和车架之间的一个小连接件。（   ）
83. 螺旋弹簧广泛应用于独立悬架。（   ）
84. 有些乘用车的后轮非独立悬架也采用螺旋弹簧做弹性元件。（   ）
85. 螺旋弹簧由特殊的弹簧钢棒卷制而成。（   ）
86. 螺旋弹簧由特殊的弹簧钢棒卷制而成。（   ）
87. 螺旋弹簧可以制成圆柱形或圆锥形,也可以制成等螺距或不等螺距。（   ）
88. 圆柱形等螺距螺旋弹簧的刚度是不变的。（   ）
89. 圆柱形等螺距螺旋弹簧的刚度是可变的。（   ）
90. 圆锥形或不等螺距螺旋弹簧的刚度是可变的。（   ）
91. 圆锥形或不等螺距螺旋弹簧的刚度是不变的。（   ）
92. 螺旋弹簧与钢板弹簧相比,无需润滑,防污能力强,质量小,单位质量的能量吸收率较高。（   ）
93. 在螺旋弹簧悬架中,必须另装减振器。（   ）
94. 在螺旋弹簧悬架中,必须加装导向装置,以传递垂直力以外的各种力和力矩。（   ）
95. 螺旋弹簧只能承受垂直载荷。（   ）
96. 扭杆弹簧是一根由铬钒弹簧钢制成的扭杆。（   ）
97. 扭杆弹簧一端固定在车架上,另一端固定在悬架的摆臂上,摆臂则与车轮相连。
（   ）

98. 当车轮跳动时,摆臂便绕着扭杆轴线而摆动,使扭杆产生扭转导致弹性变形,以保证车轮与车架的弹性联系。( )
99. 扭杆弹簧在制造时,经热处理后预先施加一定的扭转力矩,使之产生一个永久的扭转变形,从而使其具有一定的预应力。( )
100. 左、右扭杆的预加扭转的方向都与扭杆安装在车上后承受工作载荷时扭转的方向相同。( )
101. 左、右扭杆的预加扭转的方向都与扭杆安装在车上后承受工作载荷时扭转的方向不同。( )
102. 如果左、右扭杆换位安装,则将导致扭杆弹簧的实际工作应力加大,使用寿命缩短。( )
103. 左右扭杆弹簧刻有不同的标记,不可互换。( )
104. 扭杆弹簧经过一段时间的装车使用后,为了避免疲劳损坏,左右扭杆弹簧可以互换使用。( )
105. 减振器在汽车中的作用是迅速衰减由车轮通过悬架弹簧传给车身的冲击和振动。( )
106. 减振器在汽车悬架中是与弹性元件并联安装的。( )
107. 减振器在汽车悬架中是与弹性元件串联安装的。( )
108. 目前,汽车悬架系统中广泛采用液压减振器。( )
109. 液压减振器阻尼力的大小随车架与车桥(或车轮)间相对速度的变化而增减。( )
110. 液压减振器阻尼力的大小且与油液的黏度有关。( )
111. 液压减振器阻尼力的大小且与油液的黏度无关。( )
112. 液压减振器作用是使车身和车架的振动能量转化为热能被油液和减振器壳体所吸收,然后扩散到大气中。( )
113. 液压减振器中,阀门越大,阻尼力越小。( )
114. 液压减振器中,阀门越大,阻尼力越大。( )
115. 液压减振器中,阀门越小,阻尼力越小。( )
116. 液压减振器中,阀门越小,阻尼力越大。( )
117. 液压减振器中,相对运动速度越大,阻尼力越大。( )
118. 液压减振器中,相对运动速度越大,阻尼力越小。( )
119. 液压减振器中,相对运动速度越小,阻尼力越大。( )
120. 液压减振器中,相对运动速度越小,阻尼力越小。( )
121. 液压减振器阻尼力越大,振动的衰减越快,但悬架弹性元件的缓冲效果不能发挥。( )
122. 液压减振器阻尼力越大,振动的衰减越快,所以液压减振器阻尼力越大越好。( )
123. 弹性元件的刚度与减振器的阻尼力要合理搭配,才能保证乘坐舒适性和操纵稳定性的要求。( )

124. 双向作用筒式减振器有 3 个同心缸筒，外面的缸筒是防尘罩，中间是储油缸筒，里面是工作缸筒。（　）

125. 双向作用筒式减振器有 3 个同心缸筒，外面的缸筒是防尘罩，中间是工作缸筒，里面是储油缸筒。（　）

126. 双向作用筒式减振器外面的缸筒是防尘罩，其上部的吊耳与车架相连。（　）

127. 双向作用筒式减振器中间是储油缸筒，其下端的吊耳与车桥相连。（　）

128. 双向作用筒式减振器中间是工作缸筒，其下端的吊耳与车桥相连。（　）

129. 双向作用筒式减振器里面是工作缸筒，其内装满油液。（　）

130. 双向作用筒式减振器里面是储油缸筒，其内装满油液。（　）

131. 双向作用筒式减振器有 4 个阀，即压缩阀、伸张阀、流通阀和补偿阀。（　）

132. 双向作用筒式减振器流通阀和补偿阀是一般的止回阀，其弹簧很弱。（　）

133. 双向作用筒式减振器流通阀和补偿阀是卸载阀，其弹簧刚度较大，预紧力较大。（　）

134. 双向作用筒式减振器压缩阀和伸张阀是卸载阀，其弹簧刚度较大，预紧力较大。（　）

135. 双向作用筒式减振器压缩阀和伸张阀是一般的止回阀，其弹簧很弱。（　）

136. 双向作用筒式减振器压缩行程时，活塞下移，使其下腔室容积减小，具有一定压力的油液顶开流通阀进入活塞上腔室。（　）

137. 双向作用筒式减振器压缩行程时，活塞下移，使其下腔室容积减小，具有一定压力的油液顶开压缩阀进入活塞上腔室。（　）

138. 双向作用筒式减振器压缩行程时，活塞下移，使其下腔室容积减小，具有一定压力的油液顶开伸张阀进入活塞上腔室。（　）

139. 双向作用筒式减振器压缩行程时，活塞下移，使其下腔室容积减小，具有一定压力的油液顶开补偿阀进入活塞上腔室。（　）

140. 双向作用筒式减振器压缩行程时，还有一部分油液不能进入上腔室而只能压开压缩阀，流回储油缸筒。（　）

141. 双向作用筒式减振器压缩行程时，还有一部分油液不能进入上腔室而只能压开伸张阀，流回储油缸筒。（　）

142. 双向作用筒式减振器压缩行程时，还有一部分油液不能进入上腔室而只能压开流通阀，流回储油缸筒。（　）

143. 双向作用筒式减振器压缩行程时，还有一部分油液不能进入上腔室而只能压开补偿阀，流回储油缸筒。（　）

144. 双向作用筒式减振器伸张行程时，活塞上移，使其上腔室油压升高。上腔室的油液便推开伸张阀流入下腔室。（　）

145. 双向作用筒式减振器伸张行程时，活塞上移，使其上腔室油压升高。上腔室的油液便推开压缩阀流入下腔室。（　）

146. 双向作用筒式减振器伸张行程时，活塞上移，使其上腔室油压升高。上腔室的油液便推开流通阀流入下腔室。（　）

147. 双向作用筒式减振器伸张行程时,活塞上移,使其上腔室油压升高。上腔室的油液便推开补偿阀流入下腔室。（   ）

148. 双向作用筒式减振器伸张行程时,储油缸筒中的油液在真空作用下推开补偿阀流进下腔室进行补充。（   ）

149. 双向作用筒式减振器伸张行程时,储油缸筒中的油液在真空作用下推开压缩阀流进下腔室进行补充。（   ）

150. 双向作用筒式减振器伸张行程时,储油缸筒中的油液在真空作用下推开伸张阀流进下腔室进行补充。（   ）

151. 双向作用筒式减振器伸张行程时,储油缸筒中的油液在真空作用下推开流通阀流进下腔室进行补充。（   ）

152. 在压缩行程和伸张行程都能起减振作用的减振器称为双向作用式减振器。（   ）

153. 为了使振动得到迅速衰减,汽车减振器伸张行程与压缩行程的阻尼力,通常均设计成相等的。（   ）

154. 横向稳定器是利用扭杆弹簧原理,将左右车轮通过横向稳定杆连接起来。（   ）

155. 弹性的稳定杆产生的扭转内力矩阻碍了悬架弹簧的变形,从而减少车身的横向倾斜。（   ）

156. 按照采用弹性元件的不同,非独立悬架可以分为钢板弹簧式非独立悬架和螺旋弹簧式非独立悬架。（   ）

157. 钢板弹簧通常用于非独立悬架,螺旋弹簧不能用于非独立悬架。（   ）

158. 采用钢板弹簧式非独立悬架,钢板弹簧中部通过U形螺栓(骑马螺栓)固定在前桥上。（   ）

159. 采用钢板弹簧式非独立悬架,钢板弹簧中部通过中心螺栓固定在前桥上。（   ）

160. 采用钢板弹簧式非独立悬架,钢板弹簧的前端卷耳用弹簧销与前支架相连,形成固定式铰链支点,起传力和导向作用。（   ）

161. 采用钢板弹簧式非独立悬架,钢板弹簧的后端卷耳则用吊耳销与可在车架上摆动的吊耳相连,从而保证了弹簧变形时两卷耳中心线间的距离有改变的可能。（   ）

162. 采用钢板弹簧式非独立悬架,减振器的上、下两个吊环通过橡胶衬套和连接销分别与车架上的上支架和车桥上的下支架相连接。（   ）

163. 螺旋弹簧非独立悬架由螺旋弹簧、减振器、纵向推力杆和横向推力杆组成。（   ）

164. 螺旋弹簧非独立悬架一般只用于乘用车的后悬架。（   ）

165. 螺旋弹簧非独立悬架一般只用于乘用车的前悬架。（   ）

166. 横臂式独立悬架分为单横臂式和双横臂式两种。（   ）

167. 横臂式独立悬架分为前横臂式和后横臂式两种。（   ）

168. 双横臂式独立悬架的两个横摆臂有等长的和不等长的。（   ）

169. 奥迪乘用车采用不等长双横臂式螺旋弹簧独立悬架。（   ）

170. 奥迪乘用车采用等长双横臂式螺旋弹簧独立悬架。（   ）

171. 汽车的不等长双横臂式独立悬架,上下两摆臂不等长,下臂比上臂短,可使汽车在行驶中车轮和主销的角度及轮距变化不大。（   ）

172. 纵臂式独立悬架也分为单纵臂式和双纵臂式两种。　　　　　　　　　（　）
173. 单纵臂式独立悬架都用于后轮。　　　　　　　　　　　　　　　　（　）
174. 单纵臂式独立悬架都用于前轮。　　　　　　　　　　　　　　　　（　）
175. 双纵臂式独立悬架的两纵摆臂一般长度相等,形成平行四连杆机构。　（　）
176. 烛式独立悬架主销的上下两端刚性地固定在车架上。　　　　　　　（　）
177. 麦弗逊式悬架是发动机前置前轮驱动乘用车和某些轻型客车应用比较普遍的悬架结构形式。　　　　　　　　　　　　　　　　　　　　　　　　　　　（　）
178. 采用麦弗逊式悬架,车轮所受的侧向力大部分由横摆臂承受,其余部分由减振器活塞和活塞杆承受。　　　　　　　　　　　　　　　　　　　　　　　（　）
179. 采用麦弗逊式悬架,筒式减振器上铰链的中心与横摆臂外端球铰链中心的连线为主销轴线,此结构也为无主销结构。　　　　　　　　　　　　　　　（　）
180. 采用麦弗逊式悬架,当车轮上下跳动时,减振器下支点随前悬架摇臂摆动,故主销轴线角度是变化的。　　　　　　　　　　　　　　　　　　　　　（　）
181. 烛式独立悬架和麦弗逊式独立悬架都属于车轮沿主销移动的独立悬架。（　）
182. 烛式独立悬架的车轮沿固定不动的主销移动。　　　　　　　　　　（　）
183. 烛式独立悬架的车轮沿摆动的主销移动。　　　　　　　　　　　　（　）
184. 麦弗逊式独立悬架的车轮沿摆动的主销轴线移动。　　　　　　　　（　）
185. 麦弗逊式独立悬架的车轮沿固定不动的主销轴线移动。　　　　　　（　）
186. 独立悬架中多采用螺旋弹簧,一些乘用车上为减轻车重和简化结构采用多连杆式悬架。　　　　　　　　　　　　　　　　　　　　　　　　　　　　　（　）
187. 更换悬架控制臂及球节后,必须进行车轮定位的检查与调整。　　　（　）
188. 减振器轻微渗油时,可以继续使用。若严重漏油,应更换新件。　　（　）
189. 减振器轻微渗油时,必须更换新件。　　　　　　　　　　　　　　（　）

二、选择题

1. ＿＿＿＿由两根位于两边的纵梁和若干横梁组成,用铆接法或焊接法将纵梁与横梁连接成坚固的刚性构架。
　　(A)边梁式车架　　(B)中梁式车架　　(C)综合式车架　　(D)无梁式车架

2. ＿＿＿＿由一根贯穿汽车纵向的中央纵梁和若干根横向悬伸托架所组成。
　　(A)边梁式车架　　(B)中梁式车架　　(C)综合式车架　　(D)无梁式车架

3. ＿＿＿＿又称脊梁式车架。
　　(A)边梁式车架　　(B)中梁式车架　　(C)综合式车架　　(D)无梁式车架

4. ＿＿＿＿的车架前段或后段近似边梁式结构,便于分别安装发动机或驱动桥。传动轴从中梁中间穿过。
　　(A)边梁式车架　　(B)中梁式车架　　(C)综合式车架　　(D)无梁式车架

5. 承载式车身又称＿＿＿＿。
　　(A)边梁式车架　　(B)中梁式车架　　(C)综合式车架　　(D)无梁式车架

6. 桑塔纳2000型乘用车采用＿＿＿＿,车身作为发动机和底盘各总成的安装基础,各种载荷全部由车身承受。

  (A)边梁式车架 (B)中梁式车架 (C)综合式车架 (D)无梁式车架

7. _____不属于乘用车车身总成的部件。

  (A)车门   (B)车窗   (C)车桥   (D)通风装置

8. 非独立悬架的特点是左右车轮安装在一根整体式车桥两端,车桥则通过悬架与_____相连。当一侧车轮发生位置变化后会导致另一侧车轮的位置也发生变化。

  (A)主减速器 (B)变速器   (C)传动轴   (D)车架

9. _____不是独立悬架的优点。

  (A)两侧车轮可以单独运动而互不影响

  (B)减少了汽车的非簧载质量

  (C)采用整体式车桥

  (D)越野汽车可增大汽车的离地间隙,使汽车的通过性能大大提高

10. _____使车架(或车身)与车桥(或车轮总成)之间做弹性连接,可以缓和由于不平路面带来的冲击,并承受和传递垂直载荷。

  (A)弹性元件 (B)减振器   (C)导向机构 (D)横向稳定器

11. _____可以衰减由于路面冲击产生的振动,使振动的振幅迅速减小。

  (A)弹性元件 (B)减振器   (C)导向机构 (D)横向稳定器

12. _____包括纵向推力杆和横向推力杆,用于传递纵向载荷和横向载荷,并保证车轮相对于车架(或车身)的运动关系。

  (A)弹性元件 (B)减振器   (C)导向机构 (D)横向稳定器

13. _____可以防止车身在转向等情况下发生过大的横向倾斜。

  (A)弹性元件 (B)减振器   (C)导向机构 (D)横向稳定器

14. 不是悬架弹簧的基本作用是_____。

  (A)衰减振动 (B)传递荷载 (C)承受载荷 (D)缓和冲击

15. 用在悬架系统中的弹簧没有_____。

  (A)螺旋弹簧 (B)膜片弹簧 (C)扭杆弹簧 (D)空气弹簧

16. _____又称叶片弹簧。

  (A)钢板弹簧 (B)螺旋弹簧 (C)扭杆弹簧 (D)气体弹簧

17. 在车桥靠近车架(或车身)时靠_____的弹性形变来起缓冲作用,并在车桥靠近和离开车架(或车身)的整个过程中,通过各片相互之间的滑动摩擦,部分衰减路面的冲击作用。

  (A)钢板弹簧 (B)螺旋弹簧 (C)扭杆弹簧 (D)气体弹簧

18. 一副钢板弹簧通常由很多_____、宽度一样、厚度相等的弹簧钢板片叠成,在整体上近似等强度的弹性梁。

  (A)曲率半径不同、长度相等   (B)曲率半径不同、长度不等

  (C)曲率半径相同、长度不等   (D)曲率半径相同、长度相等

19. 一副钢板弹簧通常由很多曲率半径不同、长度不等、_____的弹簧钢板片叠成,在整体上近似等强度的弹性梁。

(A)宽度一样、厚度相等 　　　(B)宽度不一样、厚度相等
(C)宽度一样、厚度不相等 　　(D)宽度不一样、厚度不相等

20._____由特殊的弹簧钢棒卷制而成,可以制成圆柱形或圆锥形,也可以制成等螺距或不等螺距,广泛应用于独立悬架中。
(A)钢板弹簧　　(B)螺旋弹簧　　(C)扭杆弹簧　　(D)气体弹簧

21._____是一根由铬钒弹簧钢制成的扭杆。扭杆一端固定在车架上,另一端固定在悬架的摆臂上,摆臂则与车轮相连。
(A)钢板弹簧　　(B)螺旋弹簧　　(C)扭杆弹簧　　(D)气体弹簧

22.关于汽车悬架使用的扭杆弹簧,不正确的描述是_____。
(A)扭杆弹簧多数纵向安装　　(B)左、右扭杆不可互换
(C)左、右扭杆可以互换　　　(D)左、右扭杆弹簧刻有不同的标记

23.减振器在汽车悬架中是与弹性元件_____安装的。
(A)并联　　(B)串联　　(C)混联　　(D)以上都不是

24.汽车悬架系统中广泛采用液压减振器,液压减振器中阻尼力大小为_____。
(A)阀门越大,阻尼力越大;相对运动速度越大,阻尼力越大
(B)阀门越大,阻尼力越小;相对运动速度越大,阻尼力越大
(C)阀门越大,阻尼力越小;相对运动速度越大,阻尼力越小
(D)阀门越大,阻尼力越大;相对运动速度越大,阻尼力越小

25.汽车减振器广泛采用的是_____减振器。
(A)单向作用筒式　(B)双向作用筒式　(C)阻力可调式　(D)摆臂式

26.关于汽车减振器,正确的说法是_____。
(A)减振器承担一部分车身质量
(B)减振器的阻尼力减弱后车身高度降低
(C)减振器将汽车振动的机械能转变为热能
(D)以上都不正确

27.不属于汽车双向作用筒式减振器内的阀是_____。
(A)压缩阀　　(B)伸张阀　　(C)安全阀　　(D)补偿阀

28.关于双向作用筒式减振器内的各种阀,错误的说法是_____。
(A)压缩阀弹簧的刚度与预紧力比流通阀的小
(B)只有当油压增高到一定程度时,压缩阀才能开启
(C)阀的节流作用造成对悬架运动的阻尼力
(D)流通阀是止回阀,其弹簧的弹力很弱

29.双向作用筒式减振器在压缩行程过程时,活塞下移,使其下腔室容积减小,油压升高,具有一定压力的油液顶开_____进入活塞上腔室。
(A)压缩阀　　(B)伸张阀　　(C)流通阀　　(D)补偿阀

30.双向作用筒式减振器在压缩行程过程时,活塞下移,有一部分油液不能进入上腔室而只能压开_____,流回储油缸筒。
(A)压缩阀　　(B)伸张阀　　(C)流通阀　　(D)补偿阀

31.双向作用筒式减振器在伸张行程时,活塞上移,上腔室的油液便推开_____流入下腔室。
　　(A)压缩阀　　(B)伸张阀　　(C)流通阀　　(D)补偿阀
32.双向作用筒式减振器在伸张行程时,活塞上移,这时储油缸筒中的油液在真空作用下推开_____流进下腔室进行补充。
　　(A)压缩阀　　(B)伸张阀　　(C)流通阀　　(D)补偿阀
33.横向稳定器的作用是防止_____。
　　(A)车身的上下跳动　　　　　(B)车身的横向倾斜
　　(C)制动时点头　　　　　　　(D)加速前进时后仰
34.螺旋弹簧非独立悬架由螺旋弹簧、减振器、纵向推力杆和横向推力杆组成,一般只用于乘用车的后悬架,用于传递纵向载荷的部件是_____。
　　(A)螺旋弹簧　(B)减振器　(C)纵向推力杆　(D)横向推力杆
35.螺旋弹簧非独立悬架由螺旋弹簧、减振器、纵向推力杆和横向推力杆组成,一般只用于乘用车的后悬架,用于传递横向载荷的部件是_____。
　　(A)螺旋弹簧　(B)减振器　(C)纵向推力杆　(D)横向推力杆
36._____被广泛用于乘用车前轮上。
　　(A)单横臂式独立悬架　　　　(B)摆臂等长的双横臂式独立悬架
　　(C)摆臂不等长的双横臂式独立悬架　(D)以上都不正确

三、填空题

1.车架俗称"大梁",它是跨接在前后车轮上的桥梁式结构,是构成整个汽车的_____,是整个汽车的_____,汽车绝大多数的零部件、总成都要安装在车架上。
2.汽车上采用的车架有4种类型:_____、_____、_____和_____。
3.目前汽车上多采用_____和_____。
4.边梁式车架由两根位于两边的_____和若干_____组成,用铆接法或焊接法将_____与_____连接成坚固的刚性构架。
5.中梁式车架又称脊梁式车架,由一根贯穿汽车纵向的中央_____和若干根_____所组成。
6.综合式车架是由_____车架和_____车架结合而成的。
7.无梁式车架又称_____,采用_____的特点是没有车架(大梁),车身就作为发动机和底盘各总成的_____,各种载荷全部由车身承受。
8.乘用车车身总成结构主要包括:车身壳体、_____、_____、车前后钣金件、_____、_____及通风装置等。
9.悬架是_____与_____之间一切传力连接装置的总称。
10.汽车悬架可分为_____和_____两大类。
11.现代汽车的悬架一般都由_____、_____、_____等组成,乘用车一般还有_____。

12. 弹性元件使_____与_____之间做弹性连接,可以缓和由于不平路面带来的冲击,并承受和传递_____。

13. 减振器可以衰减由于路面冲击产生的_____,使_____迅速减小。

14. 导向机构包括_____和_____,用于传递纵向载荷和横向载荷,并保证车轮相对于车架(或车身)的_____。

15. 横向稳定器可以防止车身在转向等情况下发生过大的_____。

16. 汽车上常用的弹性元件包括_____、_____、_____和_____等。

17. 钢板弹簧又称_____,通过各片相互之间的滑动摩擦,部分衰减路面的_____。

18. 一副钢板弹簧通常由很多_____不同、_____不等、_____一样、_____相等的弹簧钢板片叠成,在整体上近似等强度的弹性梁。

19. 第一片最长的钢板弹簧,称为_____,其两端或一端弯成_____。

20. 在钢板弹簧全长内装有 2~4 个_____。钢板弹簧的中部通过_____和压板与车桥刚性固定,两端用_____铰接在车架的支架和吊耳上。

21. 螺旋弹簧广泛应用于_____,有些乘用车的后轮_____也采用螺旋弹簧做弹性元件。

22. 螺旋弹簧由特殊的_____卷制而成,可以制成圆柱形或_____,也可以制成等螺距或_____。

23. 扭杆弹簧是一根由_____制成的扭杆,扭杆一端固定在_____上,另一端固定在_____上。

24. 减振器在汽车中的作用是迅速衰减由车轮通过悬架弹簧传给车身的_____和_____,提高汽车行驶的平顺性能。减振器在汽车悬架中是与_____并联安装的。

25. 汽车悬架系统中广泛采用_____,其基本原理是使车身和车架的振动能量转化为_____被油液和减振器壳体所吸收,然后扩散到大气中。

26. 减振器阻尼力的大小随车架与车桥(或车轮)间相对速度的变化而_____,并且与油液的_____有关。

27. 液压减振器中,阀门越大,阻尼力_____,反之亦然。相对运动速度越大,阻尼力_____,反之亦然。

28. 双向作用筒式减振器有 3 个同心缸筒,外面的缸筒是_____,中间是_____,里面是_____。

29. 双向作用筒式减振器有 4 个阀,即_____、_____、_____和_____。

30. 双向作用筒式减振器的流通阀和补偿阀是一般的止回阀,其弹簧_____,压缩阀和伸张阀是卸载阀,其弹簧_____较大。

31. 双向作用筒式减振器的工作原理可分为_____和_____两个行程。

32. 按照采用弹性元件的不同,非独立悬架可以分为_____非独立悬架和_____非独立悬架。

33. 螺旋弹簧非独立悬架由_____、_____、_____和_____组成。
34. 按车轮的运动方式分类,独立悬架可分为_____独立悬架、_____独立悬架、_____独立悬架、_____独立悬架、_____独立悬架等。
35. 横臂式独立悬架分为_____和_____两种。
36. 纵臂式独立悬架也分为_____和_____两种。
37. 烛式独立悬架的主销的上下两端刚性地固定在_____上。其优点是当悬架变形时,主销的定位角不会发生变化,仅_____、_____稍有改变。
38. 麦弗逊式悬架,当车轮上下跳动时,_____下支点随前悬架摇臂摆动,故主销轴线角度是变化的,这说明车轮是沿着摆动的_____而运动。

四、简答题

1. 简述车架的功用及类型。

2. 简述各类型车架的结构特点。

3. 简述悬架的功用。

4. 简述悬架的种类及各自的特点。

5. 简述悬架的组成及各部件的功用。

6. 简述各类弹性元件的结构特点。

7. 简述减振器的功用及作用原理。

8. 简述双向作用筒式减振器的工作原理。

9. 简述横向稳定器的作用及工作原理。

10. 简述非独立悬架的结构特点。

11. 简述独立悬架的结构特点。

五、看图填空

1. 桑塔纳2000型轿车车身组成件

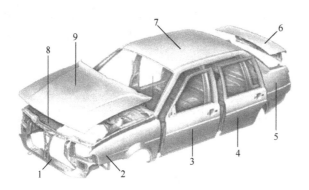

1. _____
2. _____
3. _____
4. _____
5. _____
6. _____
7. _____
8. _____
9. _____

2. 悬架的组成

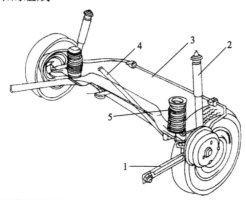

1. _____
2. _____
3. _____
4. _____
5. _____

3. 钢板弹簧结构

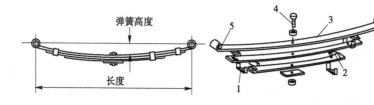

1. _____
2. _____
3. _____
4. _____
5. _____

4. 减振器和弹性元件的安装示意图

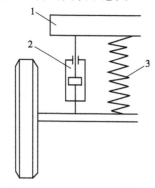

1. _____
2. _____
3. _____

5. 双向作用筒式减振器的基本组成

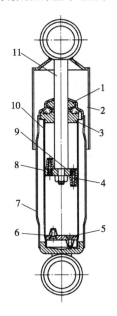

1. _____
2. _____
3. _____
4. _____
5. _____
6. _____
7. _____
8. _____
9. _____
10. _____
11. _____

6. 横向稳定器

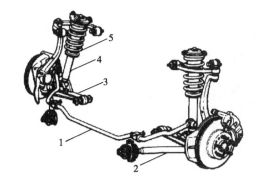

1. _____
2. _____
3. _____
4. _____
5. _____

7. 钢板弹簧式非独立悬架

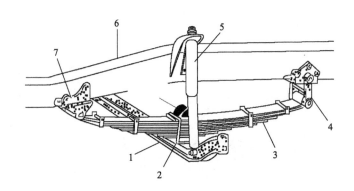

1. _____
2. _____
3. _____
4. _____
5. _____
6. _____
7. _____

8. 螺旋弹簧式非独立悬架

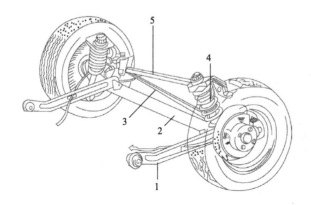

1. _____
2. _____
3. _____
4. _____
5. _____

9. 不等长双横臂式独立悬架

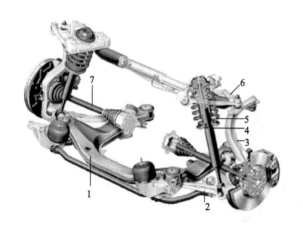

1. _____
2. _____
3. _____
4. _____
5. _____
6. _____
7. _____

10. 双纵臂式独立悬架

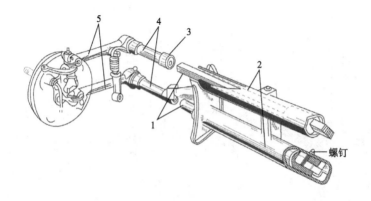

1. _____
2. _____
3. _____
4. _____
5. _____

11. 烛式独立悬架

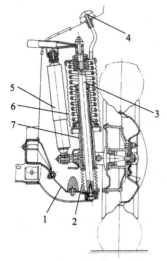

1. _____
2. _____
3. _____
4. _____
5. _____
6. _____
7. _____

12. 麦弗逊式独立悬架

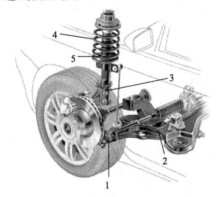

1. _____
2. _____
3. _____
4. _____
5. _____

13. 多连杆前悬架系统

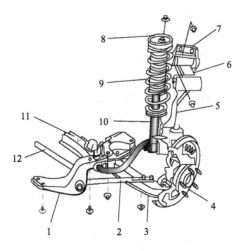

1. _____
2. _____
3. _____
4. _____
5. _____
6. _____
7. _____
8. _____
9. _____
10. _____
11. _____
12. _____

单元 4
转 向 系 统

一、判断题

1. 转向系统的功用是按照驾驶人的意愿改变汽车的行驶方向和保持汽车稳定的直线行驶。（　）
2. 转向系统的功用是按照驾驶人的意愿改变汽车的传递动力和保持汽车稳定的直线行驶。（　）
3. 汽车转向系统按转向动力源的不同分为机械转向系统和动力转向系统两大类。（　）
4. 机械转向系统以驾驶人的体力作转向动力源，系统的所有传动件都是机械的。（　）
5. 机械转向系统以驾驶人的体力和发动机的动力作转向动力源，系统的所有传动件都是机械的。（　）
6. 动力转向系统是兼用驾驶人体力和发动机的动力作为转向能源的转向系统。（　）
7. 动力转向系统是发动机的动力作为转向能源的转向系统。（　）
8. 动力转向系统是用驾驶人体力作为转向能源的转向系统。（　）
9. 动力转向系统是在机械转向系统的基础上加设一套转向加力装置而形成的。（　）
10. 转向系统角传动比是指转向盘的转角与转向盘同侧的转向轮偏转角的比值。（　）
11. 转向系统角传动比是转向盘转角和转向摇臂摆角之比。（　）
12. 转向系统角传动比是转向摇臂摆角与同侧转向轮偏转角之比。（　）
13. 转向器角传动比是转向盘转角和转向摇臂摆角之比。（　）
14. 转向器角传动比是转向盘的转角与转向盘同侧的转向轮偏转角的比值。（　）
15. 转向器角传动比是转向摇臂摆角与同侧转向轮偏转角之比。（　）
16. 汽车转向器角传动比越大，就越容易实现迅速转向，即灵敏性较高。（　）
17. 转向传动机构角传动比是转向摇臂摆角与同侧转向轮偏转角之比。（　）
18. 转向传动机构角传动比是转向盘的转角与转向盘同侧的转向轮偏转角的比值。（　）
19. 转向传动机构角传动比是转向盘转角和转向摇臂摆角之比。（　）
20. 转向系统角传动比是转向器角传动比和转向传动机构角传动比的乘积。（　）
21. 转向器角传动比是转向系统角传动比和转向传动机构角传动比的乘积。（　）
22. 转向传动机构角传动比是转向器角传动比和转向系统角传动比的乘积。（　）
23. 转向盘的自由行程是指转向盘在空转阶段的角行程。（　）
24. 转向盘的自由行程是由于转向系统各传动件之间的装配间隙和弹性变形所引起的。（　）

25. 转向盘自由行程对于缓和路面冲击及避免驾驶人过于紧张是有利的。（ ）
26. 转向盘自由行程过大会影响转向灵敏性。（ ）
27. 转向盘自由行程过小会影响转向灵敏性。（ ）
28. 转向盘自由行程过小会容易引起驾驶人紧张并导致疲劳。（ ）
29. 汽车转向时,内侧车轮和外侧车轮滚过的距离是不等的。（ ）
30. 为使汽车正常转向,就要保持转向车轮有正确的滚动和滑动。（ ）
31. 为保证转向过程中车轮作纯滚动,要求所有车轮的轴线都交于一点方能实现,此交点称为汽车的转向中心。（ ）
32. 汽车转向时,内侧转向轮偏转角大于外侧转向轮偏转角。（ ）
33. 汽车转向时,内侧转向轮偏转角小于外侧转向轮偏转角。（ ）
34. 汽车转向时,外侧转向轮偏转角 α 与内侧转向轮偏转角 β 的关系是: $\cot\alpha = \cot\beta + B/L$,其中 B 为转向轮轮距。（ ）
35. 汽车转向时,外侧转向轮偏转角 α 与内侧转向轮偏转角 β 的关系是: $\cot\alpha = \cot\beta + B/L$,其中 B 为汽车轴距。（ ）
36. 汽车转向时,外侧转向轮偏转角 α 与内侧转向轮偏转角 β 的关系是: $\cot\alpha = \cot\beta + B/L$,其中 L 为汽车轴距。（ ）
37. 汽车转向时,外侧转向轮偏转角 α 与内侧转向轮偏转角 β 的关系是: $\cot\alpha = \cot\beta + B/L$,其中 L 为转向轮轮距。（ ）
38. 汽车的转弯半径是指从转向中心到外侧转向轮与地面接触点间的距离。（ ）
39. 汽车的转弯半径是指从转向中心到内侧转向轮与地面接触点间的距离。（ ）
40. 当汽车转向时,内侧转向轮转弯半径小于外侧转向轮转弯半径。（ ）
41. 当汽车转向时,内侧转向轮转弯半径大于外侧转向轮转弯半径。（ ）
42. 转弯半径越小,则汽车转向所需要场地就越小,汽车的机动性也越好。（ ）
43. 转弯半径越小,则汽车转向所需要场地就越大,汽车的机动性也越好。（ ）
44. 转弯半径越大,则汽车转向所需要场地就越小,汽车的机动性也越好。（ ）
45. 汽车转向时,当外侧转向轮偏转角达到最大值时,转弯半径最小。（ ）
46. 汽车转向时,当外侧转向轮偏转角达到最小值时,转弯半径最小。（ ）
47. 汽车转向时,不足转向的特性为转向轮偏离圆周轨迹向外运动,且转弯半径越来越大。（ ）
48. 汽车转向时,不足转向的特性为转向轮偏离圆周轨迹向内运动,且转弯半径越来越小。（ ）
49. 汽车转向时,不足转向的特性为转向轮最初偏离轨迹向外运动,过一段时间后突然开始向内运动。（ ）
50. 汽车转向时,不足转向的特性为转向轮沿着圆周轨迹运动。（ ）
51. 汽车转向时,过多转向的特性为转向轮偏离圆周轨迹向内运动,且转弯半径越来越小。（ ）
52. 汽车转向时,过多转向的特性为转向轮偏离圆周轨迹向外运动,且转弯半径越来越大。（ ）

53. 汽车转向时,过多转向的特性为转向轮最初偏离轨迹向外运动,过一段时间后突然开始向内运动。（　）
54. 汽车转向时,过多转向的特性为转向轮沿着圆周轨迹运动。（　）
55. 汽车转向时,中性转向的特性为转向轮沿着圆周轨迹运动。（　）
56. 汽车转向时,中性转向的特性为转向轮偏离圆周轨迹向外运动,且转弯半径越来越大。（　）
57. 汽车转向时,中性转向的特性为转向轮偏离圆周轨迹向内运动,且转弯半径越来越小。（　）
58. 汽车转向时,中性转向的特性为转向轮最初偏离轨迹向外运动,过一段时间后突然开始向内运动。（　）
59. 汽车转向时,交变转向的特性为转向轮最初偏离轨迹向外运动,过一段时间后突然开始向内运动。（　）
60. 汽车转向时,交变转向的特性为转向轮偏离圆周轨迹向外运动,且转弯半径越来越大。（　）
61. 汽车转向时,交变转向的特性为转向轮偏离圆周轨迹向内运动,且转弯半径越来越小。（　）
62. 汽车转向时,交变转向的特性为转向轮沿着圆周轨迹运动。（　）
63. 汽车转向时,对于不足转向,汽车转弯半径越来越大,这种运动状态和人的运动感觉一致。（　）
64. 汽车转向时,对于不足转向,汽车转弯半径越来越小,这种运动状态和人的运动感觉一致。（　）
65. 汽车转向时,对于不足转向,汽车转弯半径越来越大,这种运动状态和人的运动感觉是不一致的。（　）
66. 汽车转向时,对于过多转向,转弯半径越来越小,这和人的运动感觉是不一致的。（　）
67. 汽车转向时,对于过多转向,转弯半径越来越大,这和人的运动感觉是不一致的。（　）
68. 汽车转向时,对于过多转向,转弯半径越来越小,这和人的运动感觉是一致的。（　）
69. 除了特殊的赛车,一般都将汽车设计成具有轻微的不足转向特性。（　）
70. 除了特殊的赛车,一般都将汽车设计成具有轻微的过多转向特性。（　）
71. 除了特殊的赛车,一般都将汽车设计成具有轻微的交变转向特性。（　）
72. 汽车机械转向系统由转向操纵机构、机械转向器和转向传动机构三大部分组成。（　）
73. 转向器是转向系统中的降速增矩传动装置。（　）
74. 转向器是转向系统中的增速降矩传动装置。（　）
75. 转向器是转向系统中的降速降矩传动装置。（　）
76. 转向器是转向系统中的增速增矩传动装置。（　）
77. 转向器的功用是增大由转向盘传到转向节的力,并改变力的传动方向。（　）
78. 常见的机械转向器为齿轮齿条式机械转向器和循环球式机械转向器。（　）
79. 齿轮齿条式转向器分两端输出式和中间(或单端)输出式两种。（　）

80. 齿轮齿条式转向器采用一级传动副,主动件是齿轮,从动件是齿条。（　　）
81. 齿轮齿条式转向器采用一级传动副,主动件是齿条,从动件是齿轮。（　　）
82. 齿轮齿条转向器中,由于主动齿轮小,转矩传递性不好,转向会相对较重。（　　）
83. 齿轮齿条式转向器是利用齿轮顺时针或逆时针方向的转动带动齿条左右移动,再通过横拉杆推动转向节,达到转向的目的。（　　）
84. 齿轮齿条式转向器是利用齿条左右移动带动齿轮顺时针或逆时针方向的转动,达到转向的目的。（　　）
85. 齿轮齿条式转向器结构简单,可靠性好,便于独立悬架的布置。（　　）
86. 齿轮齿条式转向器转向灵敏、轻便,在各类型汽车上的应用越来越多。（　　）
87. 循环球式转向器采有两级传动副。（　　）
88. 循环球式转向器第一级传动副是转向螺杆与螺母,第二级传动副是齿条与齿扇。（　　）
89. 循环球式转向器第一级传动副是齿条与齿扇,第二级传动副是转向螺杆与螺母。（　　）
90. 循环球式转向器中的螺母既是第一级传动副的从动件,又是第二级传动副的主动件。（　　）
91. 循环球式转向器中的螺母既是第一级传动副的主动件,又是第二级传动副的从动件。（　　）
92. 循环球式转向器中,钢球数量增加时,可提高承载能力,但降低了传动效率。（　　）
93. 循环球式转向器的优点是传动效率高、操纵轻便、且工作可靠、使用寿命长。（　　）
94. 循环球式转向器主要缺点是结构复杂、制造精度要求高。（　　）
95. 汽车转向操纵机构主要由转向盘、转向轴、转向柱管等组成。（　　）
96. 汽车转向操纵机构主要由转向盘、转向轴、转向摇臂等组成。（　　）
97. 汽车转向操纵机构的功用是产生转动转向器所必需的操纵力。（　　）
98. 汽车转向操纵机构是降速增矩的传动装置。（　　）
99. 转向轴是连接转向盘和转向器的传动件,并传递它们之间的转矩。（　　）
100. 转向柱管安装在车身上,转向轴从转向柱管中穿过。（　　）
101. 乘用车的转向操纵机构的转向柱管装备有能够缓和冲击的吸能装置。（　　）
102. 乘用车的转向操纵机构,当转向轴受到巨大冲击而产生轴向位移时,通过转向柱管或支架产生塑性变形、转向轴产生错位等方式,吸收冲击能量。（　　）
103. 转向传动机构是指转向盘至转向器间的所有连杆部件。（　　）
104. 转向传动机构的功用是将转向器输出的力和运动传给转向轮,使两侧转向轮偏转以实现汽车转向,并保证左右转向轮的偏转角按一定关系变化。（　　）
105. 循环球式转向器通过转向摇臂与转向直拉杆相连。（　　）
106. 转向摇臂的大端与转向器中摇臂轴的外端连接,小端与转向直拉杆连接。（　　）
107. 汽车的转向直拉杆是连接转向摇臂和转向节臂的杆件,具有传力和缓冲作用。（　　）
108. 转向直拉杆、转向摇臂及转向节臂三者之间的连接件都是球形铰链。（　　）

109. 转向横拉杆由横拉杆体和两个旋装在两端的拉杆接头组成。( )
110. 转向传动机构中,通过调整转向横拉杆的长度,可以调整前轮前束。( )
111. 转向传动机构中,通过调整转向横拉杆的长度,可以调整车轮外倾角。( )
112. 转向传动机构中,通过调整转向横拉杆的长度,可以调整主销内倾角。( )
113. 转向传动机构中,通过调整转向横拉杆的长度,可以调整主销后倾角。( )
114. 转向系统中的转向减振器工作原理与悬架中的减振器工作原理类似。( )
115. 转向系统中的转向减振器工作原理与悬架中的减振器工作原理不一样。( )
116. 转向系统中的减振器泄漏时,不能加油,只能更换。( )
117. 转向系统中的减振器泄漏时,可以加添减振器专用油。( )
118. 动力转向所需的能量,只有小部分是驾驶人提供的体能,而大部分是发动机的机械能。( )
119. 采用动力转向的汽车转向时所需的能量都来自于是发动机的机械能。( )
120. 动力转向所需的能量,大部分是发动机驱动转向油泵旋转,将发动机输出的部分机械能转化为压力能。( )
121. 动力转向系统按传能介质的不同,可以分为气压式和液压式两种。( )
122. 动力转向系统按传能介质的不同,可以分为常压式和常流式两种。( )
123. 动力转向系统按传能介质的不同,可以分为滑阀式和转阀式两种。( )
124. 动力转向系统按传能介质的不同,可以分为整体式动力转向系统、半整体式动力转向系统和组合式动力转向系统三种。( )
125. 液压式动力转向系统按液流形式的不同,可分为常压式和常流式两种。( )
126. 液压式动力转向系统按液流形式的不同,可分为滑阀式和转阀式两种。( )
127. 液压式动力转向系统按液流形式的不同,可以分为整体式动力转向系统、半整体式动力转向系统和组合式动力转向系统三种。( )
128. 根据转向加力系统的零部件布置和连接组合方式的不同,可以分为整体式动力转向系统、半整体式动力转向系统和组合式动力转向系统三种。( )
129. 根据转向加力系统的零部件布置和连接组合方式的不同,可分为常压式和常流式两种。( )
130. 根据转向加力系统的零部件布置和连接组合方式的不同,可分为滑阀式和转阀式两种。( )
131. 液压式动力转向系统按其转向控制阀阀芯的运动方式的不同,还可分为滑阀式和转阀式两种形式。( )
132. 液压式动力转向系统由机械转向器、转向控制阀(转阀式)、转向动力缸、转向油泵和转向油罐等组成。( )
133. 转向油泵安装在发动机上,由曲轴通过传动带驱动运转向外输出油压。( )
134. 配置液压动力转向系统的汽车,如果液压油泵发生故障而功能异常时,汽车将不能实现转向。( )
135. 汽车液压动力转向系统中,工作时油压及流量的变化是通过安全阀和溢流阀来实现的。( )

136. 汽车液压动力转向系统中,安全阀既可限制最大油压,又可限制多余的油液。( )
137. 电子控制动力转向系统可分为液压式电控动力转向系统和电动式电控动力转向系统等多种形式。( )
138. 电子控制动力转向系统英文简称EPS。( )
139. 液压式电控动力转向系统根据控制方式的不同,可分为流量控制式、反力控制式和阀灵敏控制式三种形式。( )
140. 流量控制式EPS,在转向油泵与转向器之间设有旁通管路,在旁通管路中又设有旁通流量控制阀。( )
141. 电动式电控动力转向系统主要由转矩传感器、转角传感器、车速传感器、电动机、电磁离合器、减速机构、电子控制单元等组成。( )
142. 电动式电控动力转向系统可使汽车在低、中和高速下都能获得最佳的转向效果。( )
143. 电动式电控动力转向系统中,电动机连同电磁离合器和减速齿轮一起,通过一个橡胶底座安装在左车架上。( )
144. 电动式电控动力转向系统中,电子控制单元根据各传感器的信号确定助力转矩的幅值和方向,并且直接控制驱动电路去驱动电动机。( )
145. 电动式电控动力转向系统中,转矩传感器、转角传感器和汽车速度传感器等为助力转矩的信号源。( )
146. 根据电动机布置位置的不同,电动式电控转向系统可以分为转向轴助力式、齿轮助力式和齿条助力式三种类型。( )
147. 别克凯越乘用车动力转向系统的油液型号为DEXRON-Ⅲ。( )
148. 在添加或完全更换动力转向油液时,可以使用制动液代替动力转向油液。( )
149. 别克凯越乘用车液压动力转向系统的油液容量为1.0L。( )
150. 别克凯越乘用车液压动力转向系统的油液容量为2.0L。( )
151. 别克凯越乘用车液压动力转向系统,如果动力转向油液温度达到66℃,液面应介于MAX(最高)和MIN(最低)标记之间。( )
152. 别克凯越乘用车液压动力转向系统,如果动力转向油液温度达到66℃,液面应位于MAX(最高)标记处。( )
153. 别克凯越乘用车液压动力转向系统,如果动力转向油液温度达到66℃,液面应位于MIN(最低)标记处。( )
154. 别克凯越乘用车液压动力转向系统,如果动力转向油液温度较凉,为21℃,液面应位于MIN(最低)标记处。( )
155. 别克凯越乘用车液压动力转向系统,如果动力转向油液温度较凉,为21℃,液面应位于MAX(最高)标记处。( )
156. 排放完动力转向系统中的空气,应重新检查液面。确保系统达到正常工作温度并稳定后,液面达到MAX(最高)标记。( )
157. 排放完动力转向系统中的空气,应重新检查液面。确保系统达到正常工作温度并稳定后,液面达到MIN(最低)标记。( )

二、选择题

1. 转向系统的功用是按照驾驶人的意愿改变汽车的_____和保持汽车稳定的直线行驶。
    (A)速度　　　　(B)动力　　　　(C)行驶方向　　　　(D)加速度

2. 转向盘的转角与转向盘同侧的转向轮偏转角的比值称为_____。
    (A)转向器角传动比　　　　(B)转向系角传动比
    (C)转向传动机构角传动比　　　　(D)以上都不是

3. _____是转向盘转角和转向摇臂摆角之比。
    (A)转向器角传动比　　　　(B)转向系角传动比
    (C)转向传动机构角传动比　　　　(D)以上都不是

4. _____是转向摇臂摆角与同侧转向轮偏转角之比。
    (A)转向器角传动比　　　　(B)转向系角传动比
    (C)转向传动机构角传动比　　　　(D)以上都不是

5. 转向系统角传动比是20:1的汽车上,前轮转过9°,驾驶人转动转向盘_____。
    (A)90°　　　　(B)180°　　　　(C)270°　　　　(D)360°

6. 转向盘转动60°,前轮偏转3°,转向系统角传动比是_____。
    (A)30:1　　　　(B)25:1　　　　(C)20:1　　　　(D)15:1

7. _____是指转向盘在空转阶段的角行程,这主要是由于转向系统各传动件之间的装配间隙和弹性变形所引起的。
    (A)转向盘的自由行程　　　　(B)转向盘的行程
    (C)转向盘的总行程　　　　(D)转向盘的有效行程

8. 前轮为转向轮的双轴汽车在转向时,为保证转向过程中车轮作纯滚动,4个车轮应有_____个转向中心。
    (A)1　　　　(B)2　　　　(C)3　　　　(D)4

9. 汽车转向时,内侧转向轮偏转角_____外侧转向轮偏转角。
    (A)等于　　　　(B)大于　　　　(C)不大于　　　　(D)小于

10. 汽车转向时,外侧转向轮的偏转角度_____内侧转向轮的偏转角度。
    (A)大于　　　　(B)小于　　　　(C)等于　　　　(D)大于或等于

11. 汽车向左转弯时,左前轮的偏转角度_____右前轮的偏转角度。
    (A)小于　　　　(B)大于　　　　(C)等于　　　　(D)不确定

12. 要实现正确的转向,只能有一个转向中心,并满足_____关系式。
    (A)$\cot\alpha = \cot\beta - B/L$　　　　(B)$\cot\alpha = \cot\beta + B/L$
    (C)$\alpha = \beta$　　　　(D)$\cot\alpha = \cot\beta$

13. 为保证转向过程中车轮作纯滚动,汽车转向时内侧转向轮偏转角 β 与外侧转向轮偏转角 α 关系是:$\cot\alpha = \cot\beta + B/L$,其中"$B$"指的是_____。
    (A)汽车轴距　　　　(B)转向轮轮距　　　　(C)车身宽度　　　　(D)车身长度

14. 为保证转向过程中车轮作纯滚动,汽车转向时内侧转向轮偏转角 β 与外侧转向轮偏

转角 α 关系是：cotα = cotβ + B/L，其中"L"指的是_____。

  (A)汽车轴距 (B)转向轮轮距 (C)车身宽度 (D)车身长度

15. 转弯半径是指从转向中心到_____。

  (A)内侧转向轮与地面接触点间的距离

  (B)外侧转向轮与地面接触点间的距离

  (C)内侧后轮与地面接触点间的距离

  (D)外侧后轮与地面接触点间的距离

16. 汽车的轴距越长，则转弯半径_____。

  (A)不变 (B)越大 (C)越小 (D)不一定

17. 当汽车转向且外侧转向轮偏转角达到最大值时，其转弯半径_____。

  (A)最大 (B)不能确定 (C)最大与最小之间 (D)最小

18. 转弯半径越小，则汽车转向所需要场地就越小，汽车的_____也越好。

  (A)动力性 (B)经济性 (C)机动性 (D)制动性

19. 驾驶人保持汽车以某一稳定车速开始转向，如果出现偏离圆周轨迹向外运动，且转弯半径越来越大的情况是_____。

  (A)交变转向 (B)中性转向 (C)过多转向 (D)不足转向

20. 驾驶人保持汽车以某一稳定车速开始转向，如果出现最初偏离轨迹向外运动，过一段时间后突然开始向内运动的情况是_____。

  (A)交变转向 (B)中性转向 (C)过多转向 (D)不足转向

21. 驾驶人保持汽车以某一稳定车速开始转向，如果出现沿着圆周轨迹运动的情况是_____。

  (A)交变转向 (B)中性转向 (C)过多转向 (D)不足转向

22. 驾驶人保持汽车以某一稳定车速开始转向，如果出现偏离圆周轨迹向内运动，且转弯半径越来越小的情况是_____。

  (A)交变转向 (B)中性转向 (C)过多转向 (D)不足转向

23. 驾驶人保持汽车以某一稳定车速开始转向，出现不足转向这种转向特性是_____情况。

  (A)偏离圆周轨迹向外运动，且转弯半径越来越大

  (B)偏离圆周轨迹向内运动，且转弯半径越来越小

  (C)沿着圆周轨迹运动

  (D)最初偏离轨迹向外运动，过一段时间后突然开始向内运动

24. 驾驶人保持汽车以某一稳定车速开始转向，出现过多转向这种转向特性是_____情况。

  (A)偏离圆周轨迹向外运动，且转弯半径越来越大

  (B)偏离圆周轨迹向内运动，且转弯半径越来越小

  (C)沿着圆周轨迹运动

  (D)最初偏离轨迹向外运动，过一段时间后突然开始向内运动

25. 驾驶人保持汽车以某一稳定车速开始转向，出现交变转向这种转向特性是____情况。

(A)偏离圆周轨迹向外运动,且转弯半径越来越大
(B)偏离圆周轨迹向内运动,且转弯半径越来越小
(C)沿着圆周轨迹运动
(D)最初偏离轨迹向外运动,过一段时间后突然开始向内运动

26. 驾驶人保持汽车以某一稳定车速开始转向,出现中性转向这种转向特性是_____情况。
(A)偏离圆周轨迹向外运动,且转弯半径越来越大
(B)偏离圆周轨迹向内运动,且转弯半径越来越小
(C)沿着圆周轨迹运动
(D)最初偏离轨迹向外运动,过一段时间后突然开始向内运动

27. 对于_____,汽车转弯半径越来越大,这种运动状态和人的运动感觉一致。
(A)交变转向 (B)中性转向 (C)过多转向 (D)不足转向

28. 对于_____,转弯半径越来越小,这和人的运动感觉不一致。
(A)交变转向 (B)中性转向 (C)过多转向 (D)不足转向

29. 除了特殊的赛车,一般都将汽车设计成具有轻微的_____特性。
(A)交变转向 (B)中性转向 (C)过多转向 (D)不足转向

30. _____特性只极少地应用于后置发动机的汽车。
(A)交变转向 (B)中性转向 (C)过多转向 (D)不足转向

31. 汽车机械转向系统由转向操纵机构、转向器和_____三大部分组成。
(A)转向摇臂 (B)转向传动机构 (C)齿轮齿条机构 (D)转向盘

32. 转向器是转向系统中的_____传动装置。
(A)降速降矩 (B)降速增矩 (C)增速增矩 (D)增速降矩

33. 乘用车转向系统中多采用_____转向器。
(A)循环球式 (B)齿轮齿条式 (C)蜗轮蜗杆式 (D)蜗杆曲柄指销式

34. _____不是齿轮齿条式转向器的部件。
(A)齿轮 (B)齿条 (C)钢球 (D)转向器壳体

35. _____不是循环球式转向器的属性。
(A)传动效率高   (B)操纵轻便
(C)使用寿命长   (D)路面冲击力不易造成转向盘振动现象

36. 对于循环球式转向器,说法错误的是_____。
(A)一般有两级传动副,转向螺杆与螺母之间的螺纹并不直接接触
(B)第一级是转向螺杆与螺母传动副,第二级是齿条与齿扇传动副
(C)转向螺杆与螺母之间装有多个钢球,以实现滚动摩擦
(D)在转向器工作中,两列钢球在共用的封闭滑道内循环,不会脱出

37. _____不是循环球式转向器的部件。
(A)齿轮 (B)钢球 (C)转向螺杆 (D)带齿扇的摇臂轴

38. 在典型的转向系统中,万向节被用在_____中。
(A)转向传动机构   (B)转向器
(C)转向操纵机构   (D)转向摇臂

39. _____不属于转向操纵机构。
    (A)转向盘　　(B)转向节臂　　(C)转向轴　　(D)转向柱管
40. _____不属于转向传动机构。
    (A)转向轮　　(B)转向直拉杆　　(C)转向横拉杆　　(D)转向摇臂
41. 通过调整_____的长度,可以调整前轮前束。
    (A)转向节臂　　(B)转向直拉杆　　(C)转向横拉杆　　(D)转向摇臂
42. _____具有衰减由于道路不平而传递给转向盘的冲击、振动,防止转向盘"打手",稳定汽车行驶方向的作用。
    (A)转向节臂　　(B)转向直拉杆　　(C)转向横拉杆　　(D)转向减振器
43. 动力转向系统按传能介质的不同,可以分为_____两种。
    (A)气压式和液压式　　　　(B)常压式和常流式
    (C)滑阀式和转阀式　　　　(D)整体式和半整体式
44. 液压式动力转向系统按液流形式的不同,可分为_____两种。
    (A)气压式和液压式　　　　(B)常压式和常流式
    (C)滑阀式和转阀式　　　　(D)整体式和半整体式
45. 液压式动力转向系统按其转向控制阀阀芯的运动方式的不同,还可分为_____两种形式。
    (A)气压式和液压式　　　　(B)常压式和常流式
    (C)滑阀式和转阀式　　　　(D)整体式和半整体式
46. 液压式动力转向系统由机械转向器、转向控制阀(转阀式)、转向动力缸、转向油泵和转向油罐等组成。_____是动力转向系统的动力源。
    (A)转向控制阀　(B)转向动力缸　(C)转向油泵　　(D)转向油罐
47. 液压式动力转向系统由机械转向器、转向控制阀(转阀式)、转向动力缸、转向油泵和转向油罐等组成。_____用以改变油路。
    (A)转向控制阀　(B)转向动力缸　(C)转向油泵　　(D)转向油罐
48. 转向油泵是动力转向系统的动力源,其功用是将发动机的_____。
    (A)液压能转化为机械能　　(B)机械能转化为液压能
    (C)液压能转化为势能　　　(D)动能转化为机械能
49. 电子控制动力转向系统的英文简写是_____。
    (A)ETS　　(B)CCS　　(C)GPS　　(D)EPS
50. _____不是流量控制式EPS的部件。
    (A)车速传感器　(B)转向角速度传感器　(C)反力室　(D)旁通流量控制阀
51. 电动式电控动力转向系统中,电动机连同_____和减速齿轮一起,通过一个橡胶底座安装在左车架上。
    (A)车速传感器　(B)电磁离合器　(C)转矩传感器　(D)转角传感器
52. _____直接控制驱动电路去驱动电动机。
    (A)电子控制单元　　　　(B)电磁离合器
    (C)转矩传感器　　　　　(D)减速机构

53. 电动式电控动力转向系统中，_____不是助力转矩的信号源。
   (A)车速传感器　(B)转角传感器　　(C)转矩传感器　　　(D)电磁离合器
54. 别克凯越乘用车液压动力转向装置油液容量为_____。
   (A)0.2L　　　　(B)0.5L　　　　(C)1.0L　　　　(D)2.0L
55. 添加与检查别克凯越乘用车动力转向油液时，如果油液温度达到66℃，液面应_____。
   (A)低于 MIN 标记　　　　　　　(B)高于 MAX 标记
   (C)介于 MAX 和 MIN 标记之间　　(D)任意位置
56. 添加与检查别克凯越乘用车动力转向油液时，如果油液温度较凉，为21℃，液面应位于_____。
   (A)MIN 标记处　　　　　　　　(B)MAX 标记处
   (C)介于 MAX 和 MIN 标记之间　　(D)任意位置
57. 排放动力转向系统中的空气后，应重新检查液面。确保系统达到正常工作温度并稳定后，液面达到_____。
   (A)MIN 标记处　　　　　　　　(B)MAX 标记处
   (C)介于 MAX 和 MIN 标记之间　　(D)任意位置

三、填空题

1. 转向系统是指由驾驶人操纵，能实现转向轮偏转和回位的一套机构。转向系统的功用是按照驾驶人的意愿改变汽车的_____和保持汽车稳定的_____。
2. 汽车转向系统按转向动力源的不同分为_____和_____两大类。
3. 转向系统角传动比是指_____与转向盘同侧的_____的比值。转向系统角传动比是_____和_____的乘积。
4. 转向器角传动比是_____和_____之比。
5. 转向传动机构角传动比是_____与同侧_____之比。
6. 转向盘的自由行程是指转向盘在空转阶段的角行程，这主要是由于转向系统各传动件之间的_____和_____所引起的。
7. 汽车转向时，为保证转向过程中车轮作纯滚动，要求所有车轮的轴线都交于一点方能实现。此交点称为汽车的_____。汽车转向时内侧转向轮偏转角_____外侧转向轮偏转角。
8. 从_____到_____的距离称为汽车转弯半径。
9. 驾驶人将转向盘转过一定角度后固定，保持汽车以某一稳定车速开始转向，可能出现_____、_____、_____和_____这几种转向特性。
10. 汽车机械转向系统由_____、_____和_____三大部分组成。
11. 转向器是转向系统中的降速增矩传动装置，其功用是_____由转向盘传到转向节的力，并改变力的_____。
12. 常见的机械转向器为_____和_____。
13. 齿轮齿条式转向器的动力输出分_____和_____两种。齿轮齿条式转向器采用一级传动副,主动件是_____,从动件是_____。

14. 循环球式转向器由侧盖、_____、_____、_____钢球、_____、圆锥轴承、_____、_____、_____等组成。

15. 循环球式转向器采有两级传动副,第一级是_____,第二级是_____。

16. 汽车转向操纵机构主要由_____、_____、_____等组成。它的功用是产生转动转向器所必需的操纵力,并具有一定的_____和_____。

17. 乘用车的转向轴和转向柱管吸能装置的基本工作原理是通过转向柱管或支架产生_____、_____等方式,吸收冲击能量。

18. 转向传动机构主要组成部件包括_____、_____、_____、_____等。

19. 循环球式转向器转向摇臂的大端用锥形三角细花键与转向器中_____的外端连接,小端通过球头销与_____作空间铰链连接。

20. 转向横拉杆由_____和两个旋装在两端的拉杆接头组成。通过调整横拉杆的长度,可以调整_____。

21. 转向减振器一端与_____铰接,另一端与_____铰接。

22. 动力转向系统按传能介质的不同,可以分为_____和_____两种。

23. 液压式动力转向系统按液流形式的不同,可分为_____和_____两种。

24. 根据转向加力系统的零部件布置和连接组合方式的不同,可以分为_____、_____和_____三种。

25. 液压式动力转向系统按其转向控制阀阀芯的运动方式的不同,还可分为_____和_____两种形式。

26. 液压式动力转向系统由_____、_____、_____、_____和转向油罐等组成。

27. 转向油泵的功用是将发动机的_____变为驱动转向动力缸工作的_____,再由转向动力缸输出的转向力,驱动转向车轮转向。

28. 转向油泵的结构类型有多种,常见的有_____、_____和_____。

29. 转向油泵的转子是通过发动机驱动或电动机驱动的,工作时油压及流量的变化是通过_____和_____来实现的。

30. 电子控制动力转向系统(Electronic Control Power Steering, EPS)可分为_____和_____等多种形式。

31. 液压式电控动力转向系统根据控制方式的不同,可分为_____、_____和_____三种形式。

32. 流量控制式 EPS 是在一般液压动力转向系统上再增加了_____、_____、_____和 EPS 开关等部件。

33. 流量控制式 EPS 工作原理是根据_____、_____和_____,EPS 电子控制单元向_____发出控制信号,控制旁通流量,从而调整向转向器供油的流量。

34. 电动式电控动力转向系统主要由_____、_____、_____、_____、_____、_____等组成。

35. 电子控制单元(ECU)根据各传感器的信号确定助力转矩的_____,并且直接控制驱动电路去驱动_____。

36. 根据电动机布置位置的不同,电动式电控转向系统可以分为_____、_____和_____三种类型。

37. 带双小齿轮的电动机械转向助力系统的部件主要包括:_____、_____、_____、_____、_____等。

38. 别克凯越乘用车的动力转向系统在添加或完全更换油液时,务必使用_____或_____。如果使用不正确的油液,会导致软管和密封件损坏和油液泄漏。

39. 别克凯越乘用车的动力转向系统,如果油液温度达到66℃,液面应介于_____和_____标记之间。如果油液温度较凉,为21℃,液面应位于_____标记处。

40. 更换转向横拉杆球节后,必须进行_____的测量与调整。

四、简答题

1. 简述转向系统的功用和分类。

2. 简述转向盘自由行程的定义及功用。

3. 简述转向时车轮运动规律。

4. 简述汽车的转向特性及特点。

5. 简述齿轮齿条式转向器的结构特点和工作原理。

6. 简述循环球式转向器的结构特点和工作原理。

7. 简述汽车转向操纵机构的组成、功用及结构特点。

8. 简述转向传动机构的功用及各组成部件的结构特点。

9. 简述动力转向系统的作用及分类。

10. 简述别克凯越乘用车液压式动力转向系统的组成及结构特点。

11. 简述液压常流转阀式转向控制阀的结构特点和工作原理。

12. 简述转向油泵的功用、分类和工作原理。

13. 简述双作用转向油泵对油压和流量的控制方法。

14. 简述流量控制式 EPS 的组成和工作原理。

15. 简述电动式电控动力转向系统的基本组成和工作原理。

16. 如何排放动力转向系统中的空气。

五、看图填空

1. 机械转向系统的组成

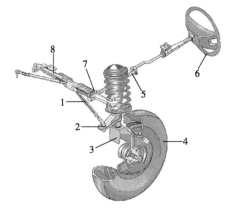

1. _____
2. _____
3. _____
4. _____
5. _____
6. _____
7. _____
8. _____

2. 动力转向系统的组成

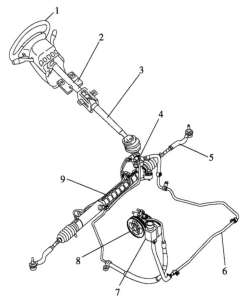

1. _____
2. _____
3. _____
4. _____
5. _____
6. _____
7. _____
8. _____
9. _____

3. 齿轮齿条式转向器结构形式(两端输出式)

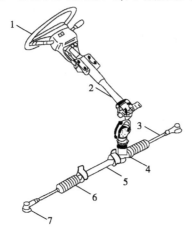

1. _____
2. _____
3. _____
4. _____
5. _____
6. _____
7. _____

4. 齿轮齿条式转向器结构形式(中间输出式)

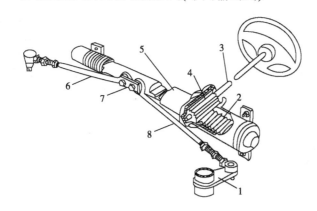

1. _____
2. _____
3. _____
4. _____
5. _____
6. _____
7. _____
8. _____

5. 循环球式转向器

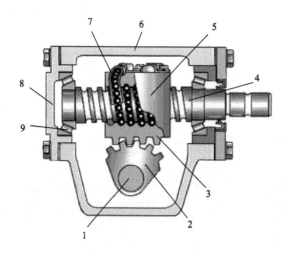

1. _____
2. _____
3. _____
4. _____
5. _____
6. _____
7. _____
8. _____
9. _____

6. 转向操纵机构

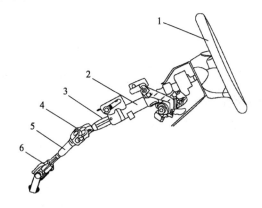

1. _____
2. _____
3. _____
4. _____
5. _____
6. _____

7. 转向直拉杆

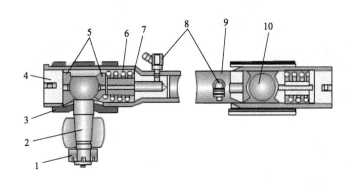

1. _____
2. _____
3. _____
4. _____
5. _____
6. _____
7. _____
8. _____
9. _____
10. _____

8. 断开式转向桥的横拉杆

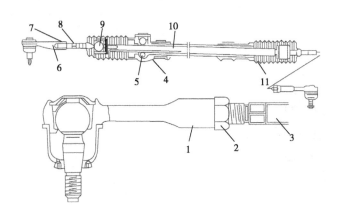

1. _____
2. _____
3. _____
4. _____
5. _____
6. _____
7. _____
8. _____
9. _____
10. _____
11. _____

9. 转向减振器结构

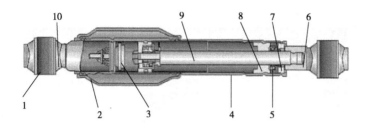

1.	
2.	
3.	
4.	
5.	
6.	
7.	
8.	
9.	
10.	

10. 别克凯越车型液压动力转向系统

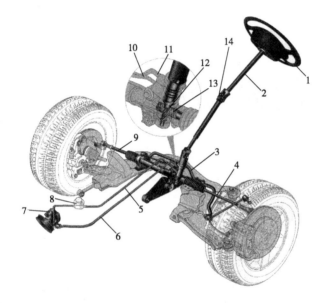

1.	
2.	
3.	
4.	
5.	
6.	
7.	
8.	
9.	
10.	
11.	
12.	
13.	
14.	

11. 转向控制阀的结构(一)

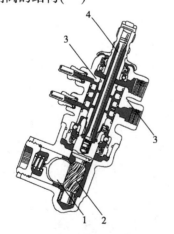

1.	
2.	
3.	
4.	

12. 转向控制阀的结构（二）

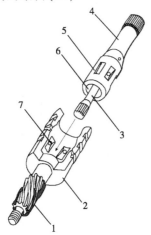

| 1. _____ |
| 2. _____ |
| 3. _____ |
| 4. _____ |
| 5. _____ |
| 6. _____ |
| 7. _____ |

13. 动力转向系统工作原理

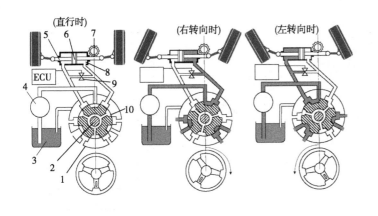

| 1. _____ |
| 2. _____ |
| 3. _____ |
| 4. _____ |
| 5. _____ |
| 6. _____ |
| 7. _____ |
| 8. _____ |
| 9. _____ |
| 10. _____ |

14. 双作用叶片泵的结构及工作原理

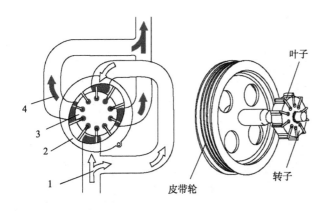

| 1. _____ |
| 2. _____ |
| 3. _____ |
| 4. _____ |

15. 双作用卸荷式叶片泵结构、原理示意图

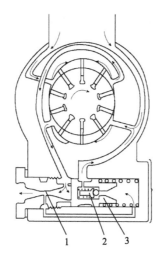

1.
2.
3.

16. 流量控制式 EPS

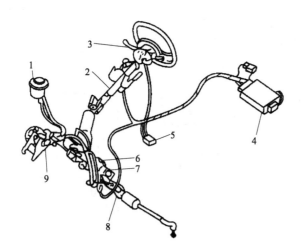

1.
2.
3.
4.
5.
6.
7.
8.
9.

17. 流量控制式 EPS 工作原理示意图

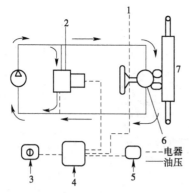

1.
2.
3.
4.
5.
6.
7.

18. 电动式动力转向系统的组成

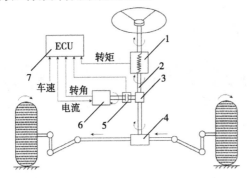

1.
2.
3.
4.
5.
6.
7.

19. 电动式动力转向系统的类型

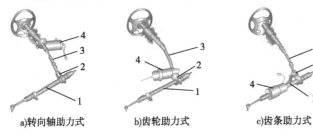

a)转向轴助力式　　b)齿轮助力式　　c)齿条助力式

1.
2.
3.
4.

20. TOURAN 电动机械转向助力系统组成

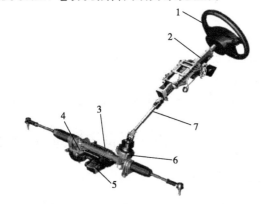

1.
2.
3.
4.
5.
6.
7.

21. 电动机械转向助力系统各零件的布置

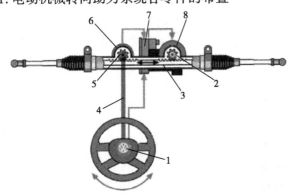

1.
2.
3.
4.
5.
6.
7.
8.

单元 5
制 动 系 统

一、判断题

1. 按功能的不同,汽车制动系统可以分为:行车制动系统、驻车制动系统以及应急制动、安全制动和辅助制动系统。（　）
2. 应急制动装置是用独立的管路控制车轮的制动器作为备用系统。（　）
3. 应急制动装置是当行车制动装置失效的情况下保证汽车仍能实现减速或停车。（　）
4. 安全制动装置是当行车制动装置失效的情况下保证汽车仍能实现减速或停车。（　）
5. 安全制动装置是当制动气压不足时起制动作用,使车辆无法行驶。（　）
6. 辅助制动装置是为了下长坡时减轻行车制动器的磨损而设置,其中利用发动机排气制动应用最广。（　）
7. 发动机排气制动属于辅助制动装置。（　）
8. 发动机排气制动属于安全制动装置。（　）
9. 发动机排气制动属于应急制动装置。（　）
10. 发动机制动效果对汽车制动性影响很大,所以在紧急制动时,不应脱开发动机与传动系统的连接。（　）
11. 按照制动能源的不同,汽车制动系统又可以分为人力制动系统、动力制动系统和伺服制动系统。（　）
12. 制动系统只使用液压系统来传递制动踏板力。（　）
13. 行车制动系统用于使行驶中的车辆减速或停车,通常由驾驶人用脚操纵。（　）
14. 行车制动系统用于使行驶中的车辆减速或停车,通常由驾驶人用手操纵。（　）
15. 驻车制动系统用于使停驶的汽车驻留原地,通常由驾驶人用手操纵。（　）
16. 驻车制动系统用于使停驶的汽车驻留原地,通常由驾驶人用脚操纵。（　）
17. 制动主缸属于行车制动系统。（　）
18. 制动轮缸属于驻车制动系统。（　）
19. 汽车上设置有彼此独立的制动系统,一般都包括供能装置、控制装置、传动装置和制动器。（　）
20. 气压制动系统中的空气压缩机属于制动系统供能装置的部件。（　）
21. 制动踏板属于制动系统控制装置的部件。（　）
22. 制动轮缸属于制动系统控制装置的部件。（　）

23. 制动主缸属于制动系统传动装置的部件。（ ）
24. 制动踏板属于制动系统传动装置的部件。（ ）
25. 制动器是产生阻碍车辆的运动或运动趋势的力的部件。（ ）
26. 车轮制动器由旋转元件和固定元件两大部分组成。（ ）
27. 车轮制动器是利用旋转元件和固定元件之间的摩擦,产生制动器制动力。（ ）
28. 车轮制动器常见的结构形式有盘式制动器和鼓式制动器两种。（ ）
29. 一般乘用车上,前轮采用盘式制动器,后轮采用鼓式制动器。（ ）
30. 一般乘用车上,前轮采用鼓式制动器,后轮采用盘式制动器。（ ）
31. 盘式制动器的旋转元件是制动盘,其工作表面是制动盘的两端面。（ ）
32. 盘式制动器根据其固定元件的结构形式的不同,可分为钳盘式制动器和全盘式制动器。（ ）
33. 钳盘式制动器广泛应用在乘用车或轻型货车上,近年来前后轮都采用钳盘式制动器的结构日渐增多。（ ）
34. 钳盘式制动器主要有定钳盘式和浮钳盘式两种类型。（ ）
35. 盘式制动器的自动复位,是通过活塞的密封圈来实现的。（ ）
36. 盘式制动器的制动间隙调整由轮缸活塞上的橡胶密封圈实现。（ ）
37. 鼓式车轮制动器由旋转部分、固定部分、促动装置和间隙调整装置组成。（ ）
38. 鼓式车轮制动器常用的促动装置有轮缸式、凸轮式和楔块式。（ ）
39. 鼓式车轮制动器多为内张双蹄式。（ ）
40. 鼓式制动器的旋转元件是制动鼓,其工作表面为制动鼓的内圆柱面。（ ）
41. 在制动过程中,如果制动蹄绕支承销转动与制动鼓旋转方向相同,称为领蹄。（ ）
42. 在制动过程中,如果制动蹄绕支承销转动与制动鼓旋转方向相反,称为领蹄。（ ）
43. 在制动过程中,如果制动蹄绕支承销转动与制动鼓旋转方向相反,称为从蹄。（ ）
44. 在制动过程中,如果制动蹄绕支承销转动与制动鼓旋转方向相同,称为从蹄。（ ）
45. 鼓式制动器中,一个蹄是增势蹄时,另一个蹄就必然是减势蹄。（ ）
46. 鼓式制动器可用制动轮缸驱动制动蹄片产生摩擦力。（ ）
47. 鼓式制动器可分为领从蹄式、双领蹄式、双向双领蹄式、双从蹄式、单向自增力式和双向自增力式等。（ ）
48. 鼓式制动器可分为简单非平衡式、平衡式和自动增力式三种。（ ）
49. 驻车制动器是车辆停驶后防止滑溜,坡道上顺利起步的装置。（ ）
50. 驻车制动是行车制动效能失效后临时使用或配合行车制动器进行紧急制动的装置。（ ）
51. 驻车制动与行车制动共用一套操纵机构。（ ）
52. 驻车制动传动装置一般采用人力机械式,通过钢索或杠杆来驱动。（ ）
53. 驻车制动装置分中央制动式和车轮制动式两种。（ ）
54. 乘用车通常采用后轮制动器作为驻车制动器。（ ）
55. 乘用车通常采用前轮制动器作为驻车制动器。（ ）
56. 驻车制动装置主要由驻车制动杆、制动拉索及后轮制动器中的驻车制动器等组成。（ ）

57. 对于四个车轮采用盘式制动器的乘用车来说,驻车用的小型鼓式驻车制动器内置于后轮盘式制动器中。( )
58. 制动传动装置按传力介质的不同可分为液压式、气压式和气—液综合式。( )
59. 制动传动装置按制动管路的套数的不同可分为液压式、气压式和气—液综合式。( )
60. 制动传动装置按制动管路的套数可分为单管路和双管路制动传动装置。( )
61. 制动传动装置按传力介质的不同可分为单管路和双管路制动传动装置。( )
62. 现代汽车的行车制动系统必须采用双管路制动传动装置。( )
63. 现代汽车的行车制动系统可以采用单管路或双管路制动传动装置。( )
64. 双管路液压制动传动装置就是全车的所有车轮制动器的液压管路分属于两套各自独立的回路。( )
65. 常见的双管路液压制动传动装置的布置方案有前后独立式和交叉式两种形式。( )
66. 前后独立式双管路液压制动传动装置主要用于发动机前置后轮驱动的汽车。( )
67. 前后独立式双管路液压制动传动装置主要用于发动机前置前轮驱动的乘用车。( )
68. 交叉式双管路液压制动传动装置主要用于发动机前置前轮驱动的乘用车。( )
69. 交叉式双管路液压制动传动装置主要用于发动机前置后轮驱动的汽车。( )
70. 制动主缸是将制动踏板输入的机械力转换成液压力。( )
71. 制动轮缸是将制动踏板输入的机械力转换成液压力。( )
72. 双腔制动主缸在后制动管路失效时,前制动管路也失效。( )
73. 双腔制动主缸在后制动管路失效时,前制动管路仍能产生油压。( )
74. 液压制动管路用来把制动主缸的压力传递给制动轮缸。( )
75. 一个双腔串联的制动主缸提供两套独立的压力系统,使制动系统更安全。( )
76. 制动轮缸是将制动主缸传来的液压力转变为使制动蹄张开的机械推力。( )
77. 制动主缸是将制动轮缸传来的液压力转变为使制动蹄张开的机械推力。( )
78. 真空助力器的作用是减轻驾驶人的制动操纵力。( )
79. 真空助力器中的负压室和发动机进气管相通。( )
80. 真空助力器中的空气室和发动机进气管相通。( )
81. 真空助力器中的真空阀将负压室与空气室相连。( )
82. 真空助力器中的空气阀将负压室与空气室相连。( )
83. 真空助力器中的空气阀将空气室和外界空气相连。( )
84. 真空助力器中的真空阀将空气室和外界空气相连。( )
85. 当真空助力器或真空源失效时,汽车行车制动系统将失效。( )
86. ABS的作用是在制动过程中,通过调节制动轮缸的制动压力,使作用于车轮的制动力矩受到控制,从而将车轮的滑移率控制在较为理想的范围之内。( )
87. 最佳的制动状态是车轮完全被抱死而发生滑移时。( )
88. ABS会使制动系统的最大制动力减小。( )

89. 车轮抱死时,制动力最大。( )
90. 防抱死制动系统可使汽车在制动过程中车轮滑移率保持在20%左右范围内。( )
91. 防抱死制动系统可使汽车在制动过程中车轮滑移率保持在50%左右范围内。( )
92. 常用的车轮转速传感器主要有电磁式和霍尔式两种。( )
93. 轮速越高其车轮转速传感器信号频率越高。( )
94. 霍尔式车轮转速传感器输出信号电压幅值不受转速的影响,频率响应高,抗电磁波干扰能力强。( )
95. 电磁式车轮转速传感器比霍尔式车轮转速传感器性能更优越。( )
96. ABS的电控系统有故障时,汽车仍然能保持常规制动状态。( )
97. ABS制动压力调节器可分为循环式和可变容积式两种。( )
98. ABS循环式制动压力调节器是通过电磁阀直接控制制动轮缸的制动压力。( )
99. ABS循环式制动压力调节器是通过电磁阀间接控制制动轮缸的制动压力。( )
100. ABS可变容积式制动压力调节器是通过电磁阀间接改变制动轮缸的制动压力。( )
101. ABS可变容积式制动压力调节器是通过电磁阀直接改变制动轮缸的制动压力。( )
102. ABS循环式制动压力调节器由电磁阀、液压泵和电动机等部件组成。( )
103. ABS的工作过程可以分为常规制动、制动压力保持、制动压力减小和制动压力增大等阶段。( )
104. 可变容积式制动压力调节器主要由电磁阀、控制活塞、液压泵和储能器等组成。( )
105. 桑塔纳2000GSi型乘用车是三通道的ABS调节回路,前轮单独调节,后轮统一调节。( )
106. 桑塔纳2000GSi型乘用车是三通道的ABS调节回路,前轮统一调节,后轮单独调节。( )
107. 桑塔纳2000乘用车ABS制动压力调节器以5~6次/s的频率对制动压力进行调节,直到停车。( )
108. 桑塔纳2000乘用车ABS制动压力调节器以20次/s的频率对制动压力进行调节,直到停车。( )
109. 桑塔纳2000乘用车ABS制动压力调节器液控单元内包括8个电磁阀,每个回路一对,其中一个是常开进油阀,一个是常闭出油阀。( )
110. 桑塔纳2000乘用车ABS制动压力调节器液控单元内包括8个电磁阀,每个回路一对,其中一个是常闭进油阀,一个是常开出油阀。( )
111. 驱动防滑系统的功用是防止汽车在加速过程中打滑。( )
112. 驱动防滑系统防止汽车在非对称路面或在转向时驱动轮滑转,以保持汽车行驶方向的稳定性、操纵性和维持汽车的最佳驱动力以及提高汽车的平顺性。( )
113. 驱动防滑系统防止汽车在非对称路面或在转向时转向轮滑转,以保持汽车行驶方向的稳定性、操纵性和维持汽车的最佳驱动力以及提高汽车的平顺性。( )

114. ASR 的传感器主要是车轮转速传感器和节气门位置传感器。车轮转速传感器与 ABS 共用。（　　）

115. ASR 的传感器主要是车轮转速传感器和节气门位置传感器,节气门位置传感器则与发动机控制系统共用。（　　）

116. ASR 调节发动机的输出转矩,通常是利用发动机电子控制装置,通过控制喷油器喷油量来实现的。（　　）

117. ASR 调节发动机的输出转矩,通常是利用发动机电子控制装置,通过控制节气门开度和点火提前角的方式来实现。（　　）

118. ASR 专用的信号输入装置是 ASR 选择开关,关闭 ASR 选择开关,可停止 ASR 的作用。（　　）

119. 汽车电子稳定程序控制系统(ESP)是 ABS 和 ASR 两种系统在功能上的延伸。（　　）

120. 汽车电子稳定程序控制系统(ESP)是一个主动安全系统。（　　）

121. 汽车电子稳定程序控制系统(ESP)是一个被动安全系统。（　　）

122. ESP 系统由传统制动系统、传感器、制动压力调节器、汽车稳定性控制电子控制单元和辅助系统组成。（　　）

123. ESP 系统的转向盘转角传感器监测驾驶人转弯方向和角度。（　　）

124. ESP 系统的侧向加速度传感器和横摆角速度传感器则监测汽车的横摆和侧倾速度。（　　）

125. 当 ESP 判定为出现不足转向时,将制动内侧后轮,使车辆进一步沿驾驶人转弯方向偏转,从而稳定车辆。（　　）

126. 当 ESP 判定为出现过度转向时,ESP 将制动外侧前轮,防止出现甩尾,并减弱过度转向趋势,稳定车辆。（　　）

127. 当 ESP 判定为出现不足转向时,将制动外侧前轮,使车辆进一步沿驾驶人转弯方向偏转,从而稳定车辆。（　　）

128. 当 ESP 判定为出现过度转向时,ESP 将制动内侧后轮,防止出现甩尾,并减弱过度转向趋势,稳定车辆。（　　）

129. ESP 如果单独制动某个车轮不足以稳定车辆,ESP 将通过降低发动机转矩输出的方式或制动其他车轮来满足需求。（　　）

130. ABS、ASR 和 ESP 中的执行器都有制动压力调节器。（　　）

131. 丰田卡罗拉乘用车制动踏板距地板的高度:145.8~155.8mm。（　　）

132. 调整丰田卡罗拉乘用车制动踏板高度要断开制动灯开关连接器。（　　）

133. 丰田卡罗拉乘用车制动踏板自由行程一般是 1.0~6.0mm。（　　）

134. 在检查丰田卡罗拉乘用车制动踏板高度的同一点测量踏板行程余量。（　　）

135. 在执行丰田卡罗拉乘用车驻车制动器调整之前,确保制动管路已放气且不再含有空气。（　　）

136. 丰田卡罗拉乘用车制动警告灯应在驻车制动杆向上拉时,一声咔嗒声时亮起。（　　）

137. 丰田卡罗拉乘用车制动警告灯应在驻车制动杆向上拉时,3 声"咔嗒"声时亮起。
(　　)
138. 更换制动液时,不同品牌同一型号的制动液可以混用。 (　　)
139. 对制动系统进行放气前,将换挡杆移至 P 位并拉紧驻车制动器操纵杆。 (　　)
140. 对制动系统进行放气前,将换挡杆移至 N 位并拉紧驻车制动器操纵杆。 (　　)
141. 对制动系统进行放气的同时,添加制动液使储液罐的液面保持在 MIN 和 MAX 线之间。 (　　)
142. 添加制动液,如果制动液泄漏到任何涂漆表面上,应立即将其清洗干净。 (　　)
143. 对制动系统进行放气时,应首先对离制动主缸最远的车轮的制动管路进行放气。
(　　)
144. 对制动系统进行放气时,应首先对离制动主缸最近的车轮的制动管路进行放气。
(　　)
145. 液压制动系统的排气顺序为:右后车轮→左后车轮→右前车轮→左前车轮。 (　　)
146. 液压制动系统的排气顺序为:左前车轮→右后车轮→左后车轮→右前车轮。 (　　)
147. 液压制动系统的排气顺序为:右前车轮→右后车轮→左后车轮→左前车轮。 (　　)
148. 液压制动系统的排气顺序为:左后车轮→右后车轮→右前车轮→左前车轮。 (　　)
149. 桑塔纳 2000 乘用车制动蹄摩擦片厚度为 5.0mm,磨损极限值为 2.5mm(不包括底板)。 (　　)
150. 桑塔纳 2000 乘用车制动蹄检查周期为 7500km。 (　　)
151. 桑塔纳 2000 乘用车更换周期为 6 万~8 万 km。 (　　)
152. 桑塔纳 2000 乘用车制动鼓内径为 200mm,磨损极限值为 201mm。 (　　)
153. 卡罗拉乘用车盘式制动器衬块厚度标准厚度为 12.0mm;最小厚度为 1.0mm。
(　　)
154. 卡罗拉乘用车制动盘标准厚度为 22.0mm;最小厚度为 19.0mm。 (　　)
155. 卡罗拉乘用车制动盘最大径向圆跳动量为 0.05mm。 (　　)

二、选择题

1. ＿＿＿＿＿＿＿不是汽车制动系统的功用。
   (A)按照需要使汽车减速或在最短离内停车
   (B)下坡行驶时保持车速稳定
   (C)使停驶的汽车可靠驻停
   (D)按照驾驶人的意愿改变汽车的行驶方向和保持汽车稳定的直线行驶
2. ＿＿＿＿＿＿＿是用独立的管路控制车轮的制动器作为备用系统,其作用是当行车制动装置失效的情况下保证汽车仍能实现减速或停车。
   (A)驻车制动系统 (B)应急制动系统
   (C)安全制动系统 (D)辅助制动系统
3. ＿＿＿＿＿＿＿是当制动气压不足时起制动作用,使车辆无法行驶。
   (A)驻车制动系统 (B)应急制动系统

(C)安全制动系统　　　　　　　　(D)辅助制动系统

4. _____辅助制动装置是为了下长坡时减轻行车制动器的磨损而设置,其中利用发动机排气制动应用最广。

(A)驻车制动系统　(B)应急制动系统　(C)安全制动系统　(D)辅助制动系统

5. 发动机排气制动属于_____。

(A)驻车制动系统　(B)应急制动系统　(C)安全制动系统　(D)辅助制动系统

6. 汽车制动系统按其功能的不同可分很多类,其中在行车制动装置失效的情况下保证汽车仍能实现减速或停车的制动系统称为_____。

(A)行车制动系统　(B)驻车制动系统　(C)应急制动系统　(D)辅助制动系统

7. 任何制动系统都由供能装置、控制装置、传动装置和制动器四个基本组成部分组成,其中制动踏板机构属于_____。

(A)供能装置　　(B)控制装置　　(C)传动装置　　(D)制动器

8. 任何制动系统都由供能装置、控制装置、传动装置和制动器四个基本组成部分组成,其中气压制动系统中的空气压缩机属于_____。

(A)供能装置　　(B)控制装置　　(C)传动装置　　(D)制动器

9. 任何制动系统都由供能装置、控制装置、传动装置和制动器四个基本组成部分组成,其中液压制动系统中人的肌体属于_____。

(A)供能装置　　(B)控制装置　　(C)传动装置　　(D)制动器

10. 任何制动系统都由供能装置、控制装置、传动装置和制动器四个基本组成部分组成,其中制动主缸属于_____。

(A)供能装置　　(B)控制装置　　(C)传动装置　　(D)制动器

11. 任何制动系统都由供能装置、控制装置、传动装置和制动器四个基本组成部分组成,其中制动轮缸属于_____。

(A)供能装置　　(B)控制装置　　(C)传动装置　　(D)制动器

12. 鼓式车轮制动器的旋转元件是_____。

(A)制动蹄　　(B)制动鼓　　(C)摩擦片　　(D)制动轮缸

13. 鼓式车轮制动器由旋转部分、固定部分、促动装置和间隙调整装置组成,制动鼓属于_____。

(A)旋转部分　　(B)固定部分　　(C)促动装置　　(D)间隙调整装置

14. 鼓式车轮制动器由旋转部分、固定部分、促动装置和间隙调整装置组成,制动底板属于_____。

(A)旋转部分　　(B)固定部分　　(C)促动装置　　(D)间隙调整装置

15. 鼓式车轮制动器由旋转部分、固定部分、促动装置和间隙调整装置组成,制动蹄属于_____。

(A)旋转部分　　(B)固定部分　　(C)促动装置　　(D)间隙调整装置

16. 鼓式车轮制动器由旋转部分、固定部分、促动装置和间隙调整装置组成,制动轮缸属于_____。

(A)旋转部分　　(B)固定部分　　(C)促动装置　　(D)间隙调整装置

17. 鼓式车轮制动器由旋转部分、固定部分、促动装置和间隙调整装置组成,凸轮属于_____。

    (A)旋转部分　　(B)固定部分　　(C)促动装置　　(D)间隙调整装置

18. 鼓式车轮制动器由旋转部分、固定部分、促动装置和间隙调整装置组成,_____的作用是对制动蹄施加力使其向外张开。

    (A)旋转部分　　(B)固定部分　　(C)促动装置　　(D)间隙调整装置

19. 鼓式车轮制动器由旋转部分、固定部分、促动装置和间隙调整装置组成,_____的作用是保持和调整制动蹄和制动鼓间正确的相对位置。

    (A)旋转部分　　(B)固定部分　　(C)促动装置　　(D)间隙调整装置

20. _____不是驻车制动器的功用。

    (A)车辆停驶后防止滑溜

    (B)下坡行驶时保持车速稳定

    (C)使车辆在坡道上能顺利起步

    (D)行车制动系统失效后临时使用或配合行车制动器进行紧急制动

21. 制动传动装置当中,_____仅用在驻车制动上。

    (A)机械式　　(B)液压式　　(C)气动式　　(D)气顶液压式

22. 车轮制动式驻车制动通常与车轮制动器共用一个制动器总成,其传动装置是_____。

    (A)共用一套装置　　　　　　(B)互相独立的装置

    (C)有的是共用的,有的是各自独立的(D)都采用液压传动装置

23. 为了提高汽车制动的可靠性和行车安全性,现代汽车广泛采用的是_____制动传动装置。

    (A)单管路　　(B)双管路　　(C)三管路　　(D)四管路

24. 上海桑塔纳乘用车采用的是_____制动伺服装置。

    (A)真空增压式　(B)真空助力式　(C)气压助力式　(D)综合式

25. _____的功用是将制动踏板输入的机械力转换成液压力。

    (A)制动踏板　(B)制动主缸　(C)制动轮缸　(D)真空助力器

26. _____的作用是将制动主缸传来的液压力转变为使制动蹄张开的机械推力。

    (A)制动踏板　(B)制动主缸　(C)制动轮缸　(D)真空助力器

27. _____的作用是减轻驾驶人的制动操纵力。

    (A)制动踏板　(B)制动主缸　(C)制动轮缸　(D)真空助力器

28. 装有 ABS 的汽车在紧急制动时_____。

    (A)制动距离长,但稳定性好　　(B)制动距离短,但易跑偏

    (C)制动距离短,不易侧滑　　　(D)在滑路上易侧滑

29. ABS 制动时使车轮既滚动又滑动,滑移率控制在_____左右的状态。

    (A)10%　　(B)20%　　(C)30%　　(D)50%

30. ABS 中,_____的功用是检测车轮的旋转速度。

    (A)车轮转速传感器　　　　(B)制动压力调节器

(C)电子控制单元(ECU) (D)ABS 警示装置

31. ABS 中,_____是 ABS 的控制中枢,还具有监控和保护功能。
(A)车轮转速传感器 (B)制动压力调节器
(C)电子控制单元(ECU) (D)ABS 警示装置

32. ABS 中,_____对各制动轮缸的制动压力进行调节,防止制动车轮抱死。
(A)车轮转速传感器 (B)制动压力调节器
(C)电子控制单元(ECU) (D)ABS 警示装置

33. 汽车 ABS 循环式制动压力调节器的电磁阀多采用_____电磁阀。
(A)二位三通 (B)二位二通 (C)三位三通 (D)三位四通

34. 桑塔纳 2000 乘用车 ABS 工作时,常规制动过程中_____。
(A)进油阀开,出油阀开 (B)进油阀开,出油阀关
(C)进油阀关,出油阀开 (D)进油阀关,出油阀关

35. 桑塔纳 2000 乘用车 ABS 工作时,保压制动过程中_____。
(A)进油阀开,出油阀开 (B)进油阀开,出油阀关
(C)进油阀关,出油阀开 (D)进油阀关,出油阀关

36. 桑塔纳 2000 乘用车 ABS 工作时,减压制动过程中_____。
(A)进油阀开,出油阀开 (B)进油阀开,出油阀关
(C)进油阀关,出油阀开 (D)进油阀关,出油阀关

37. 桑塔纳 2000 乘用车 ABS 工作时,增压制动过程中_____。
(A)进油阀开,出油阀开 (B)进油阀开,出油阀关
(C)进油阀关,出油阀开 (D)进油阀关,出油阀关

38. ABS/ASR ECU 根据_____输送的信号计算判断车轮与路面间的滑转状态。
(A)转向盘转角传感器 (B)车速传感器
(C)驱动车轮转速传感器 (D)节气门位置传感器

39. 不是 ASR 的电子控制单元(ECU)发出的控制指令的是_____。
(A)控制滑转车轮的制动力
(B)控制发动机输出功率
(C)同时控制发动机输出功率和驱动车轮的制动力
(D)控制转向盘转矩大小

40. ASR 不是通过_____调节发动机的输出转矩。
(A)利用发动机电子控制装置 (B)控制点火提前角
(C)控制喷油器喷油量 (D)控制节气门开度

41. _____不是 ESP ECU 接受的传感器信号。
(A)冷却液温度传感器 (B)侧向加速度传感器和横摆角速度传感器
(C)车速传感器 (D)转向盘转角传感器

42. 当 ESP 判定为出现不足转向时,将制动_____。
(A)内侧后轮 (B)外侧前轮 (C)外侧后轮 (D)内侧前轮

43. 当 ESP 判定为出现过度转向时,ESP 将制动_____。

(A)内侧后轮　　(B)外侧前轮　　(C)外侧后轮　　(D)内侧前轮
44. 检查驻车制动器时,制动警告灯应始终在_____"咔嗒"声时亮起。
(A)两声　　　(B)一声　　　　(C)三声　　　　(D)不确定
45. 调整驻车制动器时,后盘制动器制动缸操作杆和挡块之间的间隙为____。
(A)0.5～1.0mm　　　　　　　(B)不大于0.5mm
(C)不大于1.0mm　　　　　　(D)0.7mm
46. 对制动系统进行放气前,将换挡杆移至_____并拉紧驻车制动器操纵杆。
(A)R位　　　(B)D位　　　　(C)P位　　　　(D)N位
47. 液压制动系统的排气顺序为_____。
(A)左前车轮→右后车轮→左后车轮→右前车轮
(B)右前车轮→右后车轮→左后车轮→左前车轮
(C)左后车轮→右后车轮→右前车轮→左前车轮
(D)右后车轮→左后车轮→右前车轮→左前车轮
48. 桑塔纳2000乘用车后轮制动器的制动鼓内径磨损极限值为_____。
(A)205mm　　(B)201mm　　　(C)202mm　　　(D)210mm
49. 桑塔纳2000乘用车后轮制动器的制动鼓摩擦表面径向圆跳动量为_____。
(A)0.10mm　　(B)0.01mm　　(C)0.05mm　　(D)0.08mm
50. 桑塔纳2000乘用车后轮车轮端面圆跳动量为_____。
(A)0.50mm　　(B)0.21mm　　(C)0.15mm　　(D)0.20mm
51. 卡罗拉乘用车前轮盘式制动器制动盘最大径向圆跳动量_____。
(A)0.50mm　　(B)0.21mm　　(C)0.15mm　　(D)0.05mm
52. 用百分表在距离前制动盘外缘_____的地方测量制动盘的径向圆跳动量。
(A)10mm　　　(B)20mm　　　(C)15mm　　　(D)5mm

三、填空题

1. 汽车制动系统的功用是:按照需要使汽车_____或在最短离内_____;下坡行驶时保持车速_____;使停驶的汽车可靠_____。

2. 按功能的不同,汽车制动系统可以分为:_____系统、_____系统以及_____、_____和_____系统。

3. _____是用独立的管路控制车轮的制动器作为备用系统,其作用是当行车制动装置失效的情况下保证汽车仍能实现减速或停车;_____是当制动气压不足时起制动作用,使车辆无法行驶;_____是为了下长坡时减轻行车制动器的磨损而设置,其中利用_____应用最广。

4. 按照制动能源的不同,汽车制动系统又可以分为_____系统、_____系统和_____系统。

5. 汽车制动系统都包括_____和_____两大部分。另外,较为完善的制动系统还包括_____以及_____、压力保护装置等。

6. 行车制动系统用于使行驶中的车辆减速或停车,通常由驾驶人用_____操纵,一般包含_____、_____、_____、制动管路、_____等。

7. 驻车制动系统用于使停驶的汽车驻留原地,通常由驾驶人用_____操纵,一般包含_____、_____、_____。

8. 汽车上设置有彼此独立的制动系统,它们起作用的时刻不同,但它们的组成却是相似的,一般有以下四个组成部分:_____、_____、_____、制动器。

9. 车轮制动器由_____和_____两大部分组成。_____与车轮相连接,_____与车桥相连接。利用_____和_____之间的摩擦,产生制动器制动力。

10. 汽车制动器分为_____制动器和_____制动器两大类。

11. 盘式制动器根据其固定元件的结构形式的不同,可分为_____制动器和_____制动器。_____制动器广泛应用在乘用车或轻型货车上。

12. 钳盘式制动器按制动钳固定在支架上的结构形式的不同,可分为_____和_____。

13. 简单的鼓式车轮制动器由_____、_____、_____和_____组成。_____为制动鼓;_____是制动底板和制动蹄,制动底板固装在车桥的凸缘盘上,通过支承销与制动蹄相连;_____的作用是对制动蹄施加力使其向外张开,常用的_____有凸轮或制动轮缸;_____的作用是保持和调整制动蹄和制动鼓间正确的相对位置。

14. 鼓式车轮制动器多为内张双蹄式。按促动装置的形式的不同,可分为_____、_____和_____。

15. 在制动过程中,如果制动蹄绕支承销转动与制动鼓旋转方向相同,在制动鼓上压得更紧,起到增势的作用,称为_____或称_____;如果制动蹄绕支承销转动与制动鼓旋转方向相反,有使制动蹄离开制动鼓的趋势,起着减势作用,称为_____或称_____。

16. 根据制动过程中两制动蹄产生制动力矩的不同,鼓式制动器可分为_____、双领蹄式、_____、_____和_____等。

17. 根据制动时两制动蹄对制动鼓作用的径向力是否平衡,鼓式制动器又可分为_____、_____和_____三种。

18. 驻车制动器的功用是:车辆停驶后防止_____;使车辆在坡道上能顺利_____;行车制动系统失效后临时使用或配合行车制动器进行_____。

19. 按驻车制动器在汽车上安装位置的不同,驻车制动装置分_____和_____两种。

20. 驻车制动装置主要由_____、_____及后轮制动器中的_____等组成,它作用于后轮,主要是在坡路或平路上停车时使用或在紧迫情况下作紧急制动。

21. 对于四个车轮采用盘式制动器的乘用车来说,驻车用的小型鼓式驻车制动器内置于后轮_____中,并通过_____等机构固定在盘式制动器上。

22. 制动传动装置按传力介质的不同可分为_____、_____和_____;按制动管路的套数可分为_____和_____制动传动装置。

23. 液压制动传动装置由_____、_____、储液罐、_____、油管等组成。
24. 现代汽车上采用了各种制动力调节装置，用以调节前后车轮制动管路的工作压力，常用的调节装置有_____、_____、_____和_____等。
25. 双管路液压制动传动装置是利用彼此独立的双腔制动主缸，通过两套独立管路，分别控制两桥或三桥的车轮制动器。常见的双管路的布置方案有_____和_____两种形式。
26. _____双管路液压制动传动装置主要用于发动机前置后轮驱动的汽车，_____双管路液压制动传动装置主要用于发动机前置前轮驱动的乘用车。
27. 制动主缸又称制动总泵，它位于_____与_____之间，其功用是将制动踏板输入的机械力转换成液压力。
28. 在制动主缸上端装有_____，制动主缸内的活塞通过真空助力器内的推杆和_____相连。
29. 制动轮缸固定在_____上，其作用是将制动主缸传来的液压力转变为使制动蹄张开的机械推力，制动轮缸主要由_____、_____、_____、_____和_____等组成。
30. 真空助力器的作用是减轻驾驶人的_____。真空助力器内部有薄而宽的活塞，通过固定在活塞上的膜片将_____和_____隔离。_____和发动机进气管相通。
31. 防抱死制动系统可使汽车在制动过程中车轮滑移率保持在_____左右范围内，此时轮胎处于边滚边滑状态，制动力最大，保证了汽车的_____，防止产生侧滑和跑偏。
32. ABS 通常由_____、_____、_____和_____等组成。
33. 车轮转速传感器（又称轮速传感器）的功用是检测车轮的旋转速度，并将速度信号输入电子控制单元。目前，常用的车轮转速传感器主要有_____和_____两种。
34. 电磁式车轮转速传感器主要由_____和_____两部分组成，它可以安装在车轮上，也可以安装在_____或_____中。
35. 霍尔式车轮转速传感器也是由_____、_____组成。其齿圈的结构及安装方式与电磁式车轮转速传感器的齿圈相同，传感头由_____、_____和_____等组成。
36. 霍尔式车轮转速传感器克服了电磁式传感器的缺点，其输出信号电压幅值不受_____的影响，_____响应高，_____能力强。因而，霍尔式车轮转速传感器在 ABS 中应用越来越广泛。
37. 电子控制单元（ECU）是 ABS 的控制中枢，其功用是接收_____及其他传感器输入的信号，对这些输入信号进行_____、比较、_____、放大和_____，通过精确计算，得出制动时车轮的_____、车轮的_____和_____，以判断车轮是否有抱死趋势。再由其输出级发出控制指令，控制_____去执行压力调节任务。
38. 根据制动压力调节器调压方式的不同，可分为_____和_____两种。

39. 循环式制动压力调节器是通过电磁阀_____控制制动轮缸的制动压力;而可变容积式制动压力调节器是通过电磁阀_____改变制动轮缸的制动压力。

40. 循环式制动压力调节器由_____、_____和_____等部件组成。

41. 循环式制动压力调节器直接装在汽车原有的制动管路中,通过串联在_____和_____之间的三位三通电磁阀直接控制制动轮缸的压力,可以使制动轮缸的工作处于_____、_____、_____或_____。

42. 循环式制动压力调节器三位三通电磁阀的三位是指电磁阀有三个不同位置,分别控制制动轮缸制动压力的_____、_____或_____,三通是指电磁阀上有 3 个通道,分别通_____、_____和_____。

43. 可变容积式制动压力调节器主要由_____、_____、_____和_____等组成。

44. 可变容积式制动压力调节器有 4 个不同工作状态:_____、_____、_____和_____。

45. 桑塔纳 2000GSi 型乘用车采用的是 MK20 - Ⅰ型 ABS,是三通道的 ABS 调节回路,前轮_____,后轮则以两轮中地面附着系数低的一侧为依据_____。

46. 桑塔纳 2000GSi 型乘用车制动压力调节器的基本组成包括_____、_____及_____。液控单元内包括 8 个电磁阀,每个回路一对,其中一个是_____进油阀,一个是_____出油阀。

47. 驱动防滑系统的功用是防止汽车在_____过程中打滑,以保持汽车行驶方向的_____、_____和维持汽车的最佳驱动力以及提高汽车的_____。

48. 典型 ABS/ASR 主要由_____、_____、_____、_____、_____等组成。

49. ASR 的传感器主要是_____和_____。_____与 ABS 共用,而_____则与发动机控制系统共用。

50. 汽车电子稳定程序控制系统(ESP)是改善汽车行驶性能的一种控制系统,是_____和_____两种系统在功能上的延伸。因此,ESP 是一个_____。

51. ESP 由传统制动系统、_____、_____、_____和_____组成,在电脑实时监控汽车运行状态的前提下,对发动机及控制系统进行干预和调控。

52. 在汽车行驶过程中,ESP 的_____监测驾驶者转弯方向和角度,_____监测车速,_____监测节气门开度,_____监测制动力,而_____和_____则监测汽车的横摆和侧倾速度。

53. 当 ESP 判定为出现不足转向时,将制动_____,使车辆进一步沿驾驶人_____偏转,从而稳定车辆。

54. 当 ESP 判定为出现过度转向时,ESP 将制动_____,防止出现甩尾,并减弱_____趋势,稳定车辆。

55. 检查卡罗拉乘用车制动踏板高度是测量_____和_____之间的最短距离,制动踏板距地板的高度应为 145.8～155.8mm。

56. 在执行卡罗拉乘用车驻车制动器调整之前,确保_____已放气且不再含有空气;后盘式制动器制动轮缸操作杆和挡块之间的间隙为_____或更小;制动警告灯始终在一声"咔嗒"声时_____。

57.检查卡罗拉乘用车储液罐中的制动液液位时,储液罐制动液液面应始终保持在_____和_____线之间。如果制动液液位低于_____线,检查是否泄漏,并检查盘式制动器衬块。如有必要,维修或更换后重新向储液罐加注制动液。

58.对卡罗拉乘用车液压制动系统进行放气前,将换挡杆移至_____并拉紧_____;对制动系统进行放气的同时,添加制动液使储液罐的液面保持在_____和_____线之间。

59.卡罗拉乘用车液压制动系统的排气顺序为:_____→_____→_____→_____。

60.桑塔纳2000乘用车制动蹄检查或更换周期规定:检查周期为_____ km;更换周期为_____ km。

61.检查桑塔纳2000乘用车制动蹄制动摩擦片厚度。利用制动器底板上的观察孔检查制动摩擦片厚度和拖滞情况。摩擦片厚度应为_____ mm,磨损极限值为_____ mm(不包括底板)。

62.检查桑塔纳2000乘用车后制动鼓。更换新摩擦片时,应检查后制动鼓尺寸,制动鼓内径为_____ mm,磨损极限值为_____ mm;摩擦表面径向圆跳动量为_____ mm,车轮端面圆跳动量为_____ mm。如果超过规定值时,应更换新件。

63.检查卡罗拉乘用车盘式制动器衬块厚度。用直尺测量衬块厚度,衬块标准厚度为_____ mm;最小厚度为_____ mm。如果衬块厚度小于最小厚度,更换盘式制动器衬块。

64.检查卡罗拉乘用车盘式制动器制动盘厚度。用千分尺测量制动盘厚度,制动盘标准厚度为_____ mm;最小厚度为_____ mm。如果制动盘厚度小于最小值,更换前制动盘。

65.检查卡罗拉乘用车盘式制动器制动盘径向跳动。用百分表在距离前制动盘外缘_____ mm 的地方测量制动盘的径向跳动,制动盘最大径向跳动应为_____ mm。

四、简答题

1.简述制动系统的功用及分类。

2.简述汽车制动系统的基本组成和工作原理。

3.简述车轮制动器的分类及作用原理。

4. 简述定钳式制动器的工作原理。

5. 简述浮钳式制动器的工作原理。

6. 简述盘式制动器中活塞密封圈的功用。

7. 简述鼓式制动器的结构特点。

8. 简述鼓式制动器的分类。

9. 简述驻车制动器的功用及分类。

10. 简述驻车制动器的基本组成和工作原理。

11. 简述制动传动装置的分类及液压制动传动装置的基本组成。

12. 简述制动主缸的功用及工作原理。

13. 简述制动轮缸的功用及工作原理。

14. 简述真空助力器的功用及工作原理。

15. 简述ABS的作用、组成及工作原理。

16. 简述ABS常用的车轮转速传感器的分类及各自的工作原理。

17. 简述ABS电子控制单元的功用。

18. 简述循环式制动压力调节器的工作原理。

19. 简述可变容积式制动压力调节器的工作原理。

20. 简述桑塔纳 2000 乘用车 ABS 的工作原理。

21. 简述汽车驱动防滑控制系统（ASR）的组成及工作原理。

22. 简述汽车电子稳定程序控制系统（ESP）的工作原理。

23. 简述卡罗拉乘用车制动踏板的检查与调整的方法。

24. 简述卡罗拉乘用车驻车制动器的检查与调整的方法。

25. 简述卡罗拉乘用车制动液的添加或更换的方法。

26. 简述桑塔纳 2000 乘用车鼓式制动器的检修方法。

27. 简述卡罗拉乘用车盘式制动器的检修方法。

五、看图填空

1. 制动系统的基本组成

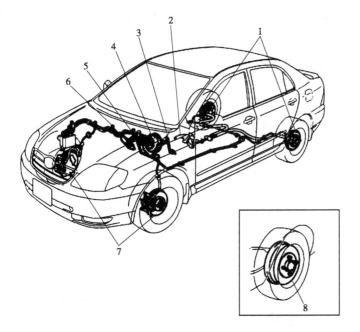

1. _____
2. _____
3. _____
4. _____
5. _____
6. _____
7. _____
8. _____

2. 制动系统的基本结构及工作原理

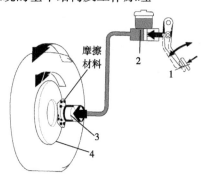

1. _____
2. _____
3. _____
4. _____

3. 盘式制动器的类型（一）

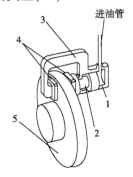

1. _____
2. _____
3. _____
4. _____
5. _____

4. 盘式制动器的类型（二）

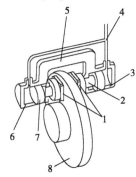

1. _____
2. _____
3. _____
4. _____
5. _____
6. _____
7. _____
8. _____

5. 定钳盘式制动器的工作原理

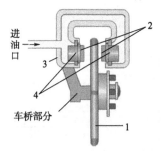

a) 定钳盘式制动器不制动时

b) 定钳盘式制动器制动时

1. _____
2. _____
3. _____
4. _____

6. 浮钳盘式制动器的工作原理

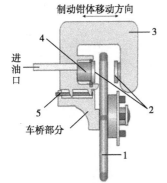
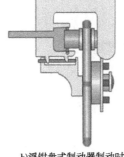

a) 浮钳盘式制动器不制动时　　b) 浮钳盘式制动器制动时

1. _____
2. _____
3. _____
4. _____
5. _____

7. 鼓式制动器构造

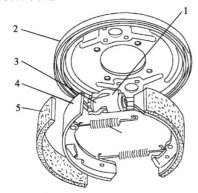

1. _____
2. _____
3. _____
4. _____
5. _____

8. 鼓式制动器的分类

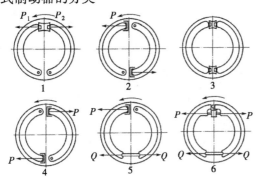

1. _____
2. _____
3. _____
4. _____
5. _____
6. _____

9. 驻车制动系统

1. _____
2. _____
3. _____
4. _____

10. 驻车制动系统的工作原理

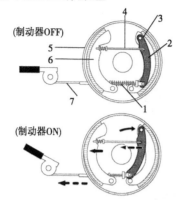

1. _____
2. _____
3. _____
4. _____
5. _____
6. _____
7. _____

11. 驻车制动器

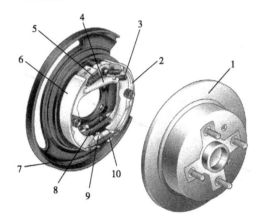

1. _____
2. _____
3. _____
4. _____
5. _____
6. _____
7. _____
8. _____
9. _____
10. _____

12. 液压式制动传动装置的组成

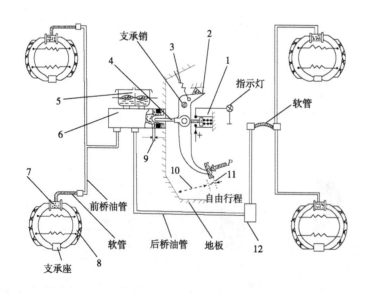

1. _____
2. _____
3. _____
4. _____
5. _____
6. _____
7. _____
8. _____
9. _____
10. _____
11. _____
12. _____

13. 双活塞制动轮缸的分解

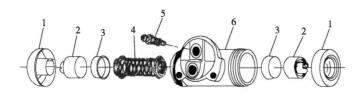

1. _____
2. _____
3. _____
4. _____
5. _____
6. _____

14. 真空助力器的结构及工作原理

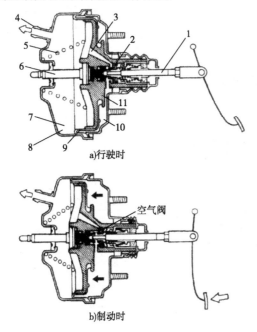

a)行驶时

b)制动时

1. _____
2. _____
3. _____
4. _____
5. _____
6. _____
7. _____
8. _____
9. _____
10. _____
11. _____

15. ABS的基本组成

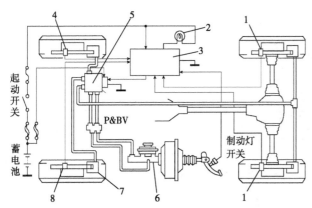

1. _____
2. _____
3. _____
4. _____
5. _____
6. _____
7. _____
8. _____

16. ABS 部件在汽车上的位置

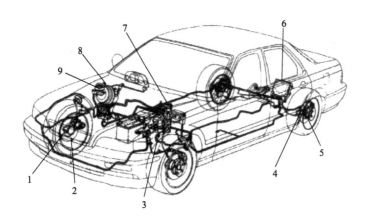

1. _____
2. _____
3. _____
4. _____
5. _____
6. _____
7. _____
8. _____
9. _____

17. 车轮转速传感器的安装位置(驱动车轮)

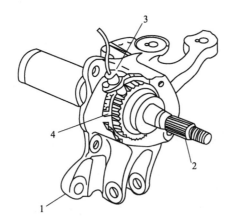

1. _____
2. _____
3. _____
4. _____

18. 车轮转速传感器的安装位置(非驱动车轮)

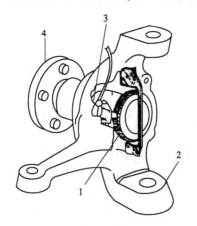

1. _____
2. _____
3. _____
4. _____

19. 循环式制动压力调节器

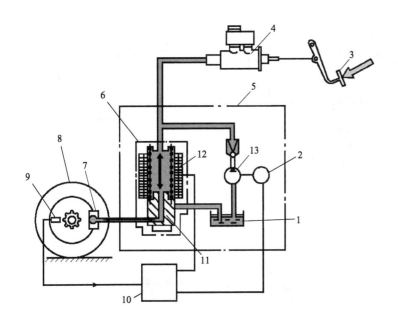

1. _____
2. _____
3. _____
4. _____
5. _____
6. _____
7. _____
8. _____
9. _____
10. _____
11. _____
12. _____
13. _____

20. 可变容积式制动压力调节器

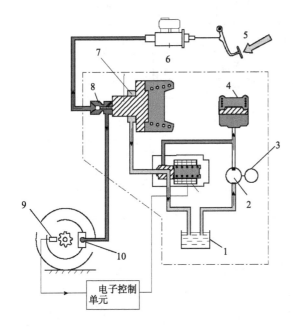

1. _____
2. _____
3. _____
4. _____
5. _____
6. _____
7. _____
8. _____
9. _____
10. _____

21. 桑塔纳 2000 车型 ABS

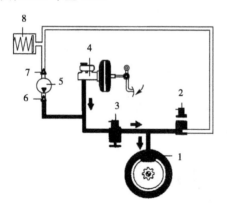

1. _____
2. _____
3. _____
4. _____
5. _____
6. _____
7. _____
8. _____

22. 典型 ABS/ASR 组成示意图

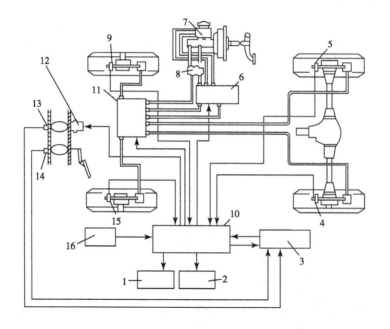

1. _____	7. _____	12. _____
2. _____	8. _____	13. _____
3. _____	9. _____	14. _____
4. _____	10. _____	15. _____
5. _____	11. _____	16. _____
6. _____		

23. ESP 组成

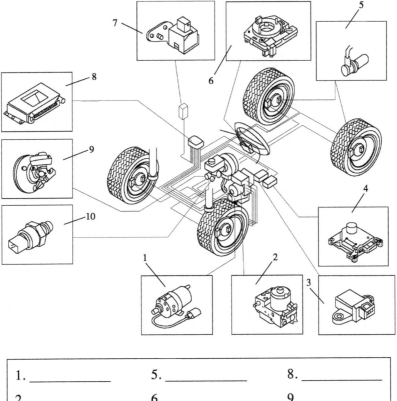

1._____	5._____	8._____
2._____	6._____	9._____
3._____	7._____	10._____
4._____		

答案部分

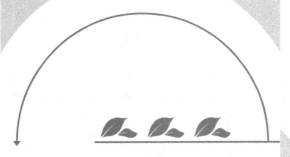

单元1　绪论

单元2　传动系统

    2.1　离合器

    2.2　手动变速器

    2.3　自动变速器

    2.4　万向传动装置

    2.5　驱动桥

单元3　行驶系统

    3.1　车桥及车轮定位

    3.2　车轮总成

    3.3　车架与悬架

单元4　转向系统

单元5　制动系统

单元1 绪 论

一、判断题

1. √; 2. √; 3. √; 4. √; 5. ×; 6. ×; 7. √; 8. ×; 9. √;
10. ×; 11. ×; 12. √; 13. ×; 14. √; 15. ×; 16. √; 17. √; 18. √;
19. ×; 20. √; 21. √; 22. ×

二、选择题

1. D; 2. D; 3. D; 4. B; 5. C; 6. B; 7. D; 8. D; 9. C;
10. C; 11. B; 12. C; 13. D; 14. B; 15. C; 16. D; 17. B; 18. C;
19. B; 20. A; 21. B; 22. A; 23. A; 24. A; 25. A; 26. A; 27. C;
28. D; 29. A; 30. B; 31. C; 32. B; 33. B; 34. C; 35. C

三、填空题

1. 离合器、变速器、万向传动装置、主减速器、差速器;2. 自动变速器、驱动桥、离合器、手动变速器;3. 发动机、驾驶人;4. 传动系统、行驶系统、转向系统、制动系统;5. 发动机、驱动车轮、转矩;6. 行驶、平稳;7. 车身、悬架、车桥、车轮总成;8. 驾驶人选定的方向、直线行驶;9. 驾驶人、转向系统、转向车轮;10. 动力转向;11. 行车制动系统、驻车制动系统、制动器、制动传动机构;12. FF;13. 转矩、驱动力、总质量、承受并传递、减少振动;14. 转向操纵机构、转向器、转向传动机构;15. 减速、停车、驻停;16. 液压式制动、气压式制动系统;17. 抱死、制动力、稳定性;18. 起步加速、驱动车轮、驱动力;19. 四轮驱动、4WD;20. 发动机、离合器、万向传动装置、驱动车轮;21. 越野汽车;22. 离合器、前驱动桥、前驱动车轮;23. 离合器、角传动装置、后驱动桥、后驱动车轮;24. 发动机、中部、后轮驱动、轴荷分配;25. 发动机后置后轮驱动、RR;26. 变速器、驱动桥、高速;27. 中置后轮驱动、轴荷分配;28. 4WD、变速器、分动器、前后驱动桥

四、简答题

1. 汽车底盘由传动系统、行驶系统、转向系统和制动系统四大系统组成,其功用为接受发动机的动力,使汽车运行并保证汽车能够按照驾驶人的操纵而正常行驶。传动系统的基本功用是将发动机的转矩传递给驱动车轮,同时还必须适应行驶条件的需要,改变转矩的大小。汽车行驶系统的主要作用是:将传动系统传来的转矩转化为汽车行驶的驱动力;支承汽车的总质量;承受并传递路面作用于车轮上的力和力矩;减少振动,缓和冲击,保证汽车的平稳行驶。汽车转向系统是保证汽车能够按照驾驶人选定的方向行驶和保持汽车稳定的直线行驶。制动系统的功用是使汽车减速、停车并能保证可靠地驻停。

2. 发动机前置后轮驱动,英文简称 FR;发动机布置在汽车前部,动力经过离合器、变速器、万向传动装置、后驱动桥,最后传到后驱动车轮,使汽车行驶。发动机前置前轮驱动,英文简称 FF;发动机布置在汽车前部,动力经过离合器、变速器、前驱动桥,最后传到前驱动车轮,这种布置形式在变速器与驱动桥之间省去了万向传动装置,使结构简单紧凑,整车质量小,高速时操纵稳定性好。发动机后置后轮驱动,英文简称 RR;发动机布置在汽车后部,动

力经过离合器、变速器、角传动装置、万向传动装置、后驱动桥,最后传到后驱动车轮,使汽车行驶。这种布置形式便于车身内部的布置,减小室内发动机的噪声,一般用于大型客车。发动机中置后轮驱动,英文简称 MR;将发动机布置于驾驶室后面的汽车的中部,后轮驱动,有利于实现前、后轴较为理想的轴荷分配,是赛车和部分大、中型客车采用的方案。四轮驱动发动机布置在汽车前部,动力经过离合器、变速器、分动器、万向传动装置分别到达前后驱动桥,最后传到前后驱动车轮,使汽车行驶。

五、看图填空

1. 1-传动系统;2-行驶系统;3-转向系统;4-制动系统
2. 1-发动机;2-离合器;3-变速器;4-万向节;5-传动轴;6-驱动桥
3. 1-前悬架;2-保险杠;3-车桥和车轮总成;4-车身;5-后悬架
4. 1-转向操纵机构;2-转向器;3-转向传动机构
5. 1-制动踏板;2-前轮盘式制动器;3-制动主缸;4-真空助力器;5-驻车制动杆;6-后轮鼓式制动器

单元2 传动系统

2.1 离合器

一、判断题

1. ×；2. √；3. √；4. ×；5. √；6. √；7. ×；8. √；9. ×；
10. √；11. √；12. ×；13. √；14. ×；15. √；16. √；17. √；18. ×；
19. √；20. √；21. ×；22. √；23. √；24. ×；25. √；26. √；27. √；
28. √；29. √；30. √；31. ×；32. ×；33. √；34. √；35. ×；36. ×；
37. √；38. √；39. √；40. ×；41. ×；42. ×；43. √；44. √；45. √

二、选择题

1. C；2. A；3. B；4. C；5. B；6. B；7. D；8. D；9. D；
10. A；11. D；12. C；13. B；14. D；15. D；16. A；17. A；18. C；
19. B；20. A；21. B；22. B；23. D；24. D；25. D；26. A；27. B；
28. B；29. A；30. B；31. C

三、填空题

1. 发动机、变速器；2. 平稳起步；3. 暂时切断、换挡平顺；4. 转矩、过载；5. 膜片；6. 摩擦；7. 主动部分、从动部分、压紧装置、操纵机构；8. 花键；9. 接合；10. 从动盘本体、摩擦片、从动盘毂、扭转减振器；11. 摩擦作用、从动轴；12. 半联动状态；13. 从动盘、压盘、从动盘；14. 压紧装置；15. 杠杆传动、钢索传动；16. 离合器踏板、主缸、工作缸、分离叉；17. 分离套筒、分离轴承、压盘；18. 半联动状态；19. 膜片弹簧(或分离杠杆)内端、分离轴承；20. 离合器踏板自由行程；21. 定位销；22. 传动片；23. 膜片弹簧；24. 弹性杠杆；25. 分离钩；26. 支点；27. 离合器踏板、机械式、液压式；28. 机械式操纵机构；29. 进油孔和回油孔、补偿孔、储液罐；30. 回油孔、补偿孔；31. 皮碗、推杆、放气螺塞；32. 略大于；33. 主缸活塞、压力油、工作缸、分离叉；34. 补偿孔；35. 钢丝支承环；36. 40000、24；37. MAX、MIN；38. 游标卡尺、0.3；39. 百分表、0.8

四、简答题

1. 离合器安装在发动机与变速器之间，其功用是：使发动机与传动系统逐渐接合，保证汽车平稳起步；暂时切断发动机的动力传动，保证变速器换挡平顺；限制所传递的转矩，防止传动系统过载。

2. 根据各元件的动力传递和作用不同，离合器可分为主动部分、从动部分、压紧装置和操纵机构。压紧装置(膜片弹簧)将从动盘压紧在飞轮端面上，发动机转矩靠飞轮与从动盘接触面之间的摩擦作用而传递到从动盘上，再经过从动轴等传给驱动车轮。

从动盘通过花键和变速器主动轴相连，可以前后运动。在压紧弹簧作用下，离合器处于接合状态。

当驾驶人踩下离合器踏板，分离套筒和分离轴承在分离叉的推动下，推动从动盘克服压紧弹簧的力而后移，使离合器处于分离状态，中断动力传递。

逐渐抬起离合器踏板,压盘在压紧弹簧的作用下前移逐渐压紧从动盘,此时从动盘与压盘、飞轮的接触面之间产生摩擦力矩并逐渐增大,动力由飞轮、压盘传给从动盘经输出轴输出。在这一过程中,从动盘及输出轴转速逐渐提高,直至与主动部分的转速相同,主、从动部分完全接合,接合过程结束,离合器处于接合状态。

在离合器的接合过程中,飞轮、压盘和从动盘之间接合还不紧密时,所能传递的摩擦力矩较小,其主、从动部分未达到同步,处于相对打滑的状态称为半联动状态。这种状态在汽车起动时是必要的。

3. 当离合器从动盘摩擦片磨损变薄后,为了保证离合器能处于接合状态,传递发动机转矩,则压盘必须向前移动。此时膜片弹簧(或分离杠杆)外端和压盘一起向前移,其内端向后移。如果膜片弹簧(或分离杠杆)与分离轴承之间没有间隙,则由于机械式操纵机构的干涉作用,压盘最终无法前移,即导致离合器不能接合,出现打滑现象。为此,在离合器膜片弹簧(或分离杠杆)内端与分离轴承之间预留一定的间隙,一般为几毫米,这个间隙称为离合器的自由间隙。

离合器分离过程中,为消除离合器自由间隙和分离机构、操纵机构零件的弹性变形所需要踩下的踏板行程称为离合器踏板自由行程。

4. 膜片弹簧式离合器以膜片弹簧取代螺旋弹簧及分离杠杆,使构造简单,并可免除调整分离杠杆高度的麻烦,且膜片弹簧弹性极佳,操作省力,故为目前使用最广的离合器。

离合器盖通过螺栓固定在飞轮上,为了保持正确的安装位置,离合器盖通过定位销进行定位。压盘与离合器盖之间通过周向均布的三组或四组传动片来传递转矩。传动片用弹簧钢片制成,每组两片,一端用铆钉铆在离合器盖上,另一端用螺钉连接在压盘上。

从动盘主要由从动盘本体、摩擦片和从动盘毂等组成。为消除传动系统的扭转振动,从动盘一般都带有扭转减振器。

膜片弹簧的径向开有若干切槽,形成弹性杠杆。切槽末端有圆孔,固定铆钉穿过圆孔,并固定在离合器盖上。膜片弹簧两侧装有钢丝支承环,这两个钢丝支承环是膜片弹簧工作时的支点。膜片弹簧的外缘通过分离钩与压盘联系起来。

5. 离合器的操纵机构起始于离合器踏板,终止于分离杠杆,可分为机械式和液压式。

机械式操纵机构有杠杆传动和钢索传动两种。

钢索传动操纵机构中,由于钢索是挠性件,因此对其他装置的布置没有大的影响,安装方便,成本低,维护容易,使用较多。

液压式操纵机构由离合器踏板、离合器主缸、离合器工作缸(或称离合器分泵)、分离叉等组成。

6. 离合器主缸壳体上的回油孔、补偿孔通过进油软管与储液罐相通。主缸内装有活塞,活塞两端装有皮碗,左端中部装有止回阀,经小孔与活塞右方主缸内腔的油室相通。当离合器踏板处于完全放松位置时,活塞左端皮碗位于回油孔与补偿孔之间,两孔均与储液罐相通。

离合器工作缸内装有活塞、皮碗、推杆等,壳体上还设有放气螺塞。当管路内有空气存在而导致离合器不能分离时,需要拧出放气螺塞进行放气。工作缸活塞直径略大于主缸活塞直径,故液压系统具有增力作用,以使操纵轻便。

(1) 分离过程。当离合器踏板踩下时,离合器主缸推杆推动主缸活塞,离合器主缸产生油压,压力油经油管使工作缸的活塞推出,经推杆推动分离叉,推移分离轴承等使离合器分离。

(2) 接合过程。离合器踏板放松时,踏板回位弹簧将踏板拉回,离合器主缸油压消失,各机件复原,离合器接合。

(3) 补偿过程。当管路系统渗入空气时,可利用补偿孔来排除渗入的空气。补偿过程如下:当踩下离合器踏板难以使离合器分离时,可迅速放松踏板,在踏板复位弹簧的作用下,主缸活塞快速右移。储液罐中的油液从补偿孔经主缸活塞上的止回阀流入活塞左面。再迅速踩下踏板,工作缸活塞前移,以弥补因从动盘磨损或系统渗入少量空气后引起的在相同踏板位置工作缸活塞移动量的不足,从而保证离合器的正常工作。

7. 维修卡罗拉乘用车离合器时,作业准备工作如下:

(1) 汽车进入工位前,将工位清理干净,准备好相关的器材。

(2) 将汽车停驻在举升机中央位置。

(3) 拉紧驻车制动操纵杆,并将换挡杆置于空挡位置。

(4) 套上转向盘护套、换挡杆手柄套和座椅套,铺设脚垫。

(5) 在车内拉动发动机罩手柄,在车外打开并支撑发动机罩。

(6) 粘贴翼子板和前脸磁力护裙。

8. 卡罗拉乘用车离合器踏板的检查与调整方法如下:

1) 检查并调整离合器踏板高度

(1) 翻起地毯。

(2) 检查并确认离合器踏板高度正确。离合器踏板高度(离合器踏板到地板的高度)为143.6~153.6mm。

(3) 松开锁紧螺母并转动限位螺栓直至获得正确高度。

(4) 拧紧锁紧螺母,力矩为16N·m。

2) 检查离合器踏板自由行程和推杆行程

(1) 检查并确认离合器踏板自由行程和推杆行程正确。

① 踩下离合器踏板直至开始感觉到离合器踏板的踩踏阻力。离合器踏板自由行程为5.0~15.0mm。

② 轻轻踩下离合器踏板直至踏板阻力开始增大。离合器踏板顶端处的推杆行程为1.0~5.0mm。

(2) 如有必要,调整离合器踏板自由行程和推杆行程。

① 松开锁紧螺母并转动推杆直至获得正确的离合器踏板自由行程和推杆行程。

② 拧紧锁紧螺母,力矩为12N·m。

③ 调整好离合器踏板自由行程后,检查离合器踏板高度。

3) 检查离合器分离点

(1) 拉紧驻车制动杆并安装车轮止动楔。

(2) 起动发动机并使其怠速运转。

(3) 未踩下离合器踏板时,缓慢移动换挡杆至倒挡直至齿轮接触。

(4) 逐渐踩下离合器踏板,并测量从齿轮噪声停止点(分离点)到离合器踏板行程终点

位置的行程距离。标准距离大于或等于25mm(从离合器踏板行程终点位置到分离点)。如果该距离不符合规定,则执行以下程序:

①检查离合器踏板高度。
②检查推杆行程和离合器踏板自由行程。
③对离合器管路进行放气。
④检查离合器盖和离合器从动盘。

9. 卡罗拉乘用车离合器油液类型为 SAE J1703 或 FMVSS No.116 号 DOT 3;离合器油液(制动液)更换周期为每40000km或24个月更换一次。

如果离合器油接触到任何涂漆表面,请立即进行清洗。如果要对离合器系统进行任何操作或怀疑离合器管路内有空气进入,则对离合器液压系统进行放气。

(1)对制动液储液罐进行加注。
(2)对离合器管路进行放气。
①拆下放气螺塞盖。
②将塑料管连接至放气螺塞。
③踩下离合器踏板数次,并在踩下离合器踏板时松开放气螺塞。
④离合器油液不再外流时,拧紧放气螺塞,然后松开离合器踏板。
⑤重复前两步操作,直至离合器油液中的空气全部放出。
⑥拧紧放气螺塞,力矩为 8.3N·m。
⑦安装放气螺塞盖。
⑧检查并确认离合器管路中的空气已全部放出。
(3)检查储液罐中的制动液液位。储液罐中的制动液液位应保持在"MAX"与"MIN"两个标记之间。

10. 检查卡罗拉乘用车离合器分离轴承、压盘和从动盘的方法如下:
(1)检查离合器从动盘总成。
①用游标卡尺测量铆钉深度。最小铆钉深度为0.3mm。如有必要,更换离合器从动盘总成。
②将离合器从动盘总成安装至传动桥总成。注意:按正确方向插入离合器从动盘总成。
③用百分表测量离合器从动盘总成的径向圆跳动量。最大径向圆跳动量为0.8mm。如有必要,更换离合器从动盘总成。
(2)检查离合器盖总成。用游标卡尺测量膜片弹簧磨损的深度和宽度。最大磨损深度为0.5mm;最大磨损宽度为6.0mm。如有必要,更换离合器盖总成。
(3)检查飞轮分总成。用百分表测量飞轮分总成的径向圆跳动量。最大径向圆跳动量为0.1mm。如有必要,更换飞轮分总成。
(4)检查离合器分离轴承总成。
①在轴向施力时,旋转离合器分离轴承总成的滑动部件(与离合器盖的接触面),检查并确认离合器分离轴承总成移动平稳且无异常阻力。
②检查离合器分离轴承总成是否损坏或磨损。如有必要,更换分离轴承总成。

五、看图填空

1. 1-离合器踏板;2-离合器主缸;3-飞轮;4-从动盘;5-离合器盖;6-分离轴承;7-分离叉

2. 1-分离叉;2-分离轴承;3-离合器主缸;4-飞轮;5-从动盘;6-压盘;7-离合器工作缸

3. 1-自由行程;2-分离轴承;3-膜片弹簧;4-分离钩;5-压盘;6-飞轮;7-从动盘

4. 1-分离叉;2-分离套筒;3-分离轴承;4-膜片弹簧;5-离合器盖;6-压盘;7-从动盘

5. 1-传动片;2-支承环;3-离合器盖;4-膜片弹簧;5-离合器压盘;6-从动盘

6. 1-摩擦片;2-从动盘本体;3-从动盘毂;4-减振器弹簧;5-铆钉

7. 1-离合器踏板;2-复位弹簧;3-分离叉;4-分离轴承;5-离合器盖;6-拉索

8. 1-离合器踏板;2-推杆;3-离合器主缸;4-离合器盖;5-膜片弹簧;6-离合器工作缸;7-储液罐

9. 1-复位弹簧;2-止回阀弹簧;3-阀芯;4-止回阀;5-推杆;6-防尘罩;7-补偿孔;8-进、回油孔

10. 1-活塞;2-皮碗;3-推杆;4-防尘罩;5-弹簧(消除间隙用);6-壳体;7-放气孔;8-进、回油孔

2.2 手动变速器

一、判断题

1. ×; 2. √; 3. ×; 4. ×; 5. √; 6. √; 7. ×; 8. √; 9. √;
10. √; 11. √; 12. √; 13. √; 14. √; 15. √; 16. √; 17. √; 18. √;
19. √; 20. √; 21. ×; 22. ×; 23. √; 24. √; 25. √; 26. ×; 27. √;
28. ×; 29. √; 30. ×; 31. √; 32. ×; 33. √; 34. √; 35. √; 36. √;
37. √; 38. ×; 39. ×; 40. √; 41. ×; 42. ×; 43. ×; 44. √; 45. √;
46. ×; 47. ×; 48. ×; 49. √; 50. ×; 51. √; 52. √; 53. √; 54. √;
55. √; 56. √; 57. ×

二、选择题

1. A; 2. A; 3. A; 4. A; 5. C; 6. A; 7. A; 8. B; 9. B;
10. B; 11. C; 12. C; 13. B; 14. B; 15. A; 16. B; 17. B; 18. A;
19. A; 20. A; 21. B; 22. B; 23. B; 24. D; 25. A; 26. D; 27. C;
28. A; 29. A; 30. C; 31. C

三、填空题

1. 有级式、无级式、综合式;2. 转矩和转速、前进和倒车、切断;3. 变速传动、操纵;4. 倒挡、倒车;5. 空挡、发动机、传动系;6. 手动变速器、自动变速器、手动自动一体变速器;7. 变速、变矩;8. 传动比、变化范围、牵引力、行驶速度、功率较高、油耗较低;9. 倒挡;10. 变速器换挡、汽车滑行、暂时停车、空挡;11. 变速、反比;12. 转速;13. 降低、大于、升高、小于;14. 直接操纵式、远离操纵式距、远距离操纵式;15. 前置前轮驱动、远距离;16. 实现变速、变矩、实现倒挡、实现中断转矩;17. 前轮、变速驱动桥;18. 自锁、互锁、倒挡锁;19. 自动脱挡或挂挡、同时挂两挡、误挂倒挡;20. 变速、变矩、中断动力传递;21. 大于1、小于1;22. 锥齿轮、圆柱齿轮;23. 同步、换挡时间、换挡冲击;24. 内花键、垫圈、卡环、轴向槽;25. 锁环、同步环、内锥面、外锥面、接合之前;26. 纵向、横向;27. 锁式、锁销式;28. 5、1;29. 向左、向前、输入轴一挡齿轮、输出轴一挡齿轮、输出轴上一、二挡同步器;30. 向左、向后、输入轴二挡齿轮、输出轴二挡

齿轮、输出轴上一、二挡同步器;31.向前、输入轴三、四挡同步器、输入轴三挡齿轮、输出轴三挡齿轮;32.向后、输入轴三、四挡同步器、输入轴四挡齿轮、输出轴四挡齿轮;33.向右、向前、输入轴五挡同步器、输入轴五挡齿轮、输出轴五挡齿轮;34.向右、向后、输入轴倒挡齿轮、倒挡轴倒挡齿轮、输出轴倒挡齿轮;35.10000、6

四、简答题

1. 变速器按传动比的级数的不同,可分为有级式、无级式和综合式三种;按操纵方式的不同,可分为手动变速器、自动变速器和手动自动一体变速器三种。

变速器的功用如下:

(1)实现变速、变矩。改变传动比,扩大驱动轮转速和转矩的变化范围,以适应汽车不同工况下所需的牵引力和合适的行驶速度,并使发动机尽量在功率较高而油耗较低的有利工况下工作。变速器中是通过不同的挡位来实现这一功用。

(2)实现倒车。发动机的旋转方向从前往后看为顺时针方向,且不能改变,为了实现汽车的倒向行驶,变速器中设置了倒挡。

(3)实现中断动力传动。在发动机起动和怠速运转、变速器换挡、汽车滑行和暂时停车等情况下,都需要中断发动机的动力传递,因此变速器中设有空挡。

2. 齿轮传动的基本原理是:一对齿数不同的齿轮啮合传动时可以实现变速,而且两齿轮的转速比与其齿数成反比。主动齿轮(即输入轴)转速与从动齿轮(即输出轴)转速之比值称为传动比。

当小齿轮为主动齿轮,带动大齿轮转动时,输出转速降低,为减速传动,此时传动比大于1;当大齿轮驱动小齿轮时,输出转速升高,为增速传动,此时传动比小于1。

3. 桑塔纳2000乘用车手动变速器各挡动力传递路线如下:

(1)桑塔纳2000乘用车变速器一挡动力传递路线。变速器换挡杆从空挡向左、向前移动,实现:动力→输入轴→输入轴一挡齿轮→输出轴一挡齿轮→输出轴上一、二挡同步器→输出轴→动力输出。

(2)桑塔纳2000乘用车变速器二挡动力传递路线。变速器换挡杆从空挡向左、向后移动,实现:动力→输入轴→输入轴二挡齿轮→输出轴二挡齿轮→输出轴上一、二挡同步器→输出轴→动力输出。

(3)桑塔纳2000乘用车变速器三挡动力传递路线。变速器换挡杆从空挡向前移动,实现:动力→输入轴→输入轴三、四挡同步器→输入轴三挡齿轮→输出轴三挡齿轮→输出轴→动力输出。

(4)桑塔纳2000乘用车变速器四挡动力传递路线。变速器换挡杆从空挡向后移动,实现:动力→输入轴→输入轴三、四挡同步器→输入轴四挡齿轮→输出轴四挡齿轮→输出轴→动力输出。

(5)桑塔纳2000乘用车变速器五挡动力传递路线。变速器换挡杆从空挡向右、向前移动,实现:动力→输入轴→输入轴五挡同步器→输入轴五挡齿轮→输出轴五挡齿轮→输出轴→动力输出。

(6)桑塔纳2000乘用车变速器倒挡动力传递路线。变速器换挡杆从空挡向右、向后移动,实现:动力→输入轴→输出轴倒挡齿轮→倒挡轴倒挡齿轮→输出轴倒挡齿轮→输出轴→

动力反向输出。

4. 同步器的功用是使接合套与待啮合的齿圈迅速同步,缩短换挡时间;且防止在同步前啮合而产生换挡冲击。

目前所采用的同步器几乎都是摩擦式惯性同步器,按锁止装置不同,可分为锁环式惯性同步器和锁销式惯性同步器。

5. 锁环式同步器的花键毂用内花键套装在二轴外花键上,用垫圈、卡环轴向定位。三个滑块分别装在花键毂上三个均布的轴向槽内,沿槽可以轴向移动。花键毂两端与齿轮之间各有一个青铜制成的锁环(即同步环)。锁环有内锥面,与接合齿圈外锥面相配合,组成锥面摩擦副。通过这对锥面摩擦副的摩擦,可使转速不等的两齿轮在接合之前迅速达到同步。

6. 变速器操纵机构按照变速操纵杆(变速杆)位置的不同,可分为直接操纵式和远距离操纵式两种类型。

直接操纵式的变速器布置在驾驶人座椅附近,变速杆由驾驶室底板伸出,驾驶人可以直接操纵,多用于发动机前置后轮驱动的车辆,解放 CA1091 中型货车六挡变速器操纵机构就采用这种形式。

在有些汽车上,由于变速器离驾驶人座椅较远,则需要在变速杆与拨叉之间加装一些辅助杠杆或一套传动机构,构成远距离操纵机构。这种操纵机构多用于发动机前置前轮驱动的乘用车,如别克凯越乘用车的五挡手动变速器,由于其变速器安装在前驱动桥处,远离驾驶人座椅,需要采用这种操纵方式。

7. 为了保证变速器在任何情况下都能准确、安全、可靠地工作,变速器操纵机构一般都具有换挡锁装置,包括自锁装置、互锁装置和倒挡锁装置。自锁装置用于防止变速器自动脱挡或挂挡,并保证轮齿以全齿宽啮合;互锁装置用于防止同时挂上两个挡位;倒挡锁装置用于防止误挂倒挡。

(1) 自锁装置。换挡拨叉轴上方有 3 个凹坑,上面有被弹簧压紧的钢珠,当拨叉轴位置处于空挡或某一挡位置时,钢珠压在凹坑中内,起到了自锁作用。

(2) 互锁装置。当中间拨叉轴移动挂挡时,另外两个拨叉轴被钢球锁住,防止同时挂上两个挡而使变速器卡死或损坏,起到了互锁作用。

(3) 倒挡锁装置。当换挡杆下端向倒挡拨叉轴移动时,必须压缩弹簧才能进入倒挡拨叉轴上的拨块槽中。这样防止了在汽车前进时因误挂倒挡而导致零件损坏,起到了倒挡锁的作用。当倒挡拨叉轴移动挂挡时,另外两个拨叉轴被钢球锁住。

8. 手动变速器油的检查与更换方法如下:

(1) 排放程序。

注意:当变速器处于工作温度时,变速器油很烫,将变速器油从变速器中排出时必须小心以免造成人身伤害;在排气隔热罩周围作业时要小心,隔热罩可能有锐边,如果不小心接触,会导致人员受伤,务必在隔热罩上暂时安装护盖以降低受伤的风险;拆卸任何螺塞时一定要小心,清洁此螺塞的周围区域。

① 举升并支承车辆。

② 拆下 11 个离合器和差速器壳体盖螺栓,拆下离合器和差速器壳体盖。

③ 将变速器油排入合适的容器。

④让变速器油排放10min。
⑤拆下并报废离合器和差速器壳体盖衬垫。
⑥检查收集的变速器油中是否有燃烧的油残留物、金属碎屑和其他异物。如果发现以上情况,则查找原因。
⑦安装离合器和差速器壳体盖衬垫,安装离合器和差速器壳体盖,安装离合器和差速器壳体盖螺栓并紧固至30N·m。

(2)加注和检查程序。
①使车辆传动系统及其排气系统冷却。
②拆下并报废变速器检查螺塞。
③降下车辆。
④拆下变速器油加注口盖和加油螺塞,加注变速器油,直至变速器油从检查螺塞孔中溢出。
⑤安装变速器加油螺塞和加注口盖,并紧固至35N·m。
⑥举升车辆。
⑦安装新的变速器油检查螺塞并紧固至6N·m。使用EN-45059角度测量仪,最后紧固变速器油检查螺塞一圈以增加45°~180°。
⑧降下车辆。

五、看图填空

1.1-锁环;2-接合套;3-定位滑块;4-花键毂;5-锁环
2.1-换挡杆;2-换挡杆支座;3-换挡前拉杆;4-换挡导向杆;5-换挡控制杆;6-换挡后拉杆;7-换挡连杆
3.1-四挡齿轮;2-三挡齿轮;3-二挡齿轮;4-倒挡齿轮;5-一挡齿轮;6-五挡齿轮;7-五挡同步器;8-倒挡中间齿轮;9-一、二挡同步器;10-三、四挡同步器;11-输出轴;12-输入轴
4.1-弹簧;2-自锁钢球;3-壳体;4-拨叉轴
5.1-倒、5挡拨叉轴;2-3、4挡拨叉轴;3-倒挡锁装置;4-1、2挡拨叉轴;5-互锁销;6-互锁钢球

2.3 自动变速器

一、判断题

1. ×; 2. √; 3. √; 4. √; 5. ×; 6. √; 7. ×; 8. √; 9. ×;
10. √; 11. ×; 12. √; 13. ×; 14. √; 15. √; 16. ×; 17. ×; 18. ×;
19. ×; 20. √; 21. √; 22. √; 23. √; 24. ×; 25. √; 26. √; 27. √;
28. √; 29. √; 30. √; 31. √; 32. √; 33. ×; 34. √; 35. ×; 36. √;
37. √; 38. ×; 39. √; 40. √; 41. √; 42. ×; 43. √; 44. √; 45. √;
46. √; 47. √; 48. ×; 49. ×; 50. √; 51. ×; 52. √; 53. √; 54. √;
55. √; 56. √; 57. √; 58. √; 59. √; 60. √; 61. ×; 62. √; 63. ×;
64. √; 65. √; 66. √; 67. √; 68. √; 69. √; 70. ×; 71. √; 72. √;
73. √; 74. ×; 75. ×; 76. √; 77. √; 78. ×; 79. √; 80. √; 81. √;

82. ×； 83. √； 84. ×； 85. √； 86. √； 87. √； 88. ×； 89. √； 90. ×；
91. √； 92. ×； 93. ×； 94. √； 95. √； 96. √； 97. √； 98. √； 99. √；
100. ×； 101. √； 102. ×； 103. √； 104. √； 105. √； 106. √； 107. √； 108. ×；
109. √； 110. ×

二、选择题

1. B； 2. B； 3. B； 4. C； 5. A； 6. B； 7. C； 8. D； 9. A；
10. B； 11. C； 12. D； 13. A； 14. B； 15. C； 16. D； 17. A； 18. D；
19. A； 20. B； 21. A； 22. C； 23. A； 24. B； 25. C； 26. A； 27. A；
28. B； 29. B； 30. D； 31. C； 32. A； 33. A； 34. B； 35. A； 36. B；
37. D； 38. A； 39. B； 40. A； 41. D； 42. C； 43. B； 44. A； 45. A；
46. C； 47. B； 48. A； 49. B； 50. A； 51. D； 52. D； 53. A； 54. B；
55. D； 56. B； 57. A； 58. B； 59. B； 60. C； 61. A； 62. B； 63. D；
64. A

三、填空题

1. 离合器、变速器、AT；2. 电子控制单元、EAT、ECAT、ECT；3. 电控液力自动变速器、无级自动变速器、机械式自动变速器；4. 自动变速器、自动变速驱动桥；5. 四挡、五挡、六挡；6. 驻车挡、N位、倒挡、D位、中速发动机制动挡、低速发动机制动挡；7. 驻车挡、输出轴；8. 倒挡、倒向行驶；9. 空挡、空转；10. 前进挡、节气门开度、车速、换挡执行元件、自动变速；11. 高速发动机制动挡、三个挡位、四个挡位、发动机制动；12. 中速发动机制动挡、两个挡位、更高的、发动机制动；13. 低速发动机制动挡、高挡、发动机制动；14. N、P、空挡起动开关；15. 转向柱、驾驶室地板；16. 液力变矩器、齿轮变速机构、换挡执行元件、液压控制系统、电子控制系统；17. 飞轮、自动变速器油；18. ATF、输入轴、传动比、减速增矩；19. 自动离合器、动力挡（D或R位）；20. 传动比、挡位；21. 行星齿轮变速机构、平行轴齿轮变速机构；22. 离合器、制动器、单向离合器；23. 油泵、离合器油缸、制动器油缸；24. 离合器、制动器、自动换挡；25. 电子控制单元、各类传感器及开关、执行器；26. 传感器、控制开关、执行器、执行器、液压系统；27. 发动机、自动变速器齿轮变速机构、自动变速器油（ATF）；28. 无级变速、自动离合、驱动油泵等；29. ATF、齿轮变速机构；30. 转速、转矩；31. ATF、分离、接合；32. 液力变矩器壳体；33. 柔和、过载；34. 泵轮、涡轮、导轮、四元件液力变矩器；35. ATF、飞轮；36. 后部、壳体、前、齿轮变速机构；37. 泵轮、涡轮、单向离合器；38. 泵轮、泵轮、涡轮；39. 泵轮、涡轮、导轮、泵轮；40. 单向锁止、顺、逆；41. 锁止、转动；42. 导通、空转、转矩；43. 滚柱式、楔块式；44. 内座圈、外座圈、楔块、保持架；45. 均匀的、大于；46. 固定、顺时针、旋转、逆时针、旋转；47. TCC、泵轮、涡轮；48. 分离、变矩、前端、分离；49. 后端、变矩器壳体、锁止离合器、涡轮轮毂、齿轮变速机构、泵轮、涡轮；50. 行星齿轮变速机构、平行轴齿轮变速机构；51. 接合、分离、制动、放松；52. 太阳轮（或称为中心轮）、行星架、齿圈；53. 太阳轮转速、齿圈转速、行星架转速、齿圈齿数与太阳轮齿数之比；54. 外啮合、内啮合；55. 1+1/α、减速、降速；56. α/(1+α)、增速、超速；57. 1+α、减速、降速；58. 1/(1+α)、增速、超速；59. -α、相反、倒；60. 等速同向、1、直接；61. 不确定的、空；62. 离合器、制动器、单向离合器；63. 离合器、制动器、单向离合器；64. 离合器鼓、花键毂、活塞、主动摩擦片、从动钢片、复位弹簧；65. 片式、带式；66. 制动带、控制油缸；67. 自动变速器壳体、活塞杆;68. 左腔进油道、复位弹簧;69. 动力源、执行机构、控制机构;70. 油泵;71. 离合器油缸、制动器油缸、接合和分离、制动和松开;72. 主调压阀、手动阀、换挡阀;73. 液力变矩器、液压控制系统、换挡执行元件;74. 液力变矩器、行星齿轮变速机构、液力变矩器壳体;75. 齿轮泵、转子泵、叶片泵;76. 主动齿轮、从动齿轮、月牙板、壳体;77. 油泵、主油路;78. 降低、升高;79. 要高、降低;80. 提高;81. 主调压阀、液力变矩器油压;82. 换挡杆、转换;83. 换挡电磁阀、加压控制、泄压控制;84. 脉冲式、脉冲电信号占空比、油压、开度;85. 0、分离;86. 较小、半接合;87. 越大、接合;88. 传感器及开关、电子控制单元(ECU)、执行器;89. 节气门位置传感器、车速传感器、冷却液温度传感器、ATF 温度传感器、空挡起动开关、制动灯开关;90. 电磁阀、故障指示灯;91. 换挡控制、锁止离合器控制、油压控制、故障诊断、失效保护;92. 节气门体、发动机负荷、换挡、调节主油压;93. 线性输出型节气门位置传感器、可变电阻式传感器、滑动变阻器、搭铁端子、怠速端子、节气门开度信号端子、ECU 供电端子、5V;94. 输出轴、换挡、锁止;95. 电磁式、舌簧开关式、光电式;96. 永久磁铁、电磁感应线圈、转子、输出轴、变速器壳体;97. 负温度系数、升高、下降;98. 超速挡、锁止离合器;99. 挡位、P 或 N 位;100. 制动踏板支架、取消;101. 换挡电磁阀、锁止离合器电磁阀、油压电磁阀;102. 开关式电磁阀、占空比式电磁阀;103. 开关式、占空比式、开关式、占空比式;104. 换挡阀、锁止离合器;105. 电磁线圈、衔铁、复位弹簧、阀芯;106. 线性脉冲式电磁阀、电磁线圈、滑阀、弹簧;107. 太阳轮;108. 前太阳轮、后太阳轮、前行星架和后齿圈组件、前齿圈和后行星架组件;109. 输入轴、前排太阳轮;110. 输入轴、后排行星架;111. 输入轴、后太阳轮;112. 后排太阳轮;113. F_1 的外圈;114. 后行星架/前齿圈组件;115. B_2、逆时针;116. 后行星架/前齿圈组件;117. 齿圈、行星架;118. 长行星齿轮、齿圈、短行星齿轮、大太阳轮;119. 短行星齿轮、小太阳轮、长行星齿轮;120. 拉威娜行星齿轮变速机构、离合器、制动器、单向离合器;121. 1、3、齿圈;122. 长行星齿轮、小太阳轮、大太阳轮、短行星齿轮、齿圈、齿圈;123. 小太阳轮、大太阳轮、行星架、行星架、大太阳轮、行星架;124. 锁止离合器、泵轮、涡轮;125. P 位置、L 位置、P 位置;126. 50~80℃;127. 车轮或车轮挡块;128. 5s;129. ON(IG)、N、P、点亮、倒挡警告蜂鸣器、导通性

四、简答题

1. 所谓自动变速器是指汽车驾驶中离合器的操纵和变速器的操纵都实现了自动化,简称 AT(Automatic Transmission)。目前自动变速器的自动换挡等过程都是由自动变速器的电子控制单元(英文缩写为 ECU,俗称电脑)控制的,因此自动变速器又可简称 EAT、ECAT、ECT 等。

自动变速器按结构、控制方式的不同,可以分为电控液力自动变速器、无级自动变速器(简称 CVT,Continuously Variable Transmission)和机械式自动变速器(简称 AMT,Automated Mechanical Transmission)。

按车辆驱动方式的不同,可以分为自动变速器(Automatic Transmission)和自动变速驱动桥(Automatic Transaxle)。

按照自动变速器换挡杆置于前进挡时的挡位数的不同,可以分为四挡、五挡、六挡等。

2. 自动变速器的换挡杆通常有 6 或 7 个位置,其功能如下:

(1)P 位:驻车挡。换挡杆置于此位置时,驻车锁止机构将自动变速器输出轴锁止。

(2) R 位:倒挡。换挡杆置于此位置时,液压系统倒挡油路被接通,驱动轮反转,实现倒向行驶。

(3) N 位:空挡。换挡杆置于此位置时,所有齿轮变速机构的齿轮空转,不能输出动力。

(4) D_4(或 D)位:前进挡。换挡杆置于此位置时,液压系统控制装置根据节气门开度信号和车速信号自动接通相应的前进挡油路,齿轮变速机构在换挡执行元件的控制下得到相应的传动比。随着行驶条件的变化,在前进挡中自动升降挡,实现自动变速功能。

(5) D_3(或 3)位:高速发动机制动挡。换挡杆位于此位置时,液压制动系统只能接通前进挡中的一、二、三挡油路,自动变速器只能在这三个挡位间自动换挡,无法升入四挡位,从而使汽车获得发动机制动效果。

(6) 2(或 S)位:中速发动机制动挡。换挡杆置于此位置时,液压控制系统只能接通前进挡中的一、二挡油路,自动变速器只能在这两个挡位间自动换挡,无法升入更高的挡位,从而使汽车获得发动机制动效果。

(7) 1 位(或 L 位):低速发动机制动挡。换挡杆置于此位置时,汽车被锁定在前进挡的一挡,只能在该挡位行驶而无法升入高挡,发动机制动效果更强。

发动机只有在换挡杆置于 N 或 P 位时才能起动,此功能靠空挡起动开关来实现。

3. 自动变速器主要由液力变矩器、齿轮变速机构、换挡执行元件、液压控制系统、电子控制系统等组成。

(1) 液力变矩器。液力变矩器位于自动变速器的最前端,安装在发动机的飞轮上,它是一个通过自动变速器油(ATF)传递动力的装置,可以实现动力的柔和传递。

液力变矩器的主要作用是利用 ATF 循环流动将发动机的动力传递给自动变速器齿轮变速机构的输入轴,并能根据汽车行驶阻力的变化,在一定范围内自动改变传动比,具有一定的减速增矩功能。液力变矩器还具有自动离合器的功用,在发动机不熄火、自动变速器位于动力挡(D 或 R 位)的情况下,汽车可以处于停车状态。

(2) 齿轮变速机构。齿轮变速机构可形成不同的传动比,组合成电控液力自动变速器不同的挡位。目前绝大多数电控液力自动变速器采用行星齿轮变速机构进行变速,有的车型采用平行轴齿轮变速机构(如本田车系)进行变速。

(3) 换挡执行元件。电控液力自动变速器换挡执行元件主要包括离合器、制动器和单向离合器。

(4) 液压控制系统。液压控制系统是由油泵、各种控制阀及与之相连通的液压换挡执行元件,如离合器油缸、制动器油缸等组成液压控制回路。汽车行驶中根据驾驶人的要求和行驶条件的需要,控制离合器和制动器的工作状况的改变来实现齿轮变速机构的自动换挡。

(5) 电子控制系统。电子控制系统主要包括电子控制单元、各类传感器及开关、执行器等。电子控制系统中的传感器及各种控制开关将发动机工况、车速等信号传递给电子控制单元(ECU),经 ECU 处理后发出控制指令给执行器,执行器和液压系统按一定规律控制换挡执行元件工作,实现自动变速器自动换挡。

4. 电控液力自动变速器是通过各种传感器,将发动机的转速、节气门开度、车速、发动机冷却液温度、自动变速器 ATF 油温等参数信号输入电控单元(ECU),ECU 根据这些信号,按照设定的换挡规律,向换挡电磁阀、油压电磁阀等发出动作控制信号,换挡电磁阀和油压电磁阀再将 ECU 的动作控制信号转变为液压控制信号,阀板中的各控制阀根据这些液压控制信号,控制换挡执行元件的动作,从而实现自动换挡过程。

5. 液力变矩器位于发动机和自动变速器齿轮变速机构之间,以自动变速器油(ATF)为工作介质,主要完成以下功用:

(1)传递转矩。发动机的转矩通过液力变矩器的主动元件,再通过 ATF 传给液力变矩器的从动元件,最后传给自动变速器齿轮变速机构。

(2)无级变速。根据工况的不同,液力变矩器可以在一定范围内实现转速和转矩的无级变化。

(3)自动离合。液力变矩器由于采用 ATF 传递动力,当踩下制动踏板时,发动机也不会熄火,此时相当于离合器分离;当抬起制动踏板时,汽车可以起步,此时相当于离合器接合。

(4)驱动油泵。ATF 在工作的时候需要油泵提供一定的压力,而油泵一般是由液力变矩器壳体驱动的。

同时由于采用 ATF 传递动力,液力变矩器的动力传递柔和,且能防止传动系统过载。

6. 液力变矩器通常由泵轮、涡轮和导轮三个元件组成,称为三元件液力变矩器。也有的采用两个导轮,则称为四元件液力变矩器。

液力变矩器总成封在一个钢制壳体(液力变矩器壳体)中,内部充满 ATF。液力变矩器壳体通过螺栓与发动机曲轴后端的飞轮连接,与发动机曲轴一起旋转。泵轮位于液力变矩器的后部,与液力变矩器壳体连在一起。涡轮位于泵轮前,通过带花键的从动轴向后面的自动变速器齿轮变速机构输出动力。泵轮、涡轮和导轮上都带有叶片。导轮位于泵轮与涡轮之间,通过单向离合器支承在固定套管上,使得导轮只能单向旋转(顺时针旋转)。液力变矩器装配好后形成环形内腔,其间充满自动变速器油。

7. 液力变矩器的工作原理可以通过一对风扇的工作来描述。将风扇 A 通电,将气流吹动起来,并使未通电的电扇 B 也转动起来,此时动力由电扇 A 传递到电扇 B。为了实现转矩的放大,在两台电扇的背面加上一条空气通道,使穿过风扇 B 的气流通过空气通道的导向,从电扇 A 的背面流回,这会加强电扇 A 吹动的气流,使吹向电扇 B 的转矩增加。即电扇 A 相当于泵轮,电扇 B 相当于涡轮,空气通道相当于导轮,空气相当于 ATF。

液力变矩器工作时,发动机带动壳体旋转,壳体带动泵轮旋转,泵轮的叶片将 ATF 带动起来,并冲击到涡轮的叶片;如果作用在涡轮叶片上冲击力大于作用在涡轮上阻力,涡轮将开始转动,并使自动变速器齿轮变速机构的输入轴一起转动。由涡轮叶片流出的 ATF 经过导轮后再流回到泵轮。

8. 单向离合器功用是实现导轮的单向锁止,即导轮只能顺时针转动而不能逆时针转动,当涡轮与泵轮转速差较大时,单向离合器处于锁止状态,导轮不能转动。当涡轮转速升高到一定程度后,单向离合器导通,即导轮空转,使得液力变矩器不能改变输出转矩,在高速区实现耦合传动。常见的单向离合器有滚柱式及楔块式两种。

楔块式单向离合器由内座圈、外座圈、楔块、保持架等组成,内外座圈组成的滚道宽度是均匀的,采用不均匀形状的楔块,楔块的大端长度大于滚道宽度。内座圈固定,当外座圈顺时针旋转时,楔块顺时针旋转,$L_1 < L$,外座圈可相对楔块和内座圈旋转;反之,当外座圈逆时

针旋转时,楔块逆时针旋转,$L_2 > L$,楔块阻止外座圈旋转。

9. 锁止离合器简称 TCC(Torque Converter Clutch),可以将泵轮和涡轮直接连接起来,即将发动机与自动变速器齿轮变速机构直接连接起来,这样减少液力变矩器在高速比时的能量损耗,提高了传动效率,提高汽车在正常行驶时的燃油经济性,并防止 ATF 过热。

当车辆起步、低速或在坏路面上行驶时,应将锁止离合器分离,使液力变矩器具有变矩作用。此时油液流至锁止离合器的前端,锁止离合器片前端与后端的压力相同,使锁止离合器分离。当车辆以中速至高速行驶时,油液流至锁止离合器的后端,使锁止离合器片与前盖一起转动。此时发动机的动力经液力变矩器壳体、锁止离合器、涡轮轮毂传给后面的自动变速器齿轮变速机构,相当于将泵轮和涡轮刚性连在一起,传动效率为100%。

10. 自动变速器的齿轮变速机构主要有行星齿轮变速机构和平行轴齿轮变速机构。齿轮变速机构与液力变矩器配合使用,执行机构根据自动变速器控制系统的命令来接合或分离、制动或放松齿轮变速机构的某个元件,通过改变动力传递路线得到不同的传动比。

11. 单排行星齿轮变速机构主要由一个太阳轮(又称中心轮)、一个带有若干个行星齿轮的行星架和一个齿圈组成。

根据能量守恒定律,由作用在单排行星齿轮变速机构各元件上的力矩和结构参数,可以得出表示单排行星齿轮变速机构运动规律的特性方程式为:

$$n_1 + \alpha n_2 - (1+\alpha)n_3 = 0$$

式中,n_1 为太阳轮转速;n_2 为齿圈转速;n_3 为行星架转速;α 为齿圈齿数 z_2 与太阳轮齿数 z_1 之比,即 $\alpha = z_2/z_1$,且 $\alpha > 1$。

由于太阳轮与行星齿轮是外啮合,所以二者的旋转方向是相反的;而行星齿轮与齿圈是内啮合,则这二者的旋转方向是相同的。

如果将太阳轮、齿圈和行星架中某个元件作为主动(输入)部分,让另一个元件作为从动(输出)部分,则由于第三个元件不受任何约束和限制,所以从动部分的运动是不确定的。因此为了得到确定的运动,必须对太阳轮、齿圈和行星架三者中的某个元件的运动进行约束和限制。通过对不同的元件进行约束和限制,可以得到不同的动力传动方式,见答案表2-1。

单排行星齿轮变速机构组合与传动比关系   答案表2-1

序 号	主 动 件	从 动 件	固 定 件	传 动 比	备 注
1	太阳轮	行星架	齿圈	$1+\alpha$	降挡
2	行星架	太阳轮	齿圈	$1/(1+\alpha)$	升挡
3	齿圈	行星架	太阳轮	$1+1/\alpha$	降挡
4	行星架	齿圈	太阳轮	$\alpha/(1+\alpha)$	升挡
5	太阳轮	齿圈	行星架	$-\alpha$	倒挡
6	齿圈	太阳轮	行星架	$-1/\alpha$	倒挡
7	任意两个连成一体			1	直接挡
8	既无元件制动 又无任二元件连成一体			自由转动	不能传动、空挡

自动变速器中的行星齿轮变速机构一般是采用2~3排行星齿轮变速机构传动,其各挡传动比就是根据上述单排行星齿轮变速机构传动特点进行合理组合得到的。

12. 行星齿轮自动变速器的换挡执行元件包括离合器、制动器和单向离合器。离合器和制动器以液压方式控制行星齿轮变速机构元件的旋转,单向离合器是以机械方式对行星齿轮变速机构的元件进行锁止。单向离合器的结构、原理与导轮单向离合器相同。

13.离合器的功用是连接轴和行星齿轮变速机构中的元件或是连接行星齿轮变速机构中的不同元件。

离合器主要由离合器鼓、花键毂、活塞、主动摩擦片、从动钢片、复位弹簧等组成。

当一定压力的 ATF 经控制油道进入活塞左面的液压缸时,液压作用力便克服弹簧力使活塞右移,将所有离合器片压紧,即离合器接合,与离合器主、从动部分相连的元件也被连接在一起,以相同的速度旋转。

当控制阀将作用在离合器液压缸的油压撤除后,离合器活塞在复位弹簧的作用下恢复原位,并将缸内的 ATF 从进油孔排出,使离合器分离,离合器主从动部分可以不同转速旋转。

14.制动器的功用是固定行星齿轮变速机构中的元件,防止其转动。制动器有片式和带式两种形式。

(1)片式制动器。片式制动器与离合器的结构和原理相同,不同之处是离合器是起连接作用而传递动力,而片式制动器是通过连接而起制动作用。

(2)带式制动器。带式制动器由制动带和控制油缸等组成。制动带是内表面带有镀层的开口式环形钢带。制动带的一端支承在与自动变速器壳体固连的支座上,另一端与控制油缸的活塞杆相连。

制动时,压力油进入活塞右腔,克服左腔油压和复位弹簧的作用力推动活塞左移,制动带以固定支座为支点收紧。在制动力矩的作用下,制动鼓停止旋转,行星齿轮变速机构某元件被锁止。随着油压撤除,活塞逐渐回位,制动解除。若仅依靠弹簧张力,则活塞回位速度较慢,目前大多数制动器设置了左腔进油道。在右腔撤除油压的同时,左腔进油,活塞在油压和复位弹簧的共同作用下回位,可迅速解除制动。

15.液压控制系统的基本组成包括动力源、执行机构和控制机构三大部分。

(1)动力源。液压控制系统的动力源是油泵(又称液压泵),它是整个液压控制系统的工作基础。如各种阀体的动作、换挡执行元件的工作等都需要一定压力的 ATF。油泵的基本功用就是提供满足需求的 ATF 油量和油压。

(2)执行机构。执行机构主要由离合器油缸、制动器油缸等组成。其功用是在控制油压的作用下实现离合器的接合和分离、制动器的制动和松开动作,以便得到相应的挡位。

(3)控制机构。控制机构包括阀体和各种阀,包括主调压阀、手动阀、换挡阀等。此外,液压控制系统还包括一些辅助装置,如用于防止换挡冲击的蓄能器、止回阀等。

16.油泵的功用是产生一定压力和流量的 ATF,供给液力变矩器、液压控制系统和换挡执行元件。

油泵一般位于液力变矩器和行星齿轮变速机构之间,由液力变矩器壳体驱动。油泵的类型主要有齿轮泵、转子泵和叶片泵。

内啮合齿轮泵主要由主动齿轮、从动齿轮、月牙板、壳体等组成。

油泵在工作过程中,主动齿轮带动从动齿轮转动,在齿轮脱离啮合的一端(进油腔),容积不断变大,产生真空吸力,把 ATF 从油底壳经滤网吸入油泵。在齿轮进入啮合的一端(出油腔),容积不断减小,油压升高,把 ATF 从出油腔挤压出去。这样,油泵不断地运转,就形成了具有一定压力的油液,供给自动变速器工作。

17. 油泵使用应注意以下事项:

(1)发动机不工作,油泵不转,自动变速器无油压,即使在 D 位和 R 位,也不能靠推车起动发动机。

(2)长距离拖车时,由于发动机不转,油泵也不转,齿轮系统没有润滑油,磨损会加剧,因此要求车速慢、距离短。如丰田车系要求拖车车速不高于 30km/h,距离不超过 80km;奔驰车系要求拖车车速不高于 50km/h,距离不超过 50km。

(3)自动变速器齿轮系统有故障或严重漏油时,牵引车辆应将传动轴脱开。对于前轮驱动的汽车,应将前轮悬空牵引。

18. 主调压阀的作用是将油泵输出压力精确调节到所需值后再输入主油路。应满足主油路系统在不同工况、不同挡位时,具有不同油压的要求:

(1)节气门开度较小时,自动变速器所传递的转矩较小,换挡执行机构中的离合器、制动器不易打滑,主油路压力可以降低。而当发动机节气门开度较大时,因传递的转矩增大,为防止离合器、制动器打滑,主油路压力要升高。

(2)汽车低速挡行驶时,所传递的转矩较大,主油路压力要高。而在高速挡行驶时,自动变速器传递的转矩较小,可降低主油路油压,以减少油泵的运转阻力。

(3)倒挡的使用时间较少,为减小自动变速器尺寸,倒挡执行机构被制作得较小,为避免出现打滑,需提高操纵油压。

油压的调节是靠电子控制,主调压电磁阀调整出不同的油压值,使滑阀改变节流口 a 的大小,通过节流作用控制主油压的大小。节流口 b 泄出的油压经二次调压阀的节流作用,调整出液力变矩器油压。

19. 次调压阀是把主调压阀泄出的油压调节成液力变矩器油压。

滑阀上端作用着手动阀来的油压,向下推阀,还作用着一个由 8 油道来的主油压,也向下推阀。而向上推阀的力有弹簧弹力和来自主调压阀调节后的油压,上下两力的平衡决定了节流口 a 的开度,即通过节流口的开度将主油压调节成液力变矩器油压。

20. 手动阀又称手控阀或手动换挡阀,与驾驶室内的换挡杆相连,其功用是控制各挡位油路的转换。当驾驶人操纵换挡杆时,手动阀会移动,使主油压通往不同的油道。如当换挡杆置于"P"位时,主油压会通往"P""R"和"L"位油道;当换挡杆置于"R"位时,主油压会同时通往"P""R"和"L"位油道与"R"位油道;当换挡杆置于"N"位时,手动阀会将主油压进油道切断,使不会有主油压通往各换挡阀;当换挡杆置于"D"位时,主油压会通往"D""2"和"L"位油道;当换挡杆置于"2"位时,主油压会同时通往"D""2"和"L"位油道与"2"和"L"位油道;当换挡杆置于"L"位时,主油压会同时通往"D""2"和"L"位油道与"2"和"L"位油道及"P""R"和"L"位油道。

21. 电控液力自动变速器换挡阀的工作由换挡电磁阀控制,其控制方式有两种:一种是加压控制,即通过开启或关闭换挡阀控制油路进油孔来控制换挡阀的工作;另一种是泄压控制,即通过开启或关闭换挡阀控制油路泄油孔来控制换挡阀的工作。加压控制方式的工作原理:压力油经换挡电磁阀后通至换挡阀的左端。当换挡电磁阀关闭时,没有油压作用在换挡阀左端,换挡阀在右端弹簧力的作用下移向左端;当换挡电磁阀开启时,压力油作用在换挡阀左端,使换挡阀克服弹簧力右移,从而改变油路,实现挡位变换。

22. 锁止离合器电磁阀采用脉冲式电磁阀,ECU可利用脉冲电信号占空比大小来调节锁止离合器电磁阀的开度,以控制作用在锁止离合器控制阀右端的油压,调节锁止离合器控制阀左移时排油孔的开度,从而控制锁止离合器活塞右侧油压的大小。当作用在锁止离合器电磁阀上的脉冲电信号的占空比为0时,锁止离合器电磁阀关闭,没有油压作用在锁止离合器控制阀的右端,此时锁止离合器活塞左右两侧的油压相同,锁止离合器处于分离状态。当作用在锁止离合器电磁阀上的脉冲电信号较小时,锁止离合器电磁阀的开度和作用在锁止离合器控制阀右端的油压以及锁止离合器控制阀左移打开的排油孔开度均较小,锁止离合器活塞左右两侧油压差以及由此产生的锁止离合器接合力也较小,使锁止离合器处于半接合状态。作用在锁止离合器电磁阀上的脉冲信号的占空比越大,锁止离合器活塞左右两侧油压差以及锁止离合器接合力也越大。当脉冲信号的占空比达到一定数值时,锁止离合器即可完全接合。

ECU在控制锁止离合器接合时,可以通过锁止离合器电磁阀来调节其接合速度,让接合力逐渐增大,使接合过程更加柔和。

23. 自动变速器的电子控制系统包括传感器及开关、电子控制单元(ECU)和执行器三部分。

传感器及开关部分主要包括节气门位置传感器、车速传感器、发动机转速传感器、冷却液温度传感器、ATF油温传感器、空挡起动开关、制动灯开关等。

执行器部分主要包括各种电磁阀和故障指示灯等。

ECU主要完成换挡控制、锁止离合器控制、油压控制、故障诊断和失效保护等功能。

24. 传感器及开关部分主要包括节气门位置传感器、车速传感器、温度传感器、空挡起动开关、制动灯开关等。

(1)节气门位置传感器(TPS)。节气门位置传感器安装在节气门体上,用于检测节气门开度的大小,并将数据传送给ECU,ECU根据此信号判断发动机负荷,从而控制自动变速器的换挡、调节主油压和对锁止离合器控制。

一般是采用线性输出型节气门位置传感器,也称可变电阻式传感器,实际上是一个滑动变阻器,E是搭铁端子,IDL是怠速端子,V_{TA}是节气门开度信号端子,V_C是ECU供电端子,ECU提供恒定5V电压。

(2)车速传感器(VSS)。车速传感器用于检测自动变速器输出轴转速,自动变速器ECU根据车速传感器输入的信号计算出车速,并以此信号控制自动变速器的换挡和锁止离合器的锁止。

常见的车速传感器有电磁式、舌簧开关式、光电式三种形式。

电磁式车速传感器主要由永久磁铁、电磁感应线圈、转子等组成。转子一般安装在变速器输出轴上,永久磁铁和电磁感应线圈安装在变速器壳体上。

(3)温度传感器。温度传感器一般都是一个负温度系数的热敏电阻,即温度升高,电阻下降。ECU接收温度传感器信号,当温度低于设定温度时,可防止自动变速器换入超速挡,同时锁止离合器也不能工作。

(4) 空挡起动开关。空挡起动开关(又称驻车挡/空挡位置开关)有两个功用,一是给自动变速器 ECU 提供挡位信息,二是保证只有换挡杆置于 P 或 N 位才能起动发动机。

当换挡杆置于不同的挡位时,仪表板上相应的挡位指示灯会点亮,且只有当换挡杆置于 P 或 N 位时,才能起动发动机。

(5) 制动灯开关。制动灯开关安装在制动踏板支架上,自动变速器 ECU 通过制动灯开关检测是否踩下制动踏板,如果踩下制动踏板,ECU 会取消锁止离合器的工作。

25. 电磁阀根据功能的不同,可以分为换挡电磁阀、锁止离合器电磁阀和油压电磁阀。根据工作原理的不同,可以分为开关式电磁阀和占空比式电磁阀。绝大多数换挡电磁阀是采用开关式电磁阀,油压电磁阀是采用占空比式电磁阀,而锁止离合器电磁阀采用开关式的和占空比式的都有。

(1) 开关式电磁阀。开关式电磁阀的功用是开启或关闭液压油路,通常用于控制换挡阀和部分车型锁止离合器的工作。

开关式电磁阀由电磁线圈、衔铁、复位弹簧、阀芯和球阀等组成。它有两种工作方式,一种是使油路油压上升或使油路泄压,当电磁线圈不通电时,阀芯被油压推开,打开泄油孔,油路的液压油经电磁阀泄掉;当电磁线圈通电时,在电磁吸力作用下衔铁和阀芯下移,关闭泄油孔,使主油道油压上升。另一种是开启或关闭某一条油路,即当电磁线圈不通电时,油压将阀芯推开,球阀在油压作用下关闭泄油孔,打开进油孔,使主油道压力油进入控制油道;当电磁线圈通电时,电磁力使衔铁和阀芯下移,推动球阀关闭进油孔,打开泄油孔,控制油道内的压力油经泄油孔泄掉。

(2) 占空比式电磁阀。占空比式电磁阀(又称线性脉冲式电磁阀)与开关式电磁阀类似,也是由电磁线圈、滑阀、弹簧等组成。它通常用于控制油路的油压,有的车型的锁止离合器也采用此种电磁阀控制。与开关式电磁阀不同的是,控制占空比式电磁阀的电信号不是恒定不变的电压信号,而是一个固定频率的脉冲电信号。在脉冲电信号的作用下,电磁阀不断开启、关闭泄油口。

占空比式电磁阀有两种工作方式,一是占空比越大,经电磁阀泄油越多,油压就越低;另一种是占空比越大,油压越高。

26. 辛普森式行星齿轮自动变速器行星齿轮变速机构是以其设计者美国福特公司的工程师霍华德·辛普森的名字命名。辛普森Ⅰ型行星齿轮变速机构是由两个单排行星齿轮组连接而成的一种双排行星齿轮变速机构,其结构特点是:前、后两个行星齿轮变速机构共用一个太阳轮。辛普森Ⅱ型行星齿轮变速机构是在辛普森Ⅰ型行星齿轮变速机构的基础上加以改变而得来的。丰田、通用、日产、福特等公司生产的自动变速器大量采用此结构。

27. 卡罗拉乘用车配备的 U341E 型自动变速器行星齿轮变速机构(辛普森Ⅱ型行星齿轮变速机构)采用了 CR－CR 式行星齿轮变速机构,即将两组单行星排的行星架 C(planet-carrier)和齿圈 R(gearring)分别组配,该行星齿轮变速机构仅有 4 个独立元件(前太阳轮、后太阳轮、前行星架和后齿圈组件、前齿圈和后行星架组件),其特点是变速比大、效率高、元件轴转速低。

主要部件的功能见答案表 2-2。

主要部件功能

答案表 2-2

部件		功能
C_1	前进挡离合器	连接输入轴和前排太阳轮
C_2	直接离合器	连接输入轴和后排行星架
C_3	倒挡离合器	连接输入轴和后太阳轮
B_1	OD挡和二挡制动器	固定后排太阳轮
B_2	二挡制动器	固定F_1的外圈
B_3	一挡和倒挡制动器	固定后行星架/前齿圈组件
F_1	1号单向离合器	与B_2配合,阻止后太阳轮逆时针转动
F_2	2号单向离合器	阻止行星架/前齿圈组件逆时针转动
前行星齿轮组		根据各换挡执行元件的工作情况,改变齿轮动力传递路线,以升高或降低输出转速
后行星齿轮组		
中间轴齿轮副		将动力传递给差速器,并改变传动方向,降低输出转速

28. 各挡动力传递路线如下:

(1)一挡。换挡杆处于"D""3"和"2"位置的一挡时,参与工作的换挡执行元件有C_1、F_2。一挡时动力传递发生在前行星排,F_2阻止前齿圈逆输入轴的旋转方向(逆时针)转动,此时,后排行星齿轮组没有元件被约束,因此处于空转状态,动力传递路线如下:

输入轴→C_1前太阳轮→前行星齿轮→前行星架→中间轴主从动齿轮→输出轴

放松加速踏板时,前行星架转速高(接驱动轮),前太阳轮转速低(接发动机),使前齿圈试图被带动加速顺着前行星架(前太阳轮)的旋转方向转动。由于单向离合器F_2不阻止前齿圈顺着行星架的旋转方向转动,整个行星排不能反向传递动力,所以无发动机制动效果。

为了提供有发动机制动的一挡,在L位一挡时,除了使上述的一挡换挡执行元件工作外,还使B_3也工作,使得车辆行驶时,不论是踩下还是放松加速踏板,行星排都有动力传递能力,从而获得发动机制动效果。

(2)二挡。换挡杆处于"D"和"3"位置的二挡时,参与工作的换挡执行元件有C_1、B_2、F_1。二挡时动力传递发生在前、后2个行星排,B_2、F_1联合作用,阻止后太阳轮逆输入轴的旋转方向转动,动力传递路线如下:

输入轴→C_1→前太阳轮→前行星齿轮→前行星架/前齿圈→后行星架→后行星齿轮→后齿圈→中间轴主从动齿轮→输出轴

放松加速踏板时,前行星架和后齿圈组件转速高(接驱动轮),前太阳轮转速低(接发动机),使前齿圈和后行星架组件加速转动,进而使后太阳轮试图被带动加速顺着前行星架(前太阳轮)的旋转方向转动。由于单向离合器F_1不阻止后太阳轮顺着行星架的旋转方向转动,整个行星排不能反向传递动力,所以无发动机制动效果。

为了提供有发动机制动的二挡,在2位二挡时,除了使上述的二挡换挡执行元件工作外,还使B_1也工作,使得车辆获得发动机制动效果。

(3)三挡。换挡杆处于"D"和"3"位置的三挡时,参与工作的换挡执行元件有C_1、C_2、B_2。三挡时,前、后排行星齿轮变速机构互锁与一体旋转,动力传递路线如下:

输入轴 ─┬─ C_1 → 前太阳轮 ──────────────┐
　　　　└─ C_2 → 后行星架 → 前齿圈 ──┴→ 前行星架 → 中间轴主从动齿轮 → 输出轴

由于行星齿轮变速机构的 3 个元件(太阳轮、行星架、齿圈)中有 2 个转速相等(前太阳轮、前行星架都与输入轴相连),因此在放松加速踏板时,驱动轮的动力可以经前行星架传给前太阳轮,所以有发动机制动效果。

(4)四挡。换挡杆处于"D"位置的四挡时,参与工作的换挡执行元件有 C_2、B_1、B_2。四挡时动力传递发生在后行星排,此时前排行星齿轮组处于空转状态,动力传递路线如下:

输入轴 → C_2 → 后行星架 → 后行星齿轮 → 后齿圈 → 中间轴主从动齿轮 → 输出轴

由于行星齿轮变速机构的 3 个元件(太阳轮、行星架、齿圈)中有 1 个固定(后太阳轮被固定),因此在放松加速踏板时,驱动轮的动力可以经后齿圈传给后行星架,所以有发动机制动效果。

(5)R 挡。换挡杆处于"R"位置时,参与工作的换挡执行元件有 C_3、B_3。R 挡时动力传递发生在后行星排,此时前排行星齿轮组处于空转状态,动力传递路线如下:

输入轴 → C_3 → 后太阳轮 → 后行星齿轮 → 后齿圈 → 中间轴主、从动齿轮 → 输出轴

由于行星齿轮变速机构的 3 个元件(太阳轮、行星架、齿圈)中有 1 个固定(后行星架被固定),因此在放松加速踏板时,驱动轮的动力可以经后太阳轮传给后齿圈,所以有发动机制动效果。

29. 拉威娜式行星齿轮自动变速器行星齿轮变速机构是一种双排单、双级复合式行星齿轮变速机构。前排为单级机构,后排是双级机构,前、后排共用一个齿圈和一个行星架。在行星架上,外行星齿轮为长行星齿轮,它与齿圈、短行星齿轮和大太阳轮同时啮合;内行星齿轮为短行星齿轮,它与小太阳轮和长行星齿轮同时啮合。大众、别克、三菱等公司生产的自动变速器多采用此结构。

30. 桑塔纳 2000GSi – AT 乘用车的 01N 型四挡拉威娜式行星齿轮自动变速器行星齿轮变速机构主要由拉威娜行星齿轮变速机构、离合器、制动器和单向离合器等。

拉威娜式行星齿轮变速机构由大、小太阳轮各 1 个,长、短行星齿轮各 3 个,行星架和齿圈组成。短行星轮与长行星齿轮及小太阳轮啮合;长行星齿轮同时与大太阳轮、短行星齿轮及齿圈啮合,动力通过齿圈输出。离合器 K1 用于驱动小太阳轮,离合器 K2 用于驱动大太阳轮,离合器 K3 用于驱动行星架,制动器 B1 用于制动行星架,制动器 B2 用于制动大太阳轮,单向离合器 F 防止行星架逆时针转动。

31. 各挡动力传递路线如下:

(1)1 挡。1 挡时,离合器 K1 接合,单向离合器 F 工作。动力传递路线为:泵轮 → 涡轮 → 涡轮轴 → 离合器 K1 → 小太阳轮 → 短行星轮 → 长行星轮驱动齿圈。

(2)2 挡。2 挡时,离合器 K1 接合,制动器 B2 制动大太阳轮。动力传递路线为:泵轮 → 涡轮 → 涡轮轴 → 离合器 K1 → 小太阳轮 → 短行星轮 → 长行星轮围绕大太阳轮转动并驱动齿圈。

(3)3 挡。3 挡时,离合器 K1 和 K3 接合,驱动小太阳轮和行星架,因而使行星齿轮变速机构锁止并一同转动。动力传递路线为:泵轮 → 涡轮 → 涡轮轴 → 离合器 K1 和 K3 → 整个行星齿轮变速机构转动。

(4)4 挡。4 挡时,离合器 K3 接合,制动器 B2 工作,使行星架工作,并制动大太阳轮,动力传递路线为:泵轮 → 涡轮 → 涡轮轴 → 离合器 K3 → 行星架 → 长行星轮围绕大太阳轮转动并

驱动齿圈。

(5) R挡。换挡杆在"R"位置时,离合器K2接合,驱动大太阳轮;制动器B1工作,使行星架制动。动力传递路线为:泵轮→涡轮→涡轮轴→离合器K2→大太阳轮→长行星轮反向驱动齿圈。

32. 提示:驾驶车辆,使发动机和自动变速驱动桥处于正常工作温度下。油液温度应为70~80℃。

(1) 在发动机怠速且制动踏板踩下的情况下,将换挡杆换到从P位置到L位置的所有位置,然后回到P位置。

(2) 拉出机油尺并将其擦干净。

(3) 将机油尺完全推回到油管中。

(4) 再次拉出机油尺,并检查液位是否在HOT范围内。如果液位低于HOT范围,加注新机油并重新检查液位。如果液位超过HOT范围,排放一次,添加适量的新机油并重新检查液位。丰田卡罗拉U341E型自动变速驱动桥油的类型为"Toyota Genuine ATF WS"(丰田纯正ATF WS)。自动变速驱动桥油液容量应为6.4L。

33. 丰田卡罗拉乘用车车U341E型自动变速器故障码的读取和清除方法如下:

(1) 故障码的读取。存储在ECM中的DTC(故障码)可以在智能检测仪上显示。这些诊断工具可显示待定DTC和当前DTC。在连续行驶过程中,如果ECM未检测到故障,则有些DTC将不会存储。然而,在一次行驶中检测到的故障作为待定DTC存储。

①将智能检测仪连接到DLC3。

②将点火开关置于ON(IG)位置。

③进入以下菜单项:Enter/Powertrain/Engine and ECT/DTC/Current(or Pending)。

④确认DTC和定格数据,然后将它们记录下来。

⑤确认DTC的详情。

(2) 故障码的清除。使用智能检测仪清除DTC。

①将智能检测仪连接到DLC3。

②将点火开关置于ON(IG)位置。

③进行以下菜单项:Enter/Powertrain/Engine and ECT/DTC/Clear。

34. 丰田卡罗拉乘用车U341E型自动变速器油压的检查方法如下:

(1) 使ATF变暖。

(2) 拆下传动桥壳左前侧的检测螺塞并连接SST。

(3) 完全拉紧驻车制动器操纵杆并塞住4个车轮。

(4) 将智能检测仪连接到DLC3。

(5) 起动发动机并检查怠速。

(6) 用左脚踩住制动踏板并换至D位置。

(7) 在发动机怠速运转时测量管路压力。D位置怠速运转时的管路压力应为372~412kPa。

(8) 将加速踏板踩到底。发动机转速达到失速转速时,迅速读取最高管路压力。D位置失速测试最高管路压力应为1120~1230Pa。

(9)用同样的方法在 R 位置进行测试。R 位置怠速运转时的管路压力应为 553～623kPa,R 位置失速测试最高管路压力应为 1660～1870kPa。

35.丰田卡罗拉乘用车 U341E 型自动变速器空挡起动开关的检查和调整方法如下:

(1)空挡起动开关的检查。

①施加驻车制动并将点火开关置于 ON(IG)位置。

②踩下制动踏板,检查并确认换挡杆在 N 或 P 位置时发动机能起动,而在其他位置时不能起动。

③检查并确认当换挡杆在 R 位置进倒车灯点亮,倒挡警告蜂鸣器鸣响,但在其他位置不起作用。如果发现故障,则应检查空挡起动开关的导通性。

(2)空挡起动开关的调整。

①松开空挡起动开关的螺栓并将换挡杆置于 N 位置。

②将凹槽与空挡基准线对准。

③将开关固定到位,然后拧紧 2 个螺栓。紧固力矩为 5.4N·m。

④调整完成后,进行开关工作情况检查。

五、看图填空

1.1-1 位;2-2 位;3-D_4 位;4-N 位;5-R 位;6-P 位;7-Hold(保持模式)按钮

2.1-电子控制单元;2-电磁阀;3-换挡阀;4-液压控制系统;5-车速传感器;6-行星齿轮变速器机构;7-液力变矩器;8-节气门位置传感器

3.1-前盖;2-锁止离合器片;3-减振器;4-涡轮;5-导轮;6-泵轮;7-推力轴承

4.1-涡轮;2-导轮;3-泵轮;4-油流

5.1-端盖;2-楔块;3-楔块;4-端盖;5-保持架

6.1-保持架;2-内座圈;3-外座圈;4-楔块

7.1-导轮;2-变速器输入轴;3-泵轮;4-涡轮;5-锁止离合器片;6-前盖

8.1-导轮;2-变速器输入轴;3-泵轮;4-涡轮;5-锁止离合器片;6-前盖

9.1-太阳轮;2-行星架;3-行星齿轮;4-齿圈

10.1-离合器鼓;2-O 形圈;3-活塞;4-弹簧座;5-复位弹簧;6-从动钢片;7-主动摩擦片;8-压盘;9-卡环

11.1-花键毂;2-从动钢片;3-压盘;4-卡环;5-主动摩擦片;6-离合器鼓;7-活塞;8-复位弹簧;9-控制油道;10-弹簧座

12.1-锁紧螺母;2-调整螺钉;3-制动带;4-活塞杆;5-复位弹簧;6-活塞;7 活塞定位架

13.1-活塞;2-复位弹簧;3-油缸盖;4-制动鼓;5-制动带;6-调整螺钉(固定支承端)

14.1-主动齿轮;2-壳体;3-从动齿轮;4-泵盖

15.1-主动齿轮;2-月牙板;3-从动齿轮;4-出油腔;5-进油腔

16.1-绝缘体;2-E;3-IDL;4-VTA;5-VC;6-节气门开度信号触点;7-急速信号触点

17.1-电子控制单元;2-车速传感器;3-永久磁铁;4-感应线圈;5-停车锁止齿轮

18.1-前齿圈;2-后齿圈;3-后行星架;4-前行星架;5-太阳轮;6-前齿圈;7-后齿圈;8-后太阳轮;9-后行星架;10-前行星架;11-前太阳轮

19.1-前太阳轮;2-中间轴从动齿轮;3-输入轴(中间轴);4-中间轴主动齿轮;5-前行星齿

轮;6-后行星架/前齿圈组件;7-前行星架/后齿圈组件;8-后行星齿轮;9-后太阳轮

20.1-大太阳轮;2-齿圈;3-长行星齿轮;4-短行星齿轮;5-行星架;6-小太阳轮;7-短行星齿轮;8-长行星齿轮;9-大太阳轮;10-小太阳轮;11-齿圈

21.1-输入轴;2-大太阳轮;3-小太阳轮;4-长行星轮;5-短行星轮;6-齿圈;7-输出齿轮;8-主减速器齿圈

2.4 万向传动装置

一、判断题

1.√; 2.√; 3.√; 4.×; 5.√; 6.√; 7.×; 8.×; 9.×;
10.√; 11.×; 12.×; 13.√; 14.×; 15.×; 16.×; 17.√; 18.×;
19.×; 20.√; 21.√; 22.×; 23.×; 24.√; 25.√; 26.×; 27.√;
28.×; 29.√; 30.√; 31.√; 32.√; 33.√; 34.√; 35.√; 36.×;
37.√; 38.√; 39.√; 40.√; 41.√; 42.√; 43.√; 44.√; 45.×;
46.√; 47.√; 48.×; 49.√; 50.√; 51.√; 52.√; 53.×; 54.√;
55.×; 56.√; 57.×; 58.√; 59.√; 60.√; 61.√; 62.×; 63.√;
64.√; 65.×; 66.√; 67.√; 68.×; 69.√; 70.×; 71.√; 72.√;
73.√; 74.√; 75.√; 76.√; 77.√; 78.√; 79.×; 80.√; 81.√;
82.×; 83.√; 84.√; 85.√; 86.√; 87.√

二、选择题

1.C; 2.A; 3.B; 4.B; 5.C; 6.C; 7.A; 8.C; 9.C;
10.A; 11.C; 12.A; 13.B; 14.D; 15.D

三、填空题

1.轴线相交、动力;2.变速器、驱动桥;3.万向节、传动轴、中间支承;4.刚性、柔性;5.不等速、准等速、等速;6.双联式、三销轴式;7.球叉式、球笼式;8.变速器、驱动桥、内半轴、外半轴;9.十字轴式刚性、15°~20°;10.十字轴、万向节叉;11.四个、滚针、套筒、轴承盖;12.不等角速的、不等速特性、不等速性;13.相等、从动叉、主动叉;14.两轴交角;15.固定型球笼式等速万向节(RF节)、伸缩型球笼式等速万向节(VL节);16.星形套、球形壳、保持架;17.6个钢球、转向驱动桥;18.直槽滚道型等速万向节、圆筒形;19.车轮、驱动桥;20.三枢轴式万向节、同一平面、输入轴、垂直;21.差速器、驱动车轮;22.实心轴、空心轴、空心轴、无缝钢管;23.实心轴、动平衡试验、平衡片;24.传动轴、滑动叉、滑套;25.车架横梁、轴向、角度方向、发动机窜动、车架变形;26.支架、轴承

四、简答题

1.万向传动装置在汽车上有很多应用,结构也稍有不同,但其功用都是一样的,即在轴线相交且相互位置经常发生变化的两转轴之间传递动力。

万向传动装置主要包括万向节和传动轴,对于传动距离较远的分段式传动轴,为了提高传动轴的刚度,还设置有中间支承。

2.在汽车上使用的万向节按其刚度大小的不同,可分为刚性万向节和柔性万向节。刚性万向节按其速度特性的不同,分为不等速万向节(常用的为十字轴式)、准等速万向节(双

联式和三销轴式)和等速万向节(包括球叉式和球笼式等)。目前在汽车上应用较多的是十字轴式刚性万向节和等速万向节。十字轴式刚性万向节主要用于发动机前置后轮驱动的变速器与驱动桥之间,等角速万向节主要用于发动机前置前轮驱动的内、外半轴之间。

3. 常见的不等速万向节为十字轴式刚性万向节,它允许相邻两轴的最大交角为15°~20°。

十字轴式刚性万向节主要由十字轴、万向节叉等组成。万向节叉上的孔分别套在十字轴的四个轴颈上。在十字轴轴颈与万向节叉孔之间装有滚针和套筒,用带有锁片的螺钉和轴承盖来使之轴向定位。为了润滑轴承,十字轴内钻有油道,且与油嘴、安全阀相通。为避免润滑油流出及尘垢进入轴承,十字轴轴颈的内端套装着油封。

4. 单个十字轴式刚性万向节在主动轴和从动轴之间有夹角的情况下,当主动叉等角速转动时,从动叉是不等角速的,这称为十字轴式刚性万向节的不等速特性。且两转轴之间的夹角越大,不等速性就越大。

十字轴式刚性万向节的不等速特性将使从动轴及其相连的传动部件产生扭转振动,从而产生附加的交变载荷,影响部件寿命。可以采用双十字轴刚性万向节的传动方式,第一万向节的不等速特性可以被第二万向节的不等速特性所抵消,从而实现两轴间的等角速传动。具体条件是:①第一万向节两轴间夹角 α_1 与第二万向节两轴间夹角 α_2 相等;②第一万向节的从动叉与第二万向节的主动叉处于同一平面。

由于悬架的振动,不可能在任何时候都保证 $\alpha_1 = \alpha_2$,因此这种双十字轴刚性万向节的传动只能近似地解决等速传动问题,且由于两轴夹角最大只能是20°,因此使用上受到限制。

5. 等速万向节的工作原理是保证万向节在工作过程中,其传力点永远位于两轴交角的平分面上。

常见的球笼式万向节有固定型球笼式等速万向节(RF节)、伸缩型球笼式等速万向节(VL节)和三枢轴球面滚轮式等速万向节等。

6. 固定型球笼式万向节由6个钢球、星形套、球形壳和保持架等组成。万向节星形套与主动轴用花键固接在一起,星形套外表面有6条弧形凹槽滚道,球形壳的内表面有相应的6条凹槽,6个钢球分别装在各条凹槽中,由球笼使其保持在同一平面内。动力由主动轴、钢球、球形壳输出。

球笼式万向节工作时六个钢球都参与传力,故承载能力强、磨损小、寿命长。它被广泛应用于各种型号的转向驱动桥和独立悬架的驱动桥。

7. 伸缩型球笼式等角速万向节又称直槽滚道型等速万向节,其结构与球笼式相近,只是内、外滚道为圆筒形直槽,使万向节本身可轴向伸缩(伸缩量可达40~50mm),省去其他万向节传动中的滑动花键,且滚动阻力小,适用于断开式驱动桥的万向传动装置。这种万向节所连接的两轴夹角不能太大,因此常常和固定型球笼式等速万向节组合在一起使用,以保证在夹角和距离发生变化的条件下传递动力。

8. 三枢轴球面滚轮式等速万向节又称自由三枢轴式万向节,由三个位于同一平面内互成120°的枢轴构成,它们的轴线交于输入轴上一点,并且垂直于驱动轴。三个外表面为球面,滚子轴承分别活套在各枢轴上,一个漏斗形轴,在其筒形部分加工出3个槽形轨道。3个槽形轨道在筒形圆周上是均匀分布的,轨道配合面为部分同柱面,3个滚子轴承分别装入各槽形轨道,可沿轨道滑动。

9.传动轴是万向传动装置中的主要传力部件。通常用来连接变速器(或分动器)和驱动桥,在转向驱动桥和断开式驱动桥中,则用来连接差速器和驱动车轮。

传动轴有实心轴和空心轴之分。为了减轻传动轴的质量,节省材料,提高轴的强度、刚度,传动轴多为空心轴,超重型货车则直接采用无缝钢管。转向驱动桥、断开式驱动桥或微型汽车的传动轴通常制成实心轴。传动轴两端的连接件装好后,应进行动平衡试验。在质量轻的一侧补焊平衡片,使其不平衡量不超过规定值。

汽车行驶过程中,变速器与驱动桥的相对位置会发生变化,随着传动轴角度的改变,其长度也会改变,因此采用滑动叉和花键组成的滑套连接,以实现传动轴长度的变化。

10.传动轴分段时需加中间支承,中间支承通常装在车架横梁上,能补偿传动轴轴向和角度方向的安装误差,以及汽车行驶过程中因发动机窜动或车架变形等引起的位移。

中间支承是由支架和轴承等组成,轴承固定在中间传动轴后部的轴颈上。带油封的支承盖之间装有弹性元件橡胶垫环,用三个螺栓紧固。紧固时,橡胶垫环会径向扩张,其外圆被挤紧于支架的内孔。

五、看图填空

1.1-变速器;2-万向节;3-万向节;4-驱动桥;5-传动轴

2.1-变速器;2-前传动轴;3-球轴承;4-中间支承;5-后传动轴;6-后驱动桥

3.1-万向节叉;2-轴承;3-卡环;4-传动轴叉;5-十字轴

4.1-润滑脂油嘴;2-油封座;3-油封;4-油封挡盘

5.1-主动轴;2-钢带箍;3-钢带箍;4-星形套(内滚道);5-保持架(球笼);6-钢球;7-球形壳(外滚道);8-球形壳(外滚道);9-星形套(内滚道);10-保持架(球笼)

6.1-钢球;2-主动轴;3-星形套(内滚道);4-保持架(球笼);5-筒形壳(外滚道)

7.1-固定型球笼式万向节(RF节);2-防尘罩;3-传动轴;4-伸缩型球笼式万向节(VL节)

8.1-外座圈;2-叉形元件;3-保护罩卡箍;4-保护罩;5-锁定三脚架

9.1-滑动叉;2-万向节;3-平衡配重;4-凸缘叉;5-万向节

10.1-万向节叉;2-润滑脂油嘴;3-伸缩套;4-滑动花键轴;5-油封;6-油封盖;7-传动轴管

11.1-支承座;2-中间轴承缓冲垫;3-球轴承

2.5 驱 动 桥

一、判断题

1. √; 2. √; 3. ×; 4. √; 5. √; 6. √; 7. √; 8. ×; 9. √;
10. √; 11. ×; 12. √; 13. ×; 14. √; 15. ×; 16. √; 17. √; 18. √;
19. ×; 20. ×; 21. √; 22. √; 23. √; 24. ×; 25. √; 26. ×; 27. ×;
28. √; 29. √; 30. √; 31. √; 32. √; 33. √; 34. ×; 35. √; 36. √;
37. √; 38. √; 39. √; 40. √; 41. √; 42. ×; 43. √; 44. √; 45. √;
46. √; 47. ×; 48. √; 49. √; 50. √; 51. ×; 52. √; 53. √; 54. √;
55. ×; 56. √; 57. √; 58. √; 59. √; 60. ×; 61. √; 62. √; 63. √;
64. √; 65. ×; 66. √; 67. ×; 68. √; 69. √; 70. √; 71. √; 72. √;

73. √; 74. √; 75. √; 76. √; 77. ×; 78. √; 79. ×; 80. √; 81. ×;
82. √; 83. √; 84. ×; 85. √; 86. ×; 87. √; 88. √; 89. ×

二、选择题

1. C； 2. A； 3. B； 4. C； 5. D； 6. C； 7. B； 8. A； 9. A；
10. B； 11. B； 12. C； 13. C； 14. A； 15. C； 16. C； 17. C； 18. D；
19. A； 20. B

三、填空题

1. 驱动车轮、降速增矩、传动方向、不同的转速；2. 主减速器、差速器、半轴、桥壳、桥壳；3. 整体式驱动桥、断开式驱动桥；4. 非断开式驱动桥、非独立；5. 悬架、驱动轮；6. 独立、车架或车身、铰链、万向节；7. 悬架、彼此独立；8. 差速器、增大、降低、旋转方向；9. 单级、双级、双级、轮边减速器；10. 单速式、双速式；11. 固定的、两个；12. 圆柱齿轮式、锥齿轮式；13. 锥齿轮、圆柱齿轮；14. 主减速器、不同转速、驱动车轮；15. 大于；16. 锥齿轮；17. 差速器壳、行星齿轮轴、2个行星齿轮、2个半轴齿轮、球面垫片；18. 弹簧销、球面垫片和垫圈；19. 半轴齿轮、圆锥滚子轴承；20. 行星齿轮轴、行星齿轮、半轴齿轮、半轴；21. 公转、自转；22. 200周、150周、200周；23. 驱动车轮、实心轴；24. 刚性整轴、万向节；25. 全浮式、半浮式；26. 半轴凸缘、半轴套管、半轴套管；27. 转矩、反力和弯矩；28. 桥壳凸缘、直接；29. 转矩、反力及其形成的弯矩、弯矩；30. 传动系统、行驶系统；31. 主减速器、差速器、半轴；32. 悬架或轮毂、反力和力矩、传力；33. 整体式桥壳、分段式桥壳；34. 铸造、主减速器

四、简答题

1. 驱动桥的功用是将由万向传动装置传来的发动机转矩传给驱动车轮，并经降速增矩、改变动力传动方向，使汽车行驶，而且允许左右驱动车轮以不同的转速旋转。驱动桥是传动系统的最后一个总成，一般由主减速器、差速器、半轴和桥壳等组成。驱动桥的主要零部件都在装在驱动桥的桥壳中。

2. 按照悬架结构的不同，驱动桥可以分为整体式驱动桥和断开式驱动桥。整体式驱动桥又称非断开式驱动桥。

整体式驱动桥与非独立悬架配用。其驱动桥壳为一刚性的整体，驱动桥两端通过悬架与车架或车身连接，左右半轴始终在一条直线上，即左右驱动轮不能相互独立地跳动。当某一侧车轮通过地面的凸出物或凹坑升高或下降时，整个驱动桥及车身都要随之发生倾斜，车身波动大。

断开式驱动桥与独立悬架配用。其主减速器固定在车架或车身上，驱动桥壳制成分段并用铰链连接，半轴也分段并用万向节连接。驱动桥两端分别用悬架与车架或车身连接。这样，两侧驱动车轮及桥壳可以彼此独立地相对于车架或车身上下跳动。

3. 主减速器的功用有：将发动机转矩传给差速器；在动力传递过程中要将转矩增大并相应降低转速；对于纵置发动机，还要将转矩的旋转方向改变90°。

按参加传动的齿轮副数目的不同，可分为单级主减速器和双级主减速器。有些重型汽车又将双级主减速器的第二级圆柱齿轮传动设置在两侧驱动车轮附近，称为轮边减速器。

按主减速器传动比个数的不同，可分为单速式主减速器和双速式主减速器。单速式主减速器的传动比是固定的，而双速式主减速器则有两个传动比供驾驶人选择。

按齿轮副结构形式的不同,可分为圆柱齿轮式(又可分为定轴轮系和行星轮系)主减速器和锥齿轮式(又可分为螺旋锥齿轮式和准双曲面锥齿轮式)主减速器。

4. 单级主减速器结构简单、质量小、体积小、传动效率高,主要用于乘用车及中型以下客货车。

对于发动机纵向布置的汽车,由于需要改变动力传递方向,单级主减速器都采用一对锥齿轮传动,如桑塔纳2000、东风EQ1090等;对于发动机横向布置的汽车,单级主减速器采用一对圆柱齿轮即可,如夏利7130、宝来1.8T等。

桑塔纳2000乘用车由于发动机纵向前置前轮驱动,整个传动系统都集中布置在汽车前部,因此其主减速器装于变速器壳体内,没有专门的主减速器壳体。由于省去了变速器到主减速器之间的万向传动装置,所以变速器输出轴即为主减速器主动轴。

5. 差速器的功用是将主减速器传来的动力传给左、右两半轴,并在必要时允许左、右半轴以不同转速旋转,使左、右驱动车轮相对地面纯滚动而不是滑动。桑塔纳乘用车差速器采用锥齿轮差速器。差速器由差速器壳、行星齿轮轴、2个行星齿轮、2个半轴齿轮、球面垫片和垫圈等组成。行星齿轮轴装入差速器壳体后用弹簧销定位。行星齿轮和半轴齿轮的背面制成球面,与球面垫片和垫圈相配合,以减摩、耐磨。螺纹套用于紧固半轴齿轮。差速器通过一对圆锥滚子轴承支承在变速器壳体中。

差速器的工作时,主减速器传来的动力带动差速器壳转动,经过行星齿轮轴、行星齿轮、半轴齿轮、半轴,最后传给两侧驱动车轮。

驱动轴在差速器内分成左右两段,并装上半轴齿轮。差速器壳固定在从动锥齿轮上,半轴齿轮和行星齿轮啮合,行星齿轮支承在差速器壳上。当从动锥齿轮旋转时,行星齿轮公转。当单侧半轴齿轮受到阻力时,行星齿轮一边公转一边自转。

直线行驶:行星齿轮公转,没有自转。

左转弯:行星齿轮一边公转,一边绕着左侧半轴齿轮自转。

如果行星齿轮公转100周,则在直线行驶时,左右两行星齿轮加起来就公转200周。在转弯时,若左边的行星齿轮公转50周,则右边的行星齿轮就转150周,左右两行星齿轮共转200周。

6. 半轴的功用是将差速器传来的动力传给驱动车轮。因其传递的转矩较大,常制成实心轴。

半轴的结构因驱动桥结构形式的不同而异。整体式驱动桥中的半轴为一刚性整轴。而转向驱动桥和断开式驱动桥中的半轴则分段并用万向节连接。

现代汽车常采用全浮式和半浮式两种半轴支承形式。

(1)全浮式半轴支承。全浮式半轴支承广泛应用于各型货车上。半轴外端锻造有半轴凸缘,用螺栓紧固在轮毂上,轮毂用一对圆锥滚子轴承支承在半轴套管上,半轴套管与空心梁压配成一体,组成驱动桥壳。这种半轴支承形式,半轴与桥壳没有直接联系,半轴只在两端承受转矩,不承受其他任何反力和弯矩,所以称为全浮式半轴支承。

(2)半浮式半轴支承。半轴用一个圆锥滚子轴承直接支承在桥壳凸缘的座孔内。车轮与桥壳之间无直接联系,而支承于悬伸出的半轴外端。因此,地面作用于车轮的各种反力都须经半轴外端的悬伸部分传给桥壳,使半轴外端不仅要承受转矩,而且还要承受各种反力及其形成的弯矩。半轴内端通过花键与半轴齿轮连接,不承受弯矩。故称这种支承形式为半浮式半轴支承。

7.驱动桥壳既是传动系统的组成部分,同时也是行驶系统的组成部分。作为传动系统的组成部分,其功用是安装并保护主减速器、差速器和半轴。作为行驶系统的组成部分,其功用是安装悬架或轮毂,和从动桥一起支承汽车悬架以上各部分质量,承受驱动车轮传来的反力和力矩,并在驱动车轮与悬架之间传力。

驱动桥壳可分为整体式桥壳和分段式桥壳两种类型。整体式桥壳一般是铸造,具有较大的强度和刚度,且便于主减速器的拆装和调整,适用于中型以上货车。分段式桥壳一般分为两段,由螺栓将两段连成一体,现已很少应用。

五、看图填空

1.1-万向节;2-主动锥齿轮;3-从动锥齿轮;4-行星齿轮轴;5-行星齿轮;6-半轴;7-半轴齿轮

2.1-密封圈;2-主减速器盖;3-从动锥齿轮的调整垫片;4-轴承外座圈;5-差速器轴承;6-锁紧套筒;7-车速表主动齿轮;8-差速器轴承;9-螺栓;10-从动锥齿轮;11-夹紧销;12-行星齿轮轴;13-行星齿轮;14-半轴齿轮;15-螺纹套;16-复合式止推垫片;17-差速器壳;18-磁铁固定销;19-磁铁

3.1-复合式推力垫片;2-半轴齿轮;3-行星齿轮;4-行星齿轮轴;5-半轴齿轮;6-主减速器从动锥齿轮;7-圆锥滚子轴承;8-差速器壳

4.1-差速器壳;2-半轴齿轮;3-行星齿轮;4-主动锥齿轮;5-从动锥齿轮

5.1-轮毂;2-轴承;3-桥壳;4-半轴;5-制动鼓

6.1-半轴;2-桥壳;3-轮毂;4-制动鼓

单元3 行驶系统

3.1 车桥及车轮定位

一、判断题

1. ×； 2. √； 3. √； 4. ×； 5. ×； 6. √； 7. √； 8. ×； 9. √；
10. √； 11. √； 12. √； 13. ×； 14. ×； 15. √； 16. √； 17. ×； 18. √；
19. ×； 20. √； 21. ×； 22. √； 23. √； 24. √； 25. √； 26. √； 27. √；
28. ×； 29. ×； 30. ×； 31. √； 32. √； 33. √； 34. ×； 35. √； 36. √；
37. √； 38. √； 39. √； 40. ×； 41. √； 42. ×； 43. √； 44. √； 45. ×；
46. √； 47. ×

二、选择题

1. B； 2. B； 3. D； 4. C； 5. B； 6. D； 7. C； 8. C； 9. D；
10. D； 11. A； 12. C； 13. A； 14. C； 15. B； 16. C； 17. A； 18. B；
19. C； 20. C； 21. A； 22. D； 23. D； 24. A； 25. C； 26. B； 27. C；
28. A； 29. D； 30. A； 31. D； 32. C

三、填空题

1. 转向桥、驱动桥、转向驱动桥、支持桥；2. 前轴、转向节、主销、轮毂；3. "工"字梁式、管式；4. 外半轴；5. 断开式、独立悬架；6. 可移动球形接头、车轮外倾角；7. 横向稳定器；8. 纵向摆臂式非驱动桥、横、纵向推力、转矩；9. 直线行驶、操纵、转向轮、转向节、前轴；10. 代替主销；11. 车轮外倾、主销后倾、主销内倾、前轮前束；12. 整体式、断开式、整体式、断开式；13. 主销后倾、主销内倾；14. 悬架、车轮总成、车轮总成；15. 越高、越大、强；16. 减小、负值(即主销前倾)；17. 减少、减小；18. 主销后倾角、主销内倾；19. 车轮外倾角、安全性、轻便性；20. 大于、前轮前束值；21. 车轮外倾、侧滑、轮胎；22. 后轮外倾角、后轮前束；23. 正前束、负前束、负前束、正前束；24. 内半轴、外半轴、等速万向节；25. 转向桥、支持桥；26. 支持桥、支持桥；27. 部分质量、弯矩和转矩、转向；28. 主销后倾角；29. 主销内倾角；30. 自动回正、轻便；31. 车轮外倾角

四、简答题

1. 车桥位于悬架与车轮总成之间,其两端安装车轮总成,通过悬架与车架(或车身)相连,其功用是传递车架(或车身)与车轮总成之间各种载荷。

按悬架结构形式的不同,车桥分为整体式和断开式两种。整体式车桥与非独立悬架配用;断开式车桥与独立悬架配用。

按车桥上车轮总成的作用不同,车桥分为转向桥、驱动桥、转向驱动桥和支持桥四种类型。

其中转向桥和支持桥都属于从动桥。

在后轮驱动的汽车中,前桥不仅用于承载,而且兼起转向作用,称为转向桥;后桥不仅用

于承载,而且兼起驱动的作用,称为驱动桥。

越野汽车和前轮驱动汽车的前桥,除了承载和转向的作用外,还兼起驱动作用,所以称为转向驱动桥。

只起支承作用的车桥称为支持桥。挂车的车桥就是支持桥。支持桥除不能转向外,其他功能和结构与转向桥相同。

2. 转向桥通常位于汽车前部,故又称前桥。转向桥的作用是支承汽车部分质量,安装前轮及制动器(前),连接车架,承受车架与车轮总成之间的作用力及其产生的弯矩和转矩,同时还要使前轮偏转以实现转向。转向桥基本结构由前轴(前梁)、转向节、主销、轮毂等部分组成。前轴是转向桥的主体,根据断面形状分有"工"字梁式和管式两种。

3. 转向驱动桥同一般驱动桥一样,由主减速器、差速器、半轴和桥壳组成。但由于转向时转向车轮需要绕主销偏转一个角度,故与转向轮相连的半轴必须分成内外两段(内半轴和外半轴),其间用万向节(一般多用等速万向节)连接,同时主销也因此而分制成两段(或用球头销代替)。转向节轴颈部分制成中空的,以便外半轴穿过其中。

4. 桑塔纳2000乘用车的前桥总成采用的是断开式、独立悬架转向驱动桥。车桥上端通过左、右悬架与承载式车身相连接,下端通过左、右下摆臂与固定在车身上的副车架相连接。悬架车轮轴承壳与下摆臂之间通过可移动球形接头连接,从而使前轮固定,并通过下摆臂上的长孔可调整车轮外倾角,为了减小车辆转向时的车身倾斜,在副车架与下摆臂之间还装有横向稳定器。

桑塔纳2000乘用车后桥是纵向摆臂式非驱动桥。该车桥轮毂、制动鼓以及车轮与车桥的连接方式与转向桥一样,通过轴承支承,轴向定位。车桥只向其传递横、纵向推力或拉力,不传递转矩。

5. 为了保证汽车直线行驶的稳定性和操纵的轻便性,减少轮胎和其他机件的磨损,转向轮、转向节和前轴三者与车架的安装应保持一定的相对位置关系,这种安装位置关系称为转向轮定位,又称前轮定位。

对于两端装有主销的转向桥,汽车转向时,转向车轮会围绕主销轴线偏转。但在大多数断开式转向桥中没有主销,采用上、下球头销代替主销,上、下球头销球头中心的连心线相当于主销轴线。

转向轮定位包括车轮外倾、主销后倾、主销内倾及前轮前束四个参数。

(1)主销后倾。主销安装在前轴上,其上端略向后倾斜,这种现象称为主销后倾。在垂直于汽车支承平面的纵向平面内,主销轴线与汽车支承平面垂线之间的夹角 γ 称为主销后倾角。

主销后倾的功用是形成回正力矩,保证汽车直线行驶的稳定性,并使汽车转向后回正操纵轻便。

主销后倾角越大、车速越高,回正力矩越大,转向轮偏转后自动回正的能力也越强。

此外,有些汽车由于采用超低压轮胎,弹性增加,转向时因轮胎弹性变形而使轮胎与路面的接触点后移,使回正力矩增加,故主销后倾角可以减小,甚至为负值(即主销前倾)。

主销后倾角一般是将前轴连同悬架安装在车架上时,使前轴向后倾斜而形成的。

(2)主销内倾。主销安装在前轴上,其上端略向内侧倾斜,这种现象称为主销内倾。在垂直于汽车支承平面的横向平面内,主销轴线与汽车支承平面垂线之间的夹角 β 称为主销内倾角。

主销内倾的功用是使转向轮自动回正,并使转向操纵轻便。

由于主销内倾,转向时,路面作用在转向轮上的阻力对主销轴线产生的力矩减小,从而可减少转向时驾驶人施加在转向盘上的力,使转向操纵轻便。同时还可以减小因路面不平而从转向轮传到转向盘上的冲击力。

当转向轮在外力作用下绕主销旋转而偏离中间位置时,由于主销内倾,车轮连同整个汽车前部被向上抬起。一旦外力消失,转向轮就会在汽车前部重力作用下力图自动回正到旋转前的中间位置。主销内倾角越大、转向轮偏转角越大,汽车前部就抬起得越高,转向轮自动回正的作用就越大。

主销后倾和主销内倾都具有使车轮自动回正及保证汽车直线行驶稳定性的作用,但其区别在于:主销后倾角的回正作用随着车速的增高而增大,而主销内倾的回正作用几乎与车速无关。

(3)车轮外倾。转向车轮安装在转向节上时,其旋转平面上端向外倾斜,这种现象称为转向车轮外倾。车轮旋转平面与垂直于车辆支承面的纵向平面之间的夹角 α 称为车轮外倾角。

由于主销与衬套之间、轮毂与轴承等处都存在着装配间隙,若空车时车轮的安装正好垂直于路面,则满载时上述间隙将发生变化,车桥也因承载而变形,从而引起车轮向内倾斜。车轮内倾将使路面对车轮的垂直反作用力的轴向分力压向轮毂外端的小轴承,使该轴承及其锁紧螺母等件承受的载荷增大,降低了它们的使用寿命,严重时会损坏锁紧螺母而使车轮脱落。为此,安装车轮时预先留有一定的外倾角,以防止上述不良影响。此外,车轮有一定的外倾角也可以与拱形路面相适应。

(4)前轮前束。车轮安装在车桥上,两前车轮的中心平面不平行,其前端略向内侧收束,这种现象称为前轮前束。两前轮后端距离 A 大于前端距离 B,其差值 $A-B$ 称为前轮前束值。

前轮前束的功用是消除因车轮外倾所造成的不良后果,保证车轮不向外滚动,防止车轮侧滑和减轻轮胎的磨损。

6. 后轮与后轴之间的相对安装位置关系,称为后轮定位。随着车速的不断提高,为了提高汽车高速行驶的稳定性,在结构设计上应确保汽车具有不足转向特性。为此,转向轮定位的内容已扩展到非转向轮(后轮)。汽车后轮具有一定程度的外倾角和前束。

后轮定位内容主要包括后轮外倾角和后轮前束。

(1)后轮外倾角。为了对载荷进行补偿,采用独立后悬架的大多数车辆常带有一个较小的正后轮外倾角。

(2)后轮前束。后轮前束的作用与前轮前束基本相同。一般前驱汽车,前驱动轮宜采用正前束,后从动轮宜采用负前束;对于后驱汽车,前从动轮宜采用负前束,后驱动轮宜采用正前束。

7. 桑塔纳2000乘用车前轮定位检查与调整的技术标准与要求如下:

(1)轮胎气压符合规定要求。

(2)车轮平衡,悬架活动自如。
(3)转向系统调整正确。
(4)前悬架弹簧无过大的间隙和损坏。
(5)检查和调整应在车辆行走 1000~2000km 后,螺旋弹簧的长度基本定型的情况下进行最为适宜。

8. 桑塔纳 2000 乘用车前轮定位检查与调整的准备工作如下:
(1)汽车停放水平场地或专用检测台上,车轮在直线行驶位置且无负载,
(2)前轮定位最好使用光学测量仪检查。如果没有光学测量仪,检查前轮外倾角可用 3021 量角器,检查前轮前束可用机械轮距测试器。

9. 检查前轮前束时,需将车轮停放在水平的硬实地面上,顶起前轮,使车轮能平稳回转,在轮胎周向花纹对称中心画线,然后拆下千斤顶,使车轮恢复稳定状态,并使车轮处于直行位置。

使用前束尺测量时,前束尺的指针高度与轮胎中心高度相同。在车轮的前侧,使前束尺的左、右指针与轮胎中心的画线对准,测出宽度;然后,将前束尺移到车轮后侧,以同样方法测出宽度。两次测量结果之差,即为前轮前束。

调整前轮前束除使用光学测量仪外,还需要专用工具 3075。调整前轮前束是通过改变两侧转向横拉杆的长度来实现的。其步骤如下:
(1)将转向器置于中间位置,旋出中间轴盖上的螺栓。
(2)将带有挂钩 B 的专用工具安置在左横拉杆的紧固螺母上。
(3)用提供的螺栓将作衬垫的间隔件固定到标有 C 记号的转向器孔中。注意不得使用一般螺钉,因为太短,会碰坏转向盘的螺纹。
(4)总前轮前束值分为两半,分别在左、右横拉杆上调整。
(5)固定横拉杆。必要时调整转向盘。
(6)拆出专用工具 3075,重新拧紧盖上螺栓,紧固力矩为 20N·m。

五、看图填空
1.1-轮毂;2-转向横拉杆;3-前梁;4-梯形臂;5-主销;6-转向节;7-制动鼓;8-轮毂轴承
2.1-外半轴;2-万向节;3-内半轴;4-主减速器;5-差速器;6-主销;7-转向节
3.1-悬架摆臂;2-内等速万向节;3-发动机悬置;4-外等速万向节;5-传动轴;6-副车架;7-横向稳定杆
4.1-驻车制动拉索;2-橡胶-金属支承座;3-后桥焊接总成;4-减振器;5-橡胶护罩;6-弹簧;7-缓冲限位块;8-制动器

3.2 车轮总成

一、判断题
1.√; 2.×; 3.√; 4.√; 5.×; 6.√; 7.×; 8.×; 9.√;
10.√; 11.√; 12.√; 13.×; 14.√; 15.×; 16.√; 17.√; 18.√;
19.√; 20.√; 21.√; 22.√; 23.×; 24.√; 25.×; 26.√; 27.×;
28.√; 29.×; 30.√; 31.√; 32.×; 33.√; 34.√; 35.√; 36.×;

37. √; 38. √; 39. ×; 40. √; 41. √; 42. √; 43. ×; 44. √; 45. √; 46. √; 47. √; 48. √; 49. ×; 50. √; 51. ×; 52. √; 53. √; 54. ×; 55. √; 56. ×; 57. √

二、选择题

1. C; 2. D; 3. A; 4. B; 5. A; 6. C; 7. C; 8. A; 9. D; 10. C; 11. B; 12. D; 13. C; 14. A; 15. B; 16. A; 17. B; 18. A; 19. C; 20. B; 21. A; 22. B; 23. C; 24. D; 25. C; 26. D; 27. D; 28. B; 29. A; 30. D; 31. B; 32. B

三、填空题

1. 车轮、轮胎;2. 车桥、地面;3. 质量、动载荷;4. 驱动、制动力;5. 侧向力、回正力矩;6. 轮胎、车桥、安装轮胎、轮胎、车桥;7. 轮毂、轮辋、轮辐;8. 轮毂、轮辋;9. 辐板式、辐条式;10. 挡圈、轮辋、辐板、气门嘴伸出口;11. 轮毂、轮辋;12. 铝合金、轮辋、轮辐;13. 钢丝辐条式、铸造辐条式;14. 深槽轮辋、平底轮辋、对开式轮辋、半深槽轮辋、深槽宽轮辋、平底宽轮辋、全斜底轮辋;15. 充气式、轮辋;16. 高压胎、低压胎、超低压胎;17. 内胎轮胎、无内胎轮胎(俗称真空胎)、无内胎轮胎;18. 斜交轮胎、子午线轮胎、子午线轮胎;19. 普通花纹轮胎、组合花纹轮胎、越野花纹轮胎;20. 人造丝(R)轮胎、棉帘线(M)轮胎、尼龙(N)轮胎、钢丝(G)轮胎;21. 有内胎轮胎、无内胎轮胎;22. 外胎、内胎、垫带、轮辋;23. 无内胎轮、内胎、垫带;24. 轮辋、外胎、轮辋;25. 胎面、胎圈、胎体;26. 胎冠、胎肩、胎侧;27. 普通花纹、组合花纹、越野花纹;28. 胎肩、散热性能;29. 胎侧、轮胎;30. "△"、4;31. 钢丝圈、帘布层包边、胎圈包布;32. 帘布层、缓冲层;33. 承受载荷、形状和尺寸、强度;34. 斜交轮胎、子午线轮胎;35. 50°、轮胎横断面;36. 胎面、帘布层;37. 轮胎断面宽度、轮胎内径;38. 轮胎名义断面宽度代号、轮胎名义扁平比代号、子午线轮胎结构代号、轮胎名义直径代号、荷重等级代号、速度等级代号;39. 轮胎换位;40. 更换轮胎;41. 百分表、1.4mm 或更小;42. 交叉换位法、单边换位法;43. 离车式、就车式;44. 驱动装置、支承装置、显示与控制装置、制动装置;45. 卡夹式、粘贴式

四、简答题

1. 汽车车轮总成是由车轮和轮胎两大部分组成,是汽车行驶系统中及其重要的部件之一,它处于车桥和地面之间,具有如下基本功用:

(1)支承整车质量,包括在汽车质量上下运动时产生的惯性动载荷。

(2)缓和由路面传递来的冲击载荷。

(3)通过轮胎和路面之间的附着作用,产生驱动和阻止汽车运动的外力,即为汽车提供驱动力和制动力。

(4)产生平衡汽车转向离心力的侧向力,以便顺利转向,并通过轮胎产生的自动回正力矩,使车轮具有保持直线行驶的能力。

(5)承担跨越障碍的作用,保证汽车的通过性。

2. 车轮是介于轮胎和车桥之间承受载荷的旋转组件,其功用是安装轮胎,承受轮胎与车桥之间的各种载荷。

车轮一般是由轮毂、轮辋和轮辐组成。轮毂通过圆锥滚子轴承装在车桥或转向节轴颈上,用于连接车轮与车桥。轮辋用于安装和固定轮胎。轮辐用于将轮毂和轮辋连接起来,并

通过螺栓与轮毂连接起来。

(1)轮辐。按轮辐结构的不同,车轮可以分为两种形式:辐板式车轮和辐条式车轮。

普通乘用车和轻、中型货车普遍采用辐板式车轮,由挡圈、轮辋、辐板和气门嘴伸出口组成。车轮中用以连接轮毂和轮辋的钢质圆盘称为辐板,大多是冲压制成的,少数是和轮毂铸成一体,后者主要用于重型汽车。

乘用车的辐板所用板料较薄,常冲压成起伏多变的形状,以提高其刚度,目前广泛采用的乘用车车轮为铝合金车轮,且多为整体式的,即轮辋和轮辐铸成一体。它质量轻,尺寸精度高,生产工艺好,美观大方,可以明显改善车轮的空气动力学特性,降低汽车油耗。

辐条式车轮按辐条结构的不同分为钢丝辐条式车轮和铸造辐条式车轮。

(2)轮辋。轮辋用于安装和固定轮胎。轮辋的常见结构形式有:深槽轮辋、平底轮辋和对开式轮辋。此外,还有半深槽轮辋、深槽宽轮辋、平底宽轮辋、全斜底轮辋等。

3. 轮胎功用和类型如下:

(1)轮胎的功用。现代汽车都采用充气式轮胎,轮胎安装在轮辋上,直接与路面接触,它的功用是:

①支承汽车的质量,承受路面传来的各种载荷。

②和汽车悬架共同来缓和汽车行驶中所受到的冲击,并衰减由此而产生的振动,以保证汽车有良好的乘坐舒适性和行驶平顺性。

③保证车轮和路面有良好的附着性,以提高汽车的动力性、制动性和通过性。

(2)轮胎的类型。

①按轮胎内空气压力的大小,轮胎分为高压胎(0.5~0.7MPa)、低压胎(0.2~0.5MPa)和超低压胎(0.2MPa以下)三种。低压胎弹性好、减振性能强、壁薄散热性好、与地面接触面积大附着性好,因而广泛用于乘用车。超低压胎在松软路面上具有良好的通过能力,多用于越野汽车及部分高级乘用车。

②按轮胎有无内胎,轮胎分为有内胎轮胎和无内胎轮胎(俗称真空胎)两种。目前乘用车上普遍采用无内胎轮胎。

③按胎体帘布层结构的不同,轮胎分为斜交轮胎和子午线轮胎。目前,子午线轮胎在汽车上广泛应用。

④根据花纹不同分为:普通花纹轮胎、组合花纹轮胎、越野花纹轮胎。

⑤根据帘线材料不同分为:人造丝(R)轮胎、棉帘线(M)轮胎、尼龙(N)轮胎、钢丝(G)轮胎。

目前乘用车上应用的轮胎主要是低压(超低压)、无内胎的子午线轮胎。

4. 充气轮胎按结构的不同,可分为有内胎轮胎和无内胎轮胎两种。

有内胎轮胎由外胎、内胎和垫带等组成,使用时安装在汽车车轮的轮辋上。无内胎轮胎俗称真空胎,在外观上与普通轮胎相似,但是没有内胎及垫带。它的气门嘴用橡胶垫圈和螺母直接固定在轮辋上,空气直接充入外胎中,其密封性由外胎和轮辋来保证。

外胎是轮胎的主要组成部分,它是用耐磨橡胶以及帘线制成的强度较高而又有弹性的外壳,直接与地面接触来保护内胎,使其不受损伤,主要由胎面、胎圈和胎体等组成。

(1)胎面。胎面是轮胎的外表面,可分为胎冠、胎肩和胎侧三部分。

胎冠又称行驶面,它与路面直接接触,直接承受冲击与摩擦,并保护胎体免受机械损伤。为使轮胎与地面有良好的附着性能,防止纵、横向滑移,在胎面上制有各种形状的花纹,主要有普通花纹、组合花纹、越野花纹等。

胎肩是较厚的胎冠和较薄的胎侧间的过渡部分,一般也制有各种花纹,以提高该部位的散热性能。

胎侧又称胎壁,它由数层橡胶构成,覆盖轮胎两侧,保护内胎免受外部损坏。胎侧可承受较大的挠曲变形,在行驶过程中,不断地在载荷作用下挠曲变形。胎侧上标有厂家名称、轮胎尺寸及其他资料。

胎冠部分磨损到磨损标记以下后将非常危险。胎面磨损标志位于胎面花纹沟底部,当胎面磨损到此处时,花纹沟断开,表明轮胎必须停止使用并送去翻新或报废。为便于用户找到磨损标志,通常在磨损标志对应的胎肩处标出"△"符号。这种磨损标志按国家标准的规定,每只轮胎应沿圆周等距离设置,不少于4个。

(2)胎圈。胎圈是帘布层的根基,由钢丝圈、帘布层包边和胎圈包布组成,具有很大的刚度和强度,可以使外胎牢固地安装在轮辋上。

(3)胎体。胎体由帘布层和缓冲层组成。

①帘布层。帘布层是外胎的骨架,主要用于承受载荷,保持外胎的形状和尺寸,并使其具有足够的强度。为使载荷均匀分布,帘布层通常由成偶数的多层帘布用橡胶贴合而成,相邻层的帘线交叉排列。帘布层数越多,轮胎的强度越大,但弹性下降。在外胎表面上标有帘布层数。

按照帘布层帘线排列方式的不同,外胎可以分为斜交轮胎和子午线轮胎。

斜交轮胎帘布层的帘线按一定角度交叉排列,帘线与轮胎横断面的交角通常为50°。子午线轮胎帘布层帘线排列的方向与轮胎横断面一致,即垂直于轮胎胎面中心线,类似于地球仪上的子午线。子午线轮胎胎侧比斜交轮胎软,在径向上容易变形,可以增加轮胎的接地面积,即使在充足气后,两侧壁上也有一个特殊的凸起部。

子午线轮胎与斜交轮胎相比较具有行驶里程长、滚动阻力小、节约燃料、承载能力大、减振性能好、附着性能好、不易爆胎等优势,目前在汽车上应用广泛。

②缓冲层。缓冲层夹在胎面和帘布层之间,质软而弹性大,一般由两层或数层较稀疏的帘布和橡胶制成,其相邻两层的帘线也是交叉排列的。其作用是加强胎面与帘布层之间的结合,防止汽车紧急制动时胎面与帘布层脱离,并缓和汽车行驶时所受到的路面冲击。

5. 185/60 R 14 82 H 子午线轮胎规格的含义如下:

(1)185——轮胎名义断面宽度代号,表示轮胎宽度为185mm。

(2)60——轮胎名义扁平比代号,表示扁平比为60%。扁平比为轮胎高度 H 与宽度 B 之比,有60、65、70、75、80五个级别。

(3)R——子午线轮胎结构代号,即"Radial"的第一个字母。

(4)14——轮胎名义直径代号,表示轮胎内径14英寸(in)。

(5)82——荷重等级代号,即最大载荷质量。荷重等级为82的轮胎的最大载荷质量为475kg。

(6)H——速度等级代号,表明轮胎能行驶的最高车速,H表示最高车速为210km/h。

6. 轮胎的检查内容及方法如下：

(1) 举升车辆，缓慢转动轮胎，检查轮胎是否有胎体变形、鼓包、橡胶开裂、异常磨损及穿刺异物等现象。检查并清除轮胎花纹中堆积的杂物等。

(2) 胎面花纹深度检查。具体方法：擦净轮胎花纹顶面及纹槽；将深度尺垂直插入纹槽中，保持深度尺的测量平面与两侧花纹顶面可靠接触；观察并读取深度尺外壳顶端与标尺对齐的刻度线指示的数值，该数值即为轮胎花纹深度值。

如果轮胎花纹接近磨损标志，应更换轮胎。如果经过测量，前轮轮胎比后轮轮胎花纹磨损严重，应进行车辆换位。这样可保持汽车各个轮胎磨损基本均匀，达到延长轮胎使用寿命的目的。

(3) 检查轮胎的径向圆跳动。用百分表检测轮胎的径向圆跳动。轮胎径向圆跳动：1.4mm或更小。

(4) 轮胎气压的检查。轮胎气压可用气压表进行检查，应符合规定要求。

(5) 轮胎换位。

①按时换位可使轮胎磨损均匀，约可延长20%的使用寿命，应结合车辆二级维护定期换位。在路面拱度较大的地区或夏季，轮胎磨损差别较大，可适当增加换位次数。

②轮胎换位方法常用的有交叉换位法和单边换位法。

③轮胎换位后，应按所换的胎位要求，重新调整气压。

④轮胎换位后须做好记录，下次换位仍要按上次选定的换位方法换位。

7. 车轮总成的拆装方法如下：

(1) 车轮总成的拆卸。

①停稳车辆，用三角木掩住各车轮。

②取下车轮上的装饰罩，弄清汽车左右侧车轮与轮毂连接螺栓的螺旋方向，使用车轮螺母拆装机或用套筒扳手初步拧松各连接螺母。

③将车辆停在举升架上，升起车辆，使车轮稍离开地面。也可用千斤顶顶在指定的位置，使被拆车轮稍离地面。

④拧下车轮与轮毂连接的全部螺母，取下垫圈，并摆放整齐。

⑤边向外拉边左右晃动车轮，从车轴上取下车轮总成。

(2) 车轮总成的安装。

①顶起车桥，套上车轮，将螺母初步拧在螺柱上。

②放下车轮并在车轮前后用三角木掩住，用扭力扳手或车轮螺母拆装机，按对角线顺序分2~3次拧紧车轮螺母，最后一次要按规定力矩拧紧。

③安装后轮双胎时，要先拧紧内侧车轮的内螺母，再装外侧轮胎。在安装过程中，应用千斤顶分两次顶起车桥，分别安装内、外两个车轮。双轮胎高低搭配要合适，一般较低的胎装于里侧，较高的胎装于外侧。应注意内侧轮胎和外侧轮胎的气门嘴应互成180°位置。

8. 目前乘用车几乎都是采用无内胎的子午线轮胎，最常见的拆装轮胎的专用设备是轮胎拆装机。

(1) 轮胎脱开。把车轮竖起放在地上，靠近支撑胶板，压好后，踩下踏板，慢慢转动车轮，重复上述动作，直到把胎唇全部撬开。

(2)轮胎分解。

①扳动锁紧杆,松开垂直立杆。

②将轮胎锁紧在转盘上,锁紧方式有两种,外夹:将轮胎放于旋转工作台上,踩踏开启踏板,使卡爪将轮胎锁紧;里夹:先将卡爪外张开,将轮胎放置转盘上,踩踏锁紧踏板,卡爪锁紧轮辋外缘。对胎口较紧的轮胎推荐里夹。

③按下垂直立杆,使拆装头靠近轮胎边缘,并用锁紧杆锁紧垂直立杆。调整悬臂定位螺栓,使机头滚轮与钢圈外缘隔离间隙为 5~7mm,上下提升 3mm 左右。

④用撬杠将胎缘撬在拆装头上,点踩踏板,让转盘顺时针旋转,直到胎缘脱落为止。

注意:如拆胎受阻,应立即停车,点踩踏板,让转盘逆时针转动,消除障碍。

(3)轮胎装配。

①用除锈机或钢丝刷除去轮辋、挡圈和锁圈上的锈迹。

②将轮辋在转盘上锁定。

③先给胎唇涂上润滑膏或肥皂水,然后把轮胎套在钢套上把拆装头固定到工作位置。

④将胎缘置于拆装头尾部上面,机头下部,同时压低胎肚。

⑤顺时针旋转转盘让胎缘落入钢圈槽内。

⑥重复以上步骤,装上另一胎缘。

⑦调整轮胎位置,使轮胎平衡点位置与气门嘴右 180°角安装。

⑧松开钳住钢圈的卡爪,给轮胎充气

(4)轮胎充气。

①轮胎充气应按照该型汽车使用说明书上规定的标准气压执行,并在冷态时用气压表测量,若在热态时测量,应略高于标准气压,取适当的修正值。气压表应定期校准,以保证读数准确。

②轮胎装好后,先充入少量空气,待内胎充气伸展后再继续充至要求气压。

③充气前应检查气门芯与气门嘴是否配合平整,并擦净灰尘。充气后应检查是否漏气,并将气门帽装紧。

④充入的空气不得含有水分和油雾。

⑤充气时应注意安全防护,充气开始时用手锤轻击锁圈,使其平稳嵌入轮辋圈槽内,以防锁圈跳出。

9.车轮的动平衡试验有离车式和就车式两种方法。常见的为离车式车轮的动平衡试验。

利用离车式车轮动平衡机对车轮进行动平衡检测时,需将车轮从车上拆下。车轮动平衡机主要由驱动装置、转轴与支承装置、显示与控制装置、制动装置及防护罩组成。

(1)根据轮辋中心孔的大小选择锥体,仔细地装上车轮,用大螺距螺母拧紧。

(2)打开电源开关,检查指示与控制装置的面板是否指示正确。

(3)用卡尺测量轮辋宽度、轮辋直径(也可由胎侧读出),用平衡机上的标尺测量轮辋边缘至右支承的距离,再用键入或选择器旋钮对准测量值的方法,将轮辋边缘至右支承的距离、轮辋宽度、轮辋直径值输入到指示与控制装置中去。为了适应不同计量制式,平衡机上的所有标尺一般都同时标有英制和米制刻度。

(4)放下车轮防护罩,按下启动键,车轮旋转,平衡测试开始,微机自动采集数据。

(5)车轮自动停转或听到"笛"声按下停止键并操纵制动装置使车轮停转后,从指示装置读取车轮内、外两侧不平衡量和不平衡位置。

(6)抬起车轮防护罩,用手慢慢转动车轮。当指示装置发出指示(音响、指示灯亮、制动、显示点阵或显示检测数据等)时停止转动。在轮辋的内侧或外侧的上部(时钟12点位置)加装指示装置显示该侧平衡块质量。内、外侧要分别进行,平衡块装卡要牢固。

(7)安装平衡块后有可能产生新的不平衡,应重新进行平衡试验,直至不平衡量<5g,指示装置显示"00"或"OK"时才能满意。当不平衡量相差10g左右时,如沿轮辋边缘左右移动平衡块一定角度,将可获得满意的效果。平衡过程中,实践经验越丰富,平衡速度越快。

(8)测试结束,关闭电源开关。车轮动平衡机的平衡重又称配重,通常有卡夹式和粘贴式两种类型。卡夹式配重适用于轮辋有卷边的车轮。对于铝镁合金轮辋,因无卷边可夹,可使用粘贴式配重。粘贴式配重的外弯面有不干胶,粘贴于轮辋内表面。

五、看图填空

1.1-子午线轮胎;2-平衡块及夹子;3-车轮饰板;4-车轮螺栓;5-铝合金铸造辐条;6-铝合金轮辋;7-车轮

2.1-轮毂;2-气门嘴出口;3-轮辐(辐板式);4-挡圈;5-轮辋

3.1-装饰罩;2-辐板;3-轮辋

4.1-胎冠;2-胎肩;3-胎侧;4-胎圈;5-钢丝圈;6-垫带;7-帘布层;8-缓冲层;9-带束层

5.1-H 轮胎断面高度;2-D 轮胎外径;3-d 轮胎内径;4-B 轮胎断面宽度

3.3 车架与悬架

一、判断题

1.√; 2.√; 3.√; 4.√; 5.×; 6.√; 7.×; 8.√; 9.×;
10.√; 11.√; 12.√; 13.√; 14.√; 15.×; 16.√; 17.√; 18.√;
19.√; 20.√; 21.√; 22.√; 23.√; 24.√; 25.√; 26.√; 27.√;
28.√; 29.×; 30.√; 31.×; 32.√; 33.√; 34.×; 35.√; 36.×;
37.√; 38.√; 39.√; 40.√; 41.√; 42.√; 43.√; 44.√; 45.√;
46.√; 47.×; 48.×; 49.√; 50.√; 51.√; 52.√; 53.×; 54.√;
55.√; 56.√; 57.√; 58.√; 59.√; 60.√; 61.√; 62.√; 63.√;
64.√; 65.√; 66.√; 67.√; 68.√; 69.√; 70.√; 71.√; 72.√;
73.×; 74.√; 75.√; 76.√; 77.√; 78.√; 79.√; 80.×; 81.√;
82.√; 83.√; 84.√; 85.√; 86.√; 87.√; 88.√; 89.×; 90.√;
91.×; 92.√; 93.√; 94.√; 95.√; 96.√; 97.√; 98.√; 99.√;
100.√; 101.×; 102.√; 103.√; 104.×; 105.√; 106.√; 107.√; 108.√;
109.√; 110.√; 111.×; 112.√; 113.√; 114.×; 115.×; 116.√; 117.√;
118.×; 119.×; 120.√; 121.√; 122.√; 123.√; 124.√; 125.√; 126.√;
127.√; 128.√; 129.√; 130.√; 131.√; 132.√; 133.√; 134.√; 135.×;
136.√; 137.×; 138.×; 139.×; 140.√; 141.×; 142.√; 143.×; 144.√;

145. ×； 146. ×； 147. ×； 148. √； 149. ×； 150. ×； 151. ×； 152. √； 153. ×；
154. √； 155. √； 156. √； 157. ×； 158. √； 159. ×； 160. √； 161. √； 162. √；
163. √； 164. √； 165. ×； 166. √； 167. √； 168. √； 169. √； 170. ×； 171. ×；
172. √； 173. √； 174. ×； 175. √； 176. √； 177. √； 178. √； 179. √； 180. √；
181. √； 182. √； 183. ×； 184. √； 185. ×； 186. √； 187. √； 188. √； 189. ×

二、选择题

1. A； 2. B； 3. B； 4. C； 5. D； 6. D； 7. C； 8. D； 9. C；
10. A； 11. B； 12. C； 13. D； 14. A； 15. B； 16. A； 17. A； 18. B；
19. A； 20. B； 21. C； 22. C； 23. A； 24. B； 25. B； 26. C； 27. C；
28. A； 29. C； 30. A； 31. B； 32. D； 33. B； 34. C； 35. D； 36. C

三、填空题

1. 骨架、装配基体；2. 边梁式车架、中梁式车架、综合式车架、无梁式车架；3. 边梁式车架、无梁式车架；4. 纵梁、横梁、纵梁、横梁；5. 纵梁、横向悬伸托架；6. 边梁式、中梁式；7. 承载式车身、承载式车身、安装基础；8. 车门、车窗、车身内外装饰件、车身附件、座椅；9. 车架(或车身)、车桥(或车轮总成)；10. 非独立悬架、独立悬架；11. 弹性元件、减振器、导向机构、横向稳定器；12. 车架(或车身)、车桥(或车轮总成)、垂直载荷；13. 振动、振动的振幅；14. 纵向推力杆、横向推力杆、运动关系；15. 横向倾斜；16. 钢板弹簧、螺旋弹簧、扭杆弹簧、气体弹簧；17. 钢板弹簧、冲击；18. 曲率半径、长度、宽度、厚度；19. 主片、卷耳状；20. 钢板夹、U形螺栓、销子；21. 独立悬架、非独立悬架；22. 弹簧钢棒、圆锥形、不等螺距；23. 铬钒弹簧钢、车架、悬架的摆臂；24. 冲击、振动、弹性元件；25. 液压减振器、热能；26. 增减、黏度；27. 越小、越大；28. 防尘罩、储油缸筒、工作缸筒；29. 压缩阀、伸张阀、流通阀、补偿阀；30. 很弱、刚度；31. 压缩行程、伸张行程；32. 钢板弹簧式、螺旋弹簧式；33. 螺旋弹簧、减振器、纵向推力杆、横向推力杆；34. 横臂式、纵臂式、烛式、麦弗逊式、多连杆式；35. 单横臂式、双横臂式；36. 单纵臂式、双纵臂式；37. 车架、轮距、轴距；38. 减振器、主销轴线

四、简答题

1. 车架俗称"大梁"，它是跨接在前后车轮上的桥梁式结构，是构成整个汽车的骨架，是整个汽车的装配基体，汽车绝大多数的零部件、总成(如发动机、变速器、传动机构、操纵机构、车桥、车身等)都要安装在车架上。

汽车上采用的车架有4种类型：边梁式车架、中梁式车架、综合式车架和无梁式车架。目前汽车上多采用边梁式车架和无梁式车架。

2. 各类型车架的结构特点如下：

(1)边梁式车架。边梁式车架由两根位于两边的纵梁和若干横梁组成，用铆接法或焊接法将纵梁与横梁连接成坚固的刚性构架。

边梁式车架结构简单，便于整车的布置，在各种类型的汽车上都广泛应用。

(2)中梁式车架。中梁式车架又称脊梁式车架，由一根贯穿汽车纵向的中央纵梁和若干根横向悬伸托架所组成。中梁的断面一般是管形或箱形，其前端制成伸出支架，用以固定发动机。传动轴在中梁内穿过。主减速器壳通常固定在中梁的尾端，形成断开式后驱动桥，中梁上的悬伸托架用以支承汽车车身和安装其他机件。

(3)综合式车架。综合式车架是由边梁式和中梁式车架结合而成的。车架前段或后段近似边梁式结构,便于分别安装发动机或驱动桥。传动轴从中梁中间穿过。这种结构制造工艺复杂,目前应用也不多。

(4)无梁式车架。部分乘用车和客车为减轻自身质量,以车身代替车架,这种车身又称承载式车身或无梁式车架。采用承载式车身的特点是没有车架(大梁),车身就作为发动机和底盘各总成的安装基础,各种载荷全部由车身承受。

乘用车车身总成结构主要包括:车身壳体、车门、车窗、车前后钣金件、车身内外装饰件、车身附件、座椅以及通风装置等。车身壳体是一切车身部件和零件的安装基础,由纵、横梁支柱等主要承力元件,以及与它们相连接的钣金件经焊接而共同组成的刚性空间结构。车前后钣金件,包括散热器框架前后围板、发动机罩、前后翼子板、挡泥板等。这些钣金件形成了容纳发动机、车轮等部件的空间。

3. 悬架是车架(或车身)与车桥(或车轮总成)之间一切传力连接装置的总称。悬架具有如下的功用:

(1)连接车架(或车身)和车桥(或车轮总成),把路面作用到车轮总成的各种力传给车架(或车身)。

(2)缓和冲击、衰减振动,使乘坐舒适,具有良好的平顺性。

(3)保证汽车具有良好的操纵稳定性。

4. 汽车悬架可分为两大类:非独立悬架和独立悬架。

(1)非独立悬架的特点是左右车轮安装在一根整体式车桥两端,车桥则通过悬架与车架相连。当一侧车轮发生位置变化后会导致另一侧车轮的位置也发生变化。

(2)独立悬架的结构特点是车桥制成断开的,每一侧车轮单独通过悬架与车架(或车身)连接。与非独立悬架相比较,汽车采用独立悬架有以下优点:

①两侧车轮可以单独运动而互不影响,这样在不平道路上可减少车架(或车身)的振动,而且有助于消除转向车轮不断偏摆的不良现象。

②减少了汽车的非簧载质量(即不由弹簧支承的质量)。在道路条件和车速相同时,非簧载质量越小,悬架受到的冲击载荷也就越小,因而采用独立悬架可以提高汽车的平均行驶速度。

③由于采用断开式车桥,发动机总成的位置可以降低和前移,使汽车重心下降,因而可提高汽车的行驶稳定性;同时由于限制了车轮较大的上下运动的空间,故可以将悬架刚度设计得较小,以降低车身振动频率,改善行驶平顺性。

④越野汽车全部车轮采用独立悬架还可保证汽车在不平道路上行驶时,所有车轮和路面有良好的接触,从而可增大牵引力;此外,可增大汽车的离地间隙,使汽车的通过性能大大提高。

由于具有以上优点,独立悬架被现代汽车广泛采用。但是,独立悬架结构复杂,制造成本高,维修不便,在一般情况下,车轮跳动时,由于车轮外倾角与轮距变化较大,轮胎磨损较严重。

5. 现代汽车的悬架虽有不同的结构形式,但一般都由弹性元件、减振器、导向机构等组成,乘用车一般还有横向稳定器。

弹性元件使车架(或车身)与车桥(或车轮总成)之间做弹性连接,可以缓和由于不平路面带来的冲击,并承受和传递垂直载荷。减振器可以衰减由于路面冲击产生的振动,使振动的振幅迅速减小。

导向机构包括纵向推力杆和横向推力杆,用于传递纵向载荷和横向载荷,并保证车轮相对于车架(或车身)的运动关系。

横向稳定器可以防止车身在转向等情况下发生过大的横向倾斜。

6. 汽车上常用的弹性元件包括钢板弹簧、螺旋弹簧、扭杆弹簧和气体弹簧等。

(1) 钢板弹簧。钢板弹簧又称叶片弹簧,在车桥靠近车架(或车身)时靠钢板弹簧的弹性形变来起缓冲作用,并在车桥靠近和离开车架(或车身)的整个过程中,通过各片相互之间的滑动摩擦,部分衰减路面的冲击作用。

一副钢板弹簧通常由很多曲率半径不同、长度不等、宽度一样、厚度相等的弹簧钢板片叠成,在整体上近似等强度的弹性梁。第一片最长的钢板弹簧,称为主片,其两端或一端弯成卷耳状。在钢板弹簧全长内装有2~4个钢板夹。钢板弹簧的中部通过U形螺栓和压板与车桥刚性固定,两端用销子铰接在车架的支架和吊耳上。

(2) 螺旋弹簧。螺旋弹簧广泛应用于独立悬架,有些乘用车的后轮非独立悬架也采用螺旋弹簧做弹性元件。由特殊的弹簧钢棒卷制而成,可以制成圆柱形或圆锥形,也可以制成等螺距或不等螺距。圆柱形等螺距螺旋弹簧的刚度是不变的,圆锥形或不等螺距螺旋弹簧的刚度是可变的。

螺旋弹簧与钢板弹簧相比,无需润滑,防污能力强,质量小,单位质量的能量吸收率较高。但是,螺旋弹簧本身减振作用很差,因此在螺旋弹簧悬架中,必须另装减振器;螺旋弹簧只能承受垂直载荷,故必须加装导向装置,以传递垂直力以外的各种力和力矩。

(3) 扭杆弹簧。扭杆弹簧是一根由铬钒弹簧钢制成的扭杆。扭杆一端固定在车架上,另一端固定在悬架的摆臂上,摆臂则与车轮相连。当车轮跳动时,摆臂便绕着扭杆轴线而摆动,使扭杆产生扭转导致弹性变形,以保证车轮与车架的弹性联系。

扭杆弹簧在制造时,经热处理后预先施加一定的扭转力矩,使之产生一个永久的扭转变形,从而使其具有一定的预应力。左、右扭杆的预加扭转的方向都与扭杆安装在车上后承受工作载荷时扭转的方向相同,目的是减少工作时的实际应力,以延长使用寿命。如果左、右扭杆换位安装,则将导致扭杆弹簧的实际工作应力加大,使用寿命缩短。因此,左右扭杆弹簧刻有不同的标记,不可互换。

7. 减振器在汽车中的作用是迅速衰减由车轮通过悬架弹簧传给车身的冲击和振动,提高汽车行驶的平顺性能。减振器在汽车悬架中是与弹性元件并联安装的。

目前,汽车悬架系统中广泛采用液压减振器。当车架与车桥作往复的相对运动而使活塞在缸筒内往复移动时,减振器壳体内的油液便反复地从内腔通过一些窄小的孔隙流入另一内腔,此时孔壁与油液间的摩擦及液体分子内的摩擦便形成对振动的阻尼力,使车身和车架的振动能量转化为热能被油液和减振器壳体所吸收,然后扩散到大气中。减振器阻尼力的大小随车架与车桥(或车轮)间相对速度的变化而增减,并且与油液的黏度有关。

阀门越大,阻尼力越小,反之亦然。相对运动速度越大,阻尼力越大,反之亦然。

阻尼力越大,振动的衰减越快,但悬架弹性元件的缓冲效果不能发挥,乘坐也不舒适,因此弹性元件的刚度与减振器的阻尼力要合理搭配，才能保证乘坐舒适性和操纵稳定性的要求。

8. 双向作用筒式减振器有 3 个同心缸筒，外面的缸筒是防尘罩，其上部的吊耳与车架相连。中间是储油缸筒，内装有一定量的油液，其下端的吊耳与车桥相连，里面是工作缸筒，其内装满油液。它还有 4 个阀，即压缩阀、伸张阀、流通阀和补偿阀。流通阀和补偿阀是一般的止回阀，其弹簧很弱，当阀上的油压作用力与弹簧弹力同向时，阀处于关闭状态，完全不通油液；而当油压作用力与弹簧弹力反向时，只要很小的油压，阀便能开启。压缩阀和伸张阀是卸载阀，其弹簧刚度较大，预紧力较大，只有当油压增高到一定程度时，阀才能开启；而当油压减低到一定程度时，阀即自行关闭。

双向作用筒式减振器的工作原理可用压缩和伸张两个行程加以说明。

(1) 压缩行程。当车桥移近车架(或车身)时，减振器受压缩，活塞下移，使其下腔室容积减小，油压升高。具有一定压力的油液顶开流通阀进入活塞上腔室。由于活塞杆占去上腔室的部分容积，使上腔室增加的容积小于下腔室减小的容积，因此还有一部分油液不能进入上腔室而只能压开压缩阀，流回储油缸筒。油液流经上述阀孔时，受到一定的节流阻力，为克服这种阻力而消耗了振动能量，使振动衰减。

(2) 伸张行程。当车桥相对远离车架(或车身)时，减振器受拉伸，活塞上移，使其上腔室油压升高。上腔室的油液便推开伸张阀流入下腔室。同样由于活塞杆的存在，上腔室减小的容积小于下腔室增加的容积，因而从上腔室流出来油液不足以充满下腔室所增加的容积，使下腔室产生一定的真空，这时储油缸筒中的油液在真空作用下推开补偿阀流进下腔室进行补充。

从上面的原理可以得知，这种减振器在压缩、伸张两个行程都能起减振作用，因此称为双向作用减振器。

9. 横向稳定器利用扭杆弹簧原理，将左右车轮通过横向稳定杆连接起来。在车身倾斜时，稳定杆两边的纵向部分向不同方向偏转，于是横向稳定杆便被扭转。弹性的稳定杆产生的扭转内力矩就阻碍了悬架弹簧的变形，从而减少车身的横向倾斜。

10. 非独立悬架结构简单，工作可靠，一些乘用车的后悬架中采用这一结构类型。

按照采用弹性元件的不同，非独立悬架可以分为钢板弹簧式非独立悬架和螺旋弹簧式非独立悬架。

(1) 钢板弹簧非独立悬架。钢板弹簧中部通过 U 形螺栓(骑马螺栓)固定在前桥上。钢板弹簧的前端卷耳用弹簧销与前支架相连，形成固定式铰链支点，起传力和导向作用；而后端卷耳则用吊耳销与可在车架上摆动的吊耳相连，形成摆动式铰链支点，从而保证了弹簧变形时两卷耳中心线间的距离有改变的可能。

减振器的上、下两个吊环通过橡胶衬套和连接销分别与车架上的上支架和车桥上的下支架相连接。盖板上装有橡胶缓冲块，以限制弹簧的最大变形，并防止弹簧直接碰撞车架。

(2) 螺旋弹簧非独立悬架。螺旋弹簧非独立悬架由螺旋弹簧、减振器、纵向推力杆和横向推力杆组成。一般只用于乘用车的后悬架。

11. 独立悬架可分为横臂式独立悬架、纵臂式独立悬架、烛式独立悬架、麦弗逊式独立悬架、多连杆式独立悬架等。

(1) 横臂式独立悬架。横臂式独立悬架分为单横臂式和双横臂式两种,目前单横臂式独立悬架应用较少。

双横臂式独立悬架的两个横摆臂有等长的和不等长的。摆臂等长的独立悬架当车轮上下跳动时,虽然车轮平面不倾斜、主销轴线的方向也不发生变化,但轮距发生较大的变化,这将引起车轮的侧滑和轮胎的磨损。而摆臂不等长的独立悬架当车轮上下跳动时,虽然车轮平面、主销轴线、轮距都发生变化,但如果选择长度比例合适,可使车轮和主销的角度及轮距变化不大,这种独立悬架被广泛用在乘用车前轮上。

(2) 纵臂式独立悬架。纵臂式独立悬架也分为单纵臂式和双纵臂式两种。

单纵臂式独立悬架如果用于前轮,车轮上下跳动时会使主销后倾角变化很大,所以单纵臂式独立悬架都用于后轮。

双纵臂式独立悬架的两纵摆臂一般长度相等,形成平行四连杆机构。这种悬架当车轮上下跳动时,车轮外倾角、轮距和主销后倾角都不发生变化,所以适用于前轮。

(3) 烛式独立悬架。烛式独立悬架主销的上下两端刚性地固定在车架上。套在主销上的套管固定在转向节上。套管的中部固定装着螺旋弹簧的下支座。筒式减振器的下端与转向节相连,上端与车架相连。悬架的摩擦部分套着防尘罩。通气管与防尘罩内腔相通,以免罩中空气被密封而影响悬架的弹性。

其优点是当悬架变形时,主销的定位角不会发生变化,仅轮距、轴距稍有改变;有利于汽车的转向操纵性和行驶稳定性。缺点是侧向力全部由套筒和主销承受,二者间的摩擦阻力大,磨损严重。因此,这种结构形式目前很少采用。

(4) 麦弗逊式独立悬架。麦弗逊式悬架是发动机前置前轮驱动乘用车和某些轻型客车应用比较普遍的悬架结构形式。筒式减振器为滑动立柱,横摆臂的内端通过铰链与车身相连,外端通过球铰链与转向节相连。减振器的上端与车身相连,减振器的下端与转向节相连,车轮所受的侧向力大部分由横摆臂承受,其余部分由减振器活塞和活塞杆承受。筒式减振器上铰链的中心与横摆臂外端球铰链中心的连线为主销轴线,此结构也为无主销结构。当车轮上下跳动时,减振器下支点随前悬架摇臂摆动,故主销轴线角度是变化的,这说明车轮是沿着摆动的主销轴线而运动。

烛式独立悬架和麦弗逊式独立悬架都属于车轮沿主销移动的独立悬架,烛式独立悬架的车轮沿固定不动的主销移动,麦弗逊式独立悬架的车轮沿摆动的主销轴线移动。

(5) 多连杆式独立悬架。独立悬架中多采用螺旋弹簧,因而对于侧向力、垂直力以及纵向力需增设导向装置,即采用杆件来承受和传递这些力,因而一些乘用车上为减轻车重和简化结构采用多连杆式悬架。上连杆用上连杆支架与车身(或车架)相连,上连杆外端与第三连杆相连。上连杆的两端都装有橡胶隔振套。第三连杆的下端通过重型止推轴承与转向节连接。下连杆与普通的下摆臂相同,其内端通过橡胶隔振套与前横梁相连接,球铰将下连杆的外端与转向节相连。多连杆前悬架系统的主销轴线从下球铰延伸到上面的轴承,它与上连杆和第三连杆无关。

五、看图填空

1.1-前围;2-前翼子板;3-前车门;4-后车门;5-后翼子板;6-行李箱盖;7-顶盖;8-挡泥板和前纵梁;9-发动机罩

2.1-纵向推力杆;2-减振器;3-横向稳定器;4-横向推力杆;5-弹性元件(螺旋弹簧)

3.1-弹簧夹;2-消声垫;3-主弹簧;4-中心螺栓;5-卷耳

4.1-车架;2-减振器;3-弹性元件

5.1-油封;2-防尘罩;3-导向座;4-流通阀;5-补偿阀;6-压缩阀;7-储油缸筒;8-伸张阀;9-活塞;10-工作缸筒;11-活塞杆

6.1-横向稳定杆;2-支杆;3-转向拉杆下臂;4-减振器;5-螺旋弹簧

7.1-前轴;2-U形螺栓;3-钢板弹簧;4-吊耳;5-减振器;6-车架;7-前支架

8.1-纵向推力杆;2-后轴;3-横向推力杆;4-螺旋弹簧和减振器总成;5-加强杆

9.1-车架前横梁;2-下摆臂;3-转向节;4-减振器;5-弹簧;6-上摆臂;7-万向传动装置

10.1-扭杆弹簧;2-横梁;3-衬套;4-纵臂轴;5-纵臂

11.1-车架;2-防尘罩;3-主销;4-通气管;5-减振器;6-防尘罩;7-套筒

12.1-横摆臂;2-横向稳定器;3-转向节;4-螺旋弹簧;5-减振器

13.1-拉杆支架;2-黏滞式拉杆;3-下连杆;4-轮毂转向节总成;5-第三连杆;6-上连杆;7-上连杆支架;8-减振器隔振套;9-螺旋弹簧;10-减振器;11-前悬架横梁;12-前稳定杆

单元4 转向系统

一、判断题

1. √； 2. ×； 3. √； 4. √； 5. ×； 6. √； 7. ×； 8. ×； 9. √；
10. √； 11. ×； 12. ×； 13. √； 14. ×； 15. ×； 16. ×； 17. √； 18. ×；
19. ×； 20. √； 21. ×； 22. ×； 23. √； 24. √； 25. √； 26. √； 27. ×；
28. √； 29. √； 30. √； 31. √； 32. √； 33. √； 34. √； 35. ×； 36. √；
37. ×； 38. √； 39. ×； 40. √； 41. √； 42. √； 43. √； 44. ×； 45. √；
46. ×； 47. √； 48. √； 49. √； 50. √； 51. √； 52. √； 53. √； 54. √；
55. √； 56. √； 57. √； 58. ×； 59. √； 60. ×； 61. ×； 62. √； 63. √；
64. ×； 65. ×； 66. √； 67. ×； 68. √； 69. √； 70. ×； 71. √； 72. √；
73. √； 74. ×； 75. ×； 76. ×； 77. √； 78. √； 79. √； 80. √； 81. ×；
82. √； 83. √； 84. √； 85. √； 86. √； 87. √； 88. √； 89. √； 90. √；
91. ×； 92. ×； 93. √； 94. √； 95. √； 96. ×； 97. √； 98. √； 99. √；
100. √； 101. √； 102. √； 103. ×； 104. √； 105. √； 106. √； 107. √； 108. √；
109. √； 110. √； 111. ×； 112. √； 113. ×； 114. √； 115. ×； 116. √； 117. ×；
118. √； 119. ×； 120. √； 121. √； 122. √； 123. √； 124. √； 125. √； 126. ×；
127. ×； 128. √； 129. ×； 130. ×； 131. √； 132. √； 133. √； 134. ×； 135. √；
136. ×； 137. √； 138. √； 139. √； 140. √； 141. √； 142. √； 143. √； 144. √；
145. √； 146. √； 147. √； 148. ×； 149. √； 150. ×； 151. √； 152. ×； 153. ×；
154. √； 155. ×； 156. √； 157. ×

二、选择题

1. C； 2. B； 3. A； 4. C； 5. B； 6. C； 7. A； 8. A； 9. B；
10. B； 11. B； 12. B； 13. B； 14. A； 15. B； 16. B； 17. D； 18. C；
19. D； 20. A； 21. B； 22. C； 23. A； 24. D； 25. D； 26. C； 27. D；
28. C； 29. D； 30. A； 31. B； 32. D； 33. A； 34. C； 35. D； 36. D；
37. A； 38. C； 39. B； 40. A； 41. C； 42. D； 43. A； 44. B； 45. C；
46. C； 47. A； 48. B； 49. D； 50. C； 51. B； 52. A； 53. D； 54. C；
55. C； 56. A； 57. B

三、填空题

1.行驶方向、直线行驶；2.机械转向系统、动力转向系统；3.转向盘的转角、转向轮偏转角、转向器角传动比、转向传动机构角传动比；4.转向盘转角、转向摇臂摆角；5.转向摇臂摆角、转向轮偏转角；6.装配间隙、弹性变形；7.转向中心、大于；8.转向中心、外侧转向轮与地面接触点；9.不足转向、过多转向、中性转向、交变转向；10.转向操纵机构、机械转向器、转向传动机构；11.增大、传动方向；12.齿轮齿条式机械转向器、循环球式机械转向器；13.两端输出式、中间(或单端)输出式、齿轮、齿条；14.底盖、壳体、带齿扇的摇臂轴、制有齿形的螺母、转向螺杆;15. 转向螺杆与螺母、齿条与齿扇;16. 转向盘、转向轴、转向柱管、调节、安全性能;17. 塑性变形、转向轴产生错位;18. 转向摇臂、转向直拉杆、转向横拉杆、转向减振器;19. 摇臂轴、转向直拉杆;20. 横拉杆体、前轮前束;21. 车身(或前桥)、转向直拉杆(或转向器);22. 气压式、液压式;23. 常压式、常流式;24. 整体式动力转向系统、半整体式动力转向系统、组合式动力转向系统;25. 滑阀式、转阀式;26. 机械转向器、转向控制阀(转阀式)、转向动力缸、转向油泵;27. 机械能、液压能;28. 齿轮式、转子式、叶片式;29. 安全阀、溢流阀;30. 液压式电控动力转向系统、电动式电控动力转向系统;31. 流量控制式、反力控制式、阀灵敏控制式;32. 旁通流量控制阀、车速传感器、转向角速度传感器、EPS 电子控制单元;33. 车速传感器、转向角速度传感器、EPS 开关的信号、旁通流量控制阀;34. 转矩传感器、转角传感器、车速传感器、电动机、电磁离合器、减速机构、电子控制单元;35. 幅值和方向、电动机;36. 转向轴助力式、齿轮助力式、齿条助力式;37. 转向盘、带转向角度传感器 G85 的组合开关、转向柱 G527、转向器、警告灯 K161;38. DEXRON - Ⅱ、Ⅲ动力转向液;39. MAX(最高)、MIN(最低)、MIN(最低);40. 车轮定位

四、简答题

1. 转向系统是指由驾驶人操纵,能实现转向轮偏转和回位的一套机构。转向系统的功用是按照驾驶人的意愿改变汽车的行驶方向和保持汽车稳定的直线行驶。

汽车转向系统按转向动力源的不同分为机械转向系统和动力转向系统两大类。机械转向系统以驾驶人的体力作转向动力源,系统的所有传动件都是机械的;动力转向系统是兼用驾驶人体力和发动机的动力作为转向能源的转向系统。动力转向系统是在机械转向系统的基础上加设一套转向加力装置而形成的。

2. 转向盘的自由行程是指转向盘在空转阶段的角行程,这主要是由于转向系统各传动件之间的装配间隙和弹性变形所引起的。由于转向系统各传动件之间都存在着装配间隙,而且这些间隙将随零件的磨损而增大,因此在一定的范围内转动转向盘时,转向节并不马上同步转动,而是在消除这些间隙并克服机件的弹性变形后,才作相应的转动,即转向盘有一空转过程。

转向盘自由行程对于缓和路面冲击及避免驾驶人过于紧张是有利的,但过大的自由行程会影响转向灵敏性。

3. 汽车转向时,内侧车轮和外侧车轮滚过的距离是不等的。为保证转向过程中车轮作纯滚动,要求所有车轮的轴线都交于一点方能实现。此交点 O 称为汽车的转向中心。汽车转向时内侧转向轮偏转角 β 大于外侧转向轮偏转角 α。α 与 β 的关系是:

$$\cot\alpha = \cot\beta + \frac{B}{L}$$

式中:B——两侧主销中心距(可近似认为是转向轮轮距);

L——汽车轴距。

从转向中心 O 到外侧转向轮与地面接触点的距离 R 称为汽车转弯半径。转弯半径 R 越小,则汽车转向所需要场地就越小,汽车的机动性也越好。当外侧转向轮偏转角达到最大值 α_{max} 时,转弯半径 R 最小。

4. 驾驶人将转向盘转过一定角度后固定,保持汽车以某一稳定车速开始转向,可能出现

以下几种转向特性。

不足转向:偏离圆周轨迹向外动力,且转弯半径越来越大。

过多转向:偏离圆周轨迹向内运动,且转弯半径越来越小。

中性转向:沿着圆周轨迹运动。

交变转向:最初偏离轨迹向外运动,过一段时间后突然开始向内运动。

对于不足转向,汽车转弯半径越来越大,这种运动状态和人的运动感觉一致。对于过多转向,转弯半径越来越小,这和人的运动感觉不一致,转弯时驾驶人重心向内倾斜,使驾驶人难以往回打转向盘。因此除了特殊的赛车,一般都将汽车设计成具有轻微的不足转向特性。交变转向特性只极少地应用于后置发动机的汽车。

5. 齿轮齿条式转向器分两端输出式和中间(或单端)输出式两种。齿轮齿条式转向器采用一级传动副,主动件是齿轮,从动件是齿条。

齿轮齿条式转向器是利用齿轮顺时针或逆时针方向的转动带动齿条左右移动,再通过横拉杆推动转向节,达到转向的目的。

齿轮齿条式转向器结构简单,可靠性好,便于独立悬架的布置;同时,由于齿轮齿条直接啮合,转向灵敏、轻便,在各类型汽车上的应用越来越多。

6. 循环球式转向器由侧盖、底盖、壳体、钢球、带齿扇的摇臂轴、圆锥轴承、制有齿形的螺母、转向螺杆等组成。

循环球式转向器采有两级传动副,第一级是转向螺杆与螺母,第二级是齿条与齿扇。

循环球式转向器工作时,转向螺杆转动,在摩擦力的作用下,所有钢球在螺母与转向螺杆之间形成"球流",并推动齿形螺母沿转向螺杆轴线前后移动,然后通过齿条带动齿扇摆动,并使摇臂轴旋转,带动摇臂摆动,最后由传动机构传至转向轮,使转向轮偏转以实现转向。

循环球式转向器的最大优点是传动效率高、操纵轻便、且工作可靠、使用寿命长。其主要缺点是结构复杂、制造精度要求高。

7. 汽车转向操纵机构主要由转向盘、转向轴、转向柱管等组成。它的功用是产生转动转向器所必需的操纵力,并具有一定的调节和安全性能。

转向轴是连接转向盘和转向器的传动件,并传递它们之间的转矩。转向柱管安装在车身上,转向轴从转向柱管中穿过,支承在柱管内的轴承和衬套上。转向盘利用键和螺母将其固定在转向轴的轴端。

乘用车的转向操纵机构要求转向柱管必须装备能够缓和冲击的吸能装置。转向轴和转向柱管吸能装置的基本工作原理是:当转向轴受到巨大冲击而产生轴向位移时,通过转向柱管或支架产生塑性变形、转向轴产生错位等方式,吸收冲击能量。

8. 转向传动机构的功用是将转向器输出的力和运动传给转向轮,使两侧转向轮偏转以实现汽车转向,并保证左右转向轮的偏转角按一定关系变化。

(1)转向摇臂。循环球式转向器通过转向摇臂与转向直拉杆相连。转向摇臂的大端用锥形三角细花键与转向器中摇臂轴的外端连接,小端通过球头销与转向直拉杆作空间铰链连接。

(2)转向直拉杆。转向直拉杆是连接转向摇臂和转向节臂的杆件,具有传力和缓冲作

199

用。在转向轮偏转且因悬架弹性变形而相对于车架跳动时,转向直拉杆与转向摇臂及转向节臂的相对运动都是空间运动,为了不发生运动干涉,三者之间的连接件都是球形铰链。

(3)转向横拉杆。转向横拉杆由横拉杆体和两个旋装在两端的拉杆接头组成。其特点是长度可调,通过调整横拉杆的长度,可以调整前轮前束。

(4)转向减振器。为了衰减由于道路不平而传递给转向盘的冲击、振动,防止转向盘"打手",稳定汽车行驶方向,许多乘用车均装有转向减振器。转向减振器一端与车身(或前桥)铰接,另一端与转向直拉杆(或转向器)铰接。转向减振器的工作原理与悬架中的减振器相类似。

9. 为了减轻驾驶人的疲劳强度,改善转向系统的技术性能,目前很多汽车都采用了动力转向系统。采用动力转向的汽车转向时,所需的能量在正常情况下,只有小部分是驾驶人提供的体能,而大部分是发动机驱动转向油泵旋转,将发动机输出的部分机械能转化为压力能。并在驾驶人控制下,对转向传动装置或转向器中某一传动件施加不同方向的随动渐进压力,从而实现转向。

动力转向系统按传能介质的不同,可以分为气压式和液压式两种。

液压式动力转向系统按液流形式的不同,可分为常压式和常流式两种。

根据转向加力系统的零部件布置和连接组合方式的不同,可以分为整体式动力转向系统、半整体式动力转向系统和组合式动力转向系统三种。

液压式动力转向系统按其转向控制阀阀芯的运动方式的不同,还可分为滑阀式和转阀式两种形式。

10. 别克凯越乘用车液压式动力转向系统由机械转向器、转向控制阀(转阀式)、转向动力缸、转向油泵和转向油罐等组成。转向油泵安装在发动机上,由曲轴通过传动带驱动运转向外输出油压,转向油罐有进、出油管接头,通过油管分别和转向油泵和转向控制阀连接。动力转向器为整体式动力转向器,其转向控制阀用以改变油路。

11. 液压常流转阀式转向控制阀的转子安装在转向齿轮轴上,在其中间插入控制阀扭杆并固定。在转向齿轮上部有控制阀体,它和控制阀扭杆相连。控制阀体和转向油泵相通,且在其两端有与动力缸相通的阀门孔,由其所处位置决定是否向动力缸供油。转向盘转动时,根据控制阀扭杆的扭转量提供相应的油压辅助力。转向油泵的供油压力由转向控制阀控制。高压油经过控制阀内的空隙进入动力活塞两端,使活塞左右运动,带动转向齿条运动。

转向盘旋转时,带动控制阀扭杆旋转,使控制阀缸体旋转,阀门孔打开,开始供油。当转向盘转角很大时,控制阀扭杆转角大,进入动力缸的油液多,推动动力缸活塞运动,从而减轻转向操纵力。高速时,转向角转角小,进入动力缸的油液很少,转向操纵力大。当进入动力缸的油液流量很大时,过剩油液通过电磁阀流回转向油罐。当转向盘旋转停止时,阀门孔被关闭,动力缸活塞两端的油压相同。

12. 转向油泵是动力转向系统的动力源,其功用是将发动机的机械能变为驱动转向动力缸工作的液压能,再由转向动力缸输出的转向力,驱动转向车轮转向。

转向油泵的结构类型有多种,常见的有齿轮式、转子式和叶片式。目前最常用的是双作用叶片式转向油泵。当发动机带动叶片式转向油泵顺时针旋转时,叶片在离心力的作用下紧贴在定子的内表面上,工作容积开始由小变大,从吸油口吸进油液,而后工作容积由大变小,压缩油液,经压油口向外供油。再转180°,又完成一次吸压油过程。

13. 双作用转向油泵的转子是通过发动机驱动或电动机驱动的,工作时油压及流量的变化是通过安全阀和溢流阀来实现的。当输出压力过高时,这个压力传到溢流阀右侧,使安全阀左移开启,高压油流回进油腔,降低了输出油压。当输出油量过大时,节流孔处油液的流速很高,但该处的压力很小,此压力经横向油道传到溢流阀右侧,使节流阀左右两侧的压差增大,在压差的作用下,节流阀压缩弹簧右移,使进油道和出油道相同,部分油液在泵内循环流动,减少了出油量。

14. 流量控制式EPS是在一般液压动力转向系统上再增加了旁通流量控制阀、车速传感器、转向角速度传感器、EPS电子控制单元和EPS开关等部件。在转向油泵与转向器之间设有旁通管路,在旁通管路中又设有旁通流量控制阀。

流量控制式EPS根据车速传感器、转向角速度传感器和EPS开关的信号,EPS电子控制单元向旁通流量控制阀发出控制信号,控制旁通流量,从而调整向转向器供油的流量。当向转向器供油流量减少时,动力转向控制阀灵敏度下降,转向助力作用降低,转向力增加;反之,使转向力减小。

15. 电动式电控动力转向系统主要由转矩传感器、转角传感器、车速传感器、电动机、电磁离合器、减速机构、电子控制单元等组成。

电动式电控动力转向系统的基本原理是根据汽车行驶速度(车速传感器输出信号)、及转矩及转向角信号,由ECU控制电动机及减速机构产生助力转矩,使汽车在低、中和高速下都能获得最佳的转向效果。

电动机连同电磁离合器和减速齿轮一起,通过一个橡胶底座安装在左车架上。电动机的输出转矩由减速齿轮增大,并通过万向节、转向器中的助力小齿轮把输出转矩送至齿条,向转向轮提供转矩。

电子控制单元(ECU)根据各传感器的信号确定助力转矩的幅值和方向,并且直接控制驱动电路去驱动电动机。转矩传感器、转角传感器和汽车速度传感器等为助力转矩的信号源。

根据电动机布置位置的不同,电动式电控转向系统可以分为转向轴助力式、齿轮助力式和齿条助力式三种类型。

16. 如果维修了动力转向液压系统,必须放出系统中的空气,液面读数才能准确。按如下步骤排出系统中的空气。

(1)将转向盘向左打到底,将动力转向液添加至油液液面指示器的MIN(最低)标记。

(2)起动发动机。使发动机在快速怠速下运行,重新检查液面。必要时,添加油液,使液面达到MIN(最低)标记。

(3)将转向盘从一侧打到另一侧,但在任一侧都不要打到底,放出系统中的空气。将液面保持在MIN(最低)标记。必须放出油液中的空气,才能获得正常转向性能。

(4)使转向盘回到中心位置。使发动机继续运行2~3min。

(5)路试车辆,确保转向功能正常且没有噪声。

(6)按步骤(1)和(2),重新检查液面。确保系统达到正常工作温度并稳定后,液面达到

MAX（最高）标记。必要时添加油液。

五、看图填空

1. 1-转向横拉杆;2-转向节臂;3-转向节;4-转向轮;5-安全转向轴;6-转向盘;7-机械转向轴;8-转向减振器

2. 1-转向盘;2-转向轴;3-转向万向传动装置;4-转向控制阀;5-转向横拉杆;6-油管;7-转向油罐;8-转向液压泵;9-机械转向器

3. 1-转向盘;2-转向柱管;3-横拉杆;4-齿轮齿条式转向器;5-齿杆套管;6-防尘套;7-球头销

4. 1-转向节;2-转向齿条;3-齿轮轴;4-转向齿轮;5-转向器壳体;6-转向横拉杆;7-拉杆支架;8-转向横拉杆

5. 1-摇臂轴;2-齿扇;3-齿条;4-转向螺杆;5-螺母;6-壳体;7-钢球;8-底盖;9-轴承

6. 1-转向盘;2-转向柱管;3-上转向轴;4-十字轴;5-转向传动轴;6-转向万向节滑动叉

7. 1-螺母;2-球头销;3-橡胶防尘垫;4-螺塞;5-球头座;6-压缩弹簧;7-弹簧座;8-油嘴;9-直拉杆体;10-转向摇臂球头销

8. 1-转向横拉杆接头;2-锁紧螺母;3-转向横拉杆;4-转向器壳体;5-转向器齿轮;6-转向横拉杆接头;7-锁紧螺母;8-转向横拉杆;9-球头;10-转向器齿条;11-防尘罩

9. 1-连接环衬套;2-橡胶储油缸;3-压缩阀总成;4-工作油缸;5-油封;6-轴套及连接环总成;7-挡圈;8-导向座;9-活塞及活塞杆总成;10-连接环橡胶套

10. 1-转向盘;2-转向轴;3-动力转向器;4-左侧转向横拉杆;5-低压油管;6-高压油管;7-动力转向油泵;8-转向油罐;9-右侧转向横拉杆;10-高压油管;11-低压油管;12-齿轮;13-齿条;14-万向节

11. 1-转向齿条;2-转向齿轮;3-控制阀;4-控制阀扭杆

12. 1-转向齿轮;2-控制阀阀体;3-控制阀扭杆;4-转向齿轮轴;5-控制阀(旋转阀式);6-与转向油罐相通;7-阀门孔

13. 1-控制阀阀体;2-控制阀扭杆;3-转向油罐;4-转向油泵;5-转向齿条;6-动力活塞;7-转向齿轮;8-动力缸;9-电磁阀;10-控制阀

14. 1-吸油;2-定子;3-转子;4-排油

15. 1-节流孔;2-安全阀;3-溢流阀活塞(溢流阀)

16. 1-转向油罐;2-转向柱;3-转向角速度传感器;4-EPS电子控制单元;5-转向角速度传感器连接器;6-旁通流量控制阀;7-EPS控制线圈;8-转向传动机构;9-转向油泵

17. 1-转向角速度传感器;2-旁通流量控制阀;3-EPS开关;4-EPS电子控制单元;5-车速传感器;6-动力转向控制阀;7-动力转向齿轮机构

18. 1-转矩传感器;2-转向轴;3-减速机构;4-齿轮齿条转向器;5-离合器;6-电动机;7-电子控制单元

19. 1-转向齿条;2-转向齿轮;3-转向轴;4-电动机

20. 1-转向盘;2-转向柱;3-电动机械转向助力器电动机 V187;4-转向器;5-转向辅助控制单元 J500;6-转向力矩传感器 G269;7-十字万向轴

21. 1-转向角传感器;2-驱动齿轮;3-齿条;4-转向柱;5-转向小齿轮;6-转向力矩传感器;7-控制单元;8-电动机

单元5 制动系统

一、判断题

1.√; 2.√; 3.√; 4.×; 5.√; 6.√; 7.√; 8.×; 9.×;
10.√; 11.√; 12.×; 13.√; 14.×; 15.√; 16.×; 17.√; 18.×;
19.√; 20.√; 21.√; 22.×; 23.√; 24.×; 25.√; 26.√; 27.√;
28.√; 29.√; 30.×; 31.√; 32.√; 33.√; 34.√; 35.√; 36.√;
37.√; 38.√; 39.√; 40.√; 41.√; 42.×; 43.√; 44.×; 45.√;
46.√; 47.√; 48.√; 49.√; 50.√; 51.√; 52.√; 53.√; 54.√;
55.×; 56.√; 57.√; 58.√; 59.×; 60.√; 61.×; 62.√; 63.√;
64.√; 65.√; 66.√; 67.√; 68.√; 69.×; 70.√; 71.×; 72.×;
73.√; 74.√; 75.√; 76.√; 77.×; 78.√; 79.√; 80.×; 81.√;
82.×; 83.√; 84.√; 85.√; 86.√; 87.×; 88.√; 89.√; 90.√;
91.×; 92.√; 93.√; 94.√; 95.×; 96.√; 97.√; 98.√; 99.√;
100.√; 101.√; 102.√; 103.√; 104.√; 105.√; 106.×; 107.√; 108.×;
109.√; 110.×; 111.√; 112.√; 113.×; 114.√; 115.√; 116.√; 117.√;
118.√; 119.√; 120.√; 121.√; 122.√; 123.√; 124.√; 125.√; 126.√;
127.×; 128.×; 129.√; 130.√; 131.√; 132.√; 133.√; 134.√; 135.√;
136.√; 137.√; 138.×; 139.√; 140.√; 141.√; 142.√; 143.√; 144.×;
145.√; 146.×; 147.×; 148.×; 149.√; 150.√; 151.√; 152.√; 153.√;
154.√; 155.√

二、选择题

1.D; 2.B; 3.C; 4.D; 5.D; 6.C; 7.B; 8.A; 9.A;
10.C; 11.C; 12.B; 13.A; 14.B; 15.B; 16.C; 17.C; 18.C;
19.D; 20.B; 21.A; 22.B; 23.B; 24.C; 25.C; 26.C; 27.D;
28.C; 29.B; 30.A; 31.C; 32.C; 33.C; 34.B; 35.D; 36.C;
37.B; 38.C; 39.D; 40.C; 41.A; 42.A; 43.C; 44.B; 45.B;
46.C; 47.D; 48.B; 49.C; 50.D; 51.D; 52.A

三、填空题

1.减速、停车、稳定、驻停;2.行车制动、驻车制动、应急制动、安全制动、辅助制动;3.应急制动装置、安全制动装置、辅助制动装置、发动机排气制动;4.人力制动、动力制动、伺服制动;5.行车制动、驻车制动、制动力调节装置、报警装置;6.脚、制动踏板、制动主缸、制动轮缸、车轮制动器;7.手、驻车制动杆、拉索(或拉杆)、制动器;8.供能装置、控制装置、传动装置;9.旋转元件、固定元件、旋转元件、固定元件、旋转元件、固定元件;10.盘式、鼓式;11.钳盘式、全盘式、钳盘式;12.定钳盘式、浮钳盘式;13.旋转部分、固定部分、促动装置、间隙调整装置、旋转部分、固定部分、促动装置、促动装置、间隙调整装置;14.轮缸式、凸轮式、楔块式;

15.增势蹄、领蹄、减势蹄、从蹄;16.领从蹄式、双向双领蹄式、双从蹄式、单向自增力式、双向自增力式;17.简单非平衡式、平衡式、自动增力式;18.滑溜、起步、紧急制动;19.中央制动式、车轮制动式;20.驻车制动杆、制动拉索、驻车制动器;21.盘式制动器、拉索和连杆;22.液压式、气压式、气—液综合式、单管路、双管路;23.制动踏板、制动主缸、制动轮缸;24.限压阀、比例阀、感载比例阀、惯性阀;25.前后独立式、交叉式;26.前后独立式、交叉式;27.制动踏板、管路;28.储液罐、制动踏板;29.制动底板、缸体、活塞、皮碗、弹簧、放气螺塞;30.制动操纵力、空气室、负压室、负压室;31.20%、方向稳定性;32.车轮转速传感器、制动压力调节器、电子控制单元(ECU)、ABS警示装置;33.电磁式、霍尔式;34.传感器头、齿圈、主减速器、变速器;35.传感头、齿圈、永磁体、霍尔元件、电子电路;36.转速、频率、抗电磁波干扰;37.车轮转速传感器、测量、分析、判别处理、滑移率、加速度、减速度、制动压力调节器;38.循环式、可变容积式;39.直接、间接;40.电磁阀、液压泵、电动机;41.制动主缸、制动轮缸、常规工作状态、增压状态、减压状态、保压状态;42.增加、减少、保持、制动主缸、制动轮缸、储液器;43.电磁阀、控制活塞、液压泵、储能器;44.常规制动状态、轮缸减压状态、轮缸保压状态、轮缸增压状态;45.单独调节、统一调节;46.电磁阀、液压泵、低压储液器、常开、常闭;47.加速、稳定性、操纵性、平顺性;48.车轮转速传感器、ABS/ASR ECU、制动压力调节器、主副节气门位置传感器、副节气门驱动步进电动机;49.车轮转速传感器、节气门位置传感器、车轮转速传感器、节气门位置传感器;50.ABS、ASR、主动安全系统;51.传感器、制动压力调节器、汽车稳定性控制电子控制单元、辅助系统;52.转向盘转角传感器、车速传感器、节气门位置传感器、制动主缸压力传感器、侧向加速度传感器、横摆角速度传感器;53.内侧后轮、转弯方向;54.外侧前轮、过度转向;55.制动踏板表面、地板;56.制动管路、0.5mm、亮起;57.MIN、MAX、MIN;58.P位置、驻车制动器、MIN、MAX;59.右后车轮、左后车轮、右前车轮、左前车轮;60.7500、6万~8万;61.5.0、2.5;62.200、201mm、0.05、0.20;63.12.0、1.0;64.22.0、19.0;65.10、0.05

四、简答题

1.汽车制动系统的功用是:按照需要使汽车减速或在最短离内停车;下坡行驶时保持车速稳定;使停驶的汽车可靠驻停。

按功能的不同,汽车制动系统可以分为:行车制动系统、驻车制动系统以及应急制动、安全制动和辅助制动系统。应急制动装置是用独立的管路控制车轮的制动器作为备用系统,其作用是当行车制动装置失效的情况下保证汽车仍能实现减速或停车;安全制动装置是当制动气压不足时起制动作用,使车辆无法行驶;辅助制动装置是为了下长坡时减轻行车制动器的磨损而设,其中利用发动机排气制动应用最广。

按照制动能源的不同,汽车制动系统又可以分为人力制动系统、动力制动系统和伺服制动系统。

2.汽车制动系统都包括行车制动和驻车制动两大部分。行车制动系统用于使行驶中的车辆减速或停车,通常由驾驶人用脚操纵,一般包含制动踏板、制动主缸、制动轮缸、制动管路、车轮制动器等;驻车制动系统用于使停驶的汽车驻留原地,通常由驾驶人用手操纵,一般包含驻车制动杆、拉索(或拉杆)、制动器。另外,较为完善的制动系统还包括制动力调节装置以及报警装置、压力保护装置等。

汽车上设置有彼此独立的制动系统,它们起作用的时刻不同,但它们的组成却是相似的,一般有以下四个组成部分:

供能装置:包括供给、调节制动所需能量以及改善传能介质状态的各种部件。如气压制动系统中的空气压缩机、液压制动系统中人的肌体。

控制装置:包括产生制动动作和控制制动效果的各种部件,如制动踏板等。

传动装置:将驾驶人或其他动力源的作用力传到制动器,同时控制制动器的工作,从而获得所需的制动力矩。包括将制动能量传输到制动器的各个部件,如制动主缸、制动轮缸等。

制动器:产生阻碍车辆的运动或运动趋势的力的部件。

制动系统的工作原理是将汽车的动能通过摩擦转换成热能,并释放到大气中。制动时,踩下制动踏板,制动主缸向各制动轮缸供油,活塞在油压的作用下把摩擦材料压向制动盘实现制动。

3. 车轮制动器由旋转元件和固定元件两大部分组成。旋转元件与车轮相连接,固定元件与车桥相连接。利用旋转元件和固定元件之间的摩擦,产生制动器制动力。

当盘式制动器的制动摩擦块或鼓式制动器的制动摩擦蹄片压紧旋转的制动盘或制动鼓时,两者接触面之间产生摩擦,通过摩擦将汽车的动能转变为热能,并将热量散发到空气中,最终使车辆减速以至停车。

4. 盘式制动器根据其固定元件的结构形式的不同,可分为钳盘式制动器和全盘式制动器。钳盘式制动器广泛应用在乘用车或轻型货车上,近年来前后轮都采用钳盘式制动器的结构日渐增多。

钳盘式制动器按制动钳固定在支架上的结构形式的不同,可分为定钳盘式和浮钳盘式。

定钳盘式制动器的旋转元件是制动盘,它和车轮固装在一起旋转,以其端面为摩擦工作表面。跨置在制动盘上的制动钳体固定安装在车桥上,它不能旋转也不能沿制动盘轴线方向移动,其内部的两个活塞分别位于制动盘的两侧。制动时,制动液由制动主缸经进油管进入钳体中两个相通的液压腔中,将两侧的摩擦块压向与车轮固定连接的制动盘,从而产生制动。

5. 浮钳盘式制动器的制动钳通过导向销与车桥相连,可以相对于制动盘轴向移动。制动钳体只在制动盘的内侧设置液压腔,而外侧的制动块则附装在钳体上。制动时制动液通过进油管进入制动轮缸,推动活塞及其上的摩擦块向右移动,并压到制动盘上,并使得液压腔连同制动钳整体沿导向销向左移动,直到制动盘右侧的摩擦块也压到制动盘上,夹住制动盘并使其制动。

6. 盘式制动器制动轮缸体内壁槽内安装有活塞密封圈,其作用是防止制动液从活塞与制动轮缸体间的间隙中流出,对活塞起密封作用。液压使活塞运动,靠近活塞端的密封圈也随活塞一起变形,但槽内的密封圈不变形。当液压消失后,密封圈在橡胶恢复力的作用下往回运动,同时带动活塞往回运动。当制动摩擦块磨损时,活塞会自动从密封圈上滑移相应的距离,因此制动摩擦块和制动盘之间的间隙一般为定值。

7. 简单的鼓式车轮制动器由旋转部分、固定部分、促动装置和间隙调整装置组成。旋转部分为制动鼓;固定部分是制动底板和制动蹄,制动底板固装在车桥的凸缘盘上,通过支承销与制动蹄相连;促动装置的作用是对制动蹄施加力使其向外张开,常用的促动装置有凸轮或制动轮缸;间隙调整装置的作用是保持和调整制动蹄和制动鼓间正确的相对位置。

8. 鼓式制动器的分类如下:

(1)按促动装置不同分类。鼓式车轮制动器多为内张双蹄式。按促动装置的形式的不同,可分为轮缸式、凸轮式的楔块式。

(2)按产生制动力矩的不同分类。在制动过程中,如果制动蹄绕支承销转动与制动鼓旋转方向相同,在制动鼓上压得更紧,起到增势的作用,称为"增势蹄"或称"领蹄";如果制动蹄绕支承销转动与制动鼓旋转方向相反,有使制动蹄离开制动鼓的趋势,起着减势作用,称为"减势蹄"或称"从蹄"。根据制动过程中两制动蹄产生制动力矩的不同,鼓式制动器可分为领从蹄式、双领蹄式、双向双领蹄式、双从蹄式、单向自增力式和双向自增力式等。

根据制动时两制动蹄对制动鼓作用的径向力是否平衡,鼓式制动器又可分为简单非平衡式、平衡式和自动增力式三种。

9. 驻车制动器的功用是:车辆停驶后防止滑溜;使车辆在坡道上能顺利起步;行车制动系统失效后临时使用或配合行车制动器进行紧急制动。

按驻车制动器在汽车上安装位置的不同,驻车制动装置分中央制动式和车轮制动式两种。前者的制动器通常安装在变速器后面,其制动力矩作用在传动轴上;后者和行车制动系统共用制动器(通常为后轮制动器),又称复合制动器,只是传动装置互相独立。驻车制动传动装置一般采用人力机械式,通过钢索或杠杆来驱动。

10. 驻车制动装置主要由驻车制动杆、制动拉索及后轮制动器中的驻车制动器等组成,它作用于后轮,主要是在坡路或平路上停车时使用或在紧迫情况下作紧急制动。

驻车制动时,拉起驻车制动杆,驻车制动杆力通过操纵机构使驻车制动拉索收紧,拉索则拉动驻车制动杆的下端,使之绕上端支点顺时针转动,驻车制动杆转动过程中,其中间支点推动驻车制动推杆左移,使前制动蹄压向制动鼓。前制动蹄压向制动鼓后,驻车制动推杆停止运动,则驻车制动杆的中间支点变成其继续移动的新支点,于是驻车制动杆的上端右移,使后制动蹄压靠在制动鼓上,产生制动作用。此时,驻车制动杆上的棘爪嵌入齿扇上的棘齿内,起锁止作用。

解除驻车制动时,按下驻车制动杆上的按钮,使棘爪脱离棘齿,将驻车制动杆回到释放制动位置,松开驻车制动拉索,则制动蹄在复位弹簧的作用下回位。

对于四个车轮采用盘式制动器的乘用车来说,驻车用的小型鼓式驻车制动器内置于后轮盘式制动器中,并通过拉索和连杆等机构固定在盘式制动器上。

11. 制动传动装置按传力介质的不同可分为液压式、气压式和气—液综合式;按制动管路的套数可分为单管路和双管路制动传动装置。按照交通法规的要求,现代汽车的行车制动系统须采用双管路制动传动装置,若其中一套管路损坏时,另一套仍然起制动作用,从而提高了制动的可靠性和安全性。

液压制动传动装置由制动踏板、制动主缸、储液罐、制动轮缸、油管等组成。现代汽车上采用了各种制动力调节装置,用以调节前后车轮制动管路的工作压力,常用的调节装置有限压阀、比例阀、感载比例阀和惯性阀等。双管路液压制动传动装置是利用彼此独立的双腔制动主缸,通过两套独立管路,分别控制两桥或三桥的车轮制动器。常见的双管路的布置方案有前后独立式和交叉式两种形式。

前后独立式双管路液压制动传动装置由双腔制动主缸通过两套独立的管路分别控制前桥和后桥的车轮制动器。这种布置方式结构简单,如果其中一套管路损坏漏油,另一套仍能起作用,但会破坏前后桥制动力分配的比例,主要用于发动机前置后轮驱动的汽车。

交叉式双管路液压制动传动装置由双腔制动主缸通过两套独立的管路分别控制前后桥对角线方向的两个车轮制动器。这种布置方式在任一管路失效时,仍能保持一半的制动力,且前后桥制动力分配比例保持不变,有利于提高制动方向稳定性。主要用于发动机前置前轮驱动的乘用车。

12. 制动主缸又称制动总泵,它位于制动踏板与管路之间,其功用是将制动踏板输入的机械力转换成液压力。在制动主缸上端装有储液罐,制动主缸内的活塞通过真空助力器内的推杆和制动踏板相连。踩下制动踏板推动活塞运动,进油孔关闭,各制动轮缸产生制动油压。松开制动踏板,活塞恢复到初始位置,制动油压消失,制动解除。

13. 制动轮缸固定在制动底板上,其作用是将制动主缸传来的液压力转变为使制动蹄张开的机械推力。制动轮缸主要由缸体、活塞、皮碗、弹簧和放气螺塞等组成。放气螺塞的作用是排出混入制动液中的空气。

14. 真空助力器的作用是减轻驾驶人的制动操纵力。其内部有薄而宽的活塞,通过固定在活塞上的膜片将空气室和负压室隔离。负压室和发动机进气管相通。复位弹簧安装在负压室的推杆上和推杆一起运动。橡胶阀门与在膜片座上加工出来的阀座组成真空阀,与控制阀柱塞的空气阀座组成空气阀。真空阀将负压室与空气室相连,空气阀将空气室和外界空气相连。发动机不工作时真空助力器不工作。

负压室内的空气被吸进发动机进气管,产生负压。踩下制动踏板,真空阀关闭,空气阀打开。空气进入空气室,使空气室压力大于负压室压力,活塞向前运动。于是带动制动主缸内的活塞运动,产生制动油压。

松开制动踏板,助力器活塞在复位弹簧的作用下恢复到原来的位置,制动踏板推杆也往回运动,空气阀关闭,真空阀打开,使负压室和空气室相通。其他制动机构也恢复到原来的位置,制动油压下降,制动解除。

当真空助力器或真空源失效时,作用于主缸推杆上的力取决于驾驶人对制动踏板施加的踏板力,但踏板力要比未失效时大得多。

15. 汽车防抱死制动系统(ABS)(Anti-locked Braking System)是一种安全控制制动系统,目前已经成为乘用车及客车的标准配置。ABS既有普通制动系统的制动功能,又能防止车轮制动抱死。

紧急制动时,制动力过大使轮胎抱死后滑动,制动距离变长且汽车不受控制。防抱死制动系统可使汽车在制动过程中车轮滑移率保持在20%左右范围内,此时轮胎处于边滚边滑状态,制动力最大,保证了汽车的方向稳定性,防止产生侧滑和跑偏。

ABS通常由车轮转速传感器、制动压力调节器、电子控制单元(ECU)和ABS警示装置等组成。

汽车制动时,车轮转速传感器将各车轮的转速信号输入电子控制单元(ECU);ECU根据每个车轮转速传感器输入的信号对车轮的运动状态进行监测和判定,并形成响应的控制指令,再适时发出控制指令给制动压力调节器;制动压力调节器对各制动轮缸的制动压力进行调节,防止制动车轮抱死。

16. 车轮转速传感器(又称轮速传感器)的功用是检测车轮的旋转速度,并将速度信号输入电子控制单元。目前,常用的车轮转速传感器主要有电磁式和霍尔式两种。

(1)电磁式车轮转速传感器。电磁式车轮转速传感器主要由传感器头和齿圈两部分组成,它可以安装在车轮上,也可以安装在主减速器或变速器中。

齿圈随车轮或传动轴一起转动,齿圈在磁场中旋转时,齿圈齿顶和电极之间的间隙以一定的速度变化,使磁路中的磁阻发生变化,磁通量周期地增减,在线圈的两端产生正比于磁通量增减速度的感应电压,该交流电压信号输送给电子控制单元。

(2)霍尔式车轮转速传感器。霍尔式车轮转速传感器也是由传感头、齿圈组成。其齿圈的结构及安装方式与电磁式车轮转速传感器的齿圈相同,传感头由永磁体、霍尔元件和电子电路等组成。

永磁体的磁力线穿过霍尔元件通向齿圈,齿圈相当于一个集磁器。齿圈转动时,使得穿过霍尔元件的磁力线密度发生变化,因而引起霍尔元件电压的变化,霍尔元件将输出一毫伏级的准正弦波电压。此信号由电子电路转化成标准的脉冲电压。

霍尔式车轮转速传感器克服了电磁式传感器的缺点,其输出信号电压幅值不受转速的影响,频率响应高,抗电磁波干扰能力强。因而,霍尔式车轮转速传感器在 ABS 中应用越来越广泛。

17. ABS 电子控制单元(ECU)是 ABS 的控制中枢,其功用是接收车轮转速传感器及其他传感器输入的信号,对这些输入信号进行测量、比较、分析、放大和判别处理,通过精确计算,得出制动时车轮的滑移率、车轮的加速度和减速度,以判断车轮是否有抱死趋势。再由其输出级发出控制指令,控制制动压力调节器去执行压力调节任务。

电子控制单元还具有监控和保护功能,当系统出现故障时,能及时转换成常规制动,并以故障灯点亮的形式警告驾驶人。

18. 根据制动压力调节器调压方式的不同,可分为循环式和可变容积式两种。循环式制动压力调节器是通过电磁阀直接控制制动轮缸的制动压力。

循环式制动压力调节器由电磁阀、液压泵和电动机等部件组成。调节器直接装在汽车原有的制动管路中,通过串联在制动主缸和制动轮缸之间的三位三通电磁阀直接控制制动轮缸的压力,可以使制动轮缸的工作处于常规工作状态、增压状态、减压状态或保压状态。三位是指电磁阀有三个不同位置,分别控制制动轮缸制动压力的增加、减少或保持,三通是指电磁阀上有3个通道,分别通制动主缸、制动轮缸和储液器。

19. 可变容积式制动压力调节器是通过电磁阀间接改变制动轮缸的制动压力。

可变容积式制动压力调节器主要由电磁阀、控制活塞、液压泵和储能器等组成,是在原液压制动系统中增设一套液压控制装置,控制制动管路中容积的增减,以控制制动压力的变化。可变容积式制动压力调节器有 4 个不同工作状态:常规制动状态、轮缸减压状态、轮缸保压状态和轮缸增压状态。

20. 桑塔纳 2000GSi 型乘用车采用的是 MK20 - Ⅰ型 ABS,是三通道的 ABS 调节回路,前轮单独调节，后轮则以两轮中地面附着系数低的一侧为依据统一调节。

制动压力调节器采用整体式结构、循环式调压。它与ABS的电子控制单元（ECU）组合为一体后安装于制动主缸与制动轮缸之间。制动压力调节器的基本组成包括电磁阀、液压泵及低压储液器。低压储液器与电动液压泵合为一体装于液控单元上，液控单元内包括8个电磁阀，每个回路一对，其中一个是常开进油阀，一个是常闭出油阀。

桑塔纳2000乘用车ABS制动压力调节器以5~6次/s的频率按"增压制动—保压制动—减压制动—保压制动—增压制动"的循环对制动压力进行调节，直到停车。

21. 驱动防滑系统的功用是防止汽车在加速过程中打滑，特别是防止汽车在非对称路面或在转向时驱动轮滑转，以保持汽车行驶方向的稳定性、操纵性和维持汽车的最佳驱动力以及提高汽车的平顺性。

典型ABS/ASR主要由车轮转速传感器、ABS/ASR ECU、制动压力调节器、主副节气门位置传感器、副节气门驱动步进电动机等组成。

ABS/ASR ECU根据驱动车轮转速传感器输送的速度信号计算判断出车轮与路面间的滑转状态，并适时地向其执行机构发出指令，以降低发动机的输出转矩和车轮的转速，从而实现防止驱动轮滑转的目的。

ASR的传感器主要是车轮转速传感器和节气门位置传感器。车轮转速传感器与ABS共用，而节气门位置传感器则与发动机控制系统共用。

ASR专用的信号输入装置是ASR选择开关，关闭ASR选择开关，可停止ASR的作用。如在汽车维修中需要将汽车驱动车轮悬空转动时，ASR可能对驱动车轮施以制动，影响故障的检查。这时关闭ASR开关，停止ASR作用，可避免这种影响。

ASR的电子控制单元（ECU）发出的控制指令有如下几种：控制滑转车轮的制动力；控制发动机输出功率；同时控制发动机输出功率和驱动车轮的制动力。在实际应用的ASR中，绝大多数都是采用调节发动机输出转矩的方式来控制汽车驱动力矩。而调节发动机的输出转矩，通常是利用发动机电子控制装置，通过控制节气门开度和点火提前角的方式来实现。

22. 汽车电子稳定程序控制系统ESP是改善汽车行驶性能的一种控制系统，是ABS和ASR两种系统在功能上的延伸。利用与ABS一起的综合控制可防止汽车在制动时车轮抱死；利用ASR可阻止汽车在起步时驱动轮滑转（空转）。ESP可以通过有选择性地控制各车轮上的制动力，防止车辆滑移，因此，ESP是一个主动安全系统。

ESP由传统制动系统、传感器、制动压力调节器、汽车稳定性控制电子控制单元和辅助系统组成，在ECU实时监控汽车运行状态的前提下，对发动机及控制系统进行干预和调控。

在汽车行驶过程中，转向盘转角传感器监测驾驶人转弯方向和角度，车速传感器监测车速，节气门位置传感器监测节气门开度，制动主缸压力传感器监测制动力，而侧向加速度传感器和横摆角速度传感器则监测汽车的横摆和侧倾速度。ECU根据这些信息，通过计算后判断汽车要正常安全行驶和驾驶人操纵汽车意图的差距，然后由ECU发出指令，调整发动机的转速和车轮上的制动力，修正汽车的过度转向或不足转向，以避免汽车打滑、转向过度、转向不足和抱死，从而保证汽车的行驶安全。

当ESP判定为出现不足转向时，将制动内侧后轮，使车辆进一步沿驾驶人转弯方向偏转，从而稳定车辆；当ESP判定为出现过度转向时，ESP将制动外侧前轮，防止出现甩尾，并减弱过度转向趋势,稳定车辆。上述过程中如果单独制动某个车轮不足以稳定车辆,ESP 将通过降低发动机转矩输出的方式或制动其他车轮来满足需求。

23.卡罗拉乘用车制动踏板的检查与调整的方法如下:

(1)检查制动踏板高度。

①翻起地毯。

②从前围消声器固定架上的开口处翻转前围消声器。

③测量制动踏板表面和地板之间的最短距离。制动踏板到地板的高度:145.8 ~ 155.8mm。

(2)调整制动踏板高度。

①断开制动灯开关连接器。

②拆下制动灯开关总成。

③松开制动主缸推杆 U 形夹锁紧螺母。

④转动制动主缸推杆以调整制动踏板高度。

⑤拧紧制动主缸推杆 U 形夹锁紧螺母。

⑥将制动灯开关插入调节器固定架,直到开关壳体接触到制动踏板。注意:不要踩下制动踏板。

⑦调整制动灯开关。

⑧连接制动灯开关连接器。

(3)检查制动踏板自由行程。

①关闭发动机。多次踩下制动踏板直至制动助力器内无真空。松开制动踏板。

②踩下制动踏板直至感觉到轻微的阻力。测量距离制动踏板自由行程,应为 1.0 ~ 6.0mm。

如果制动踏板自由行程不符合规定,检查制动灯开关间隙。如果制动踏板自由行程符合规定,转至"检查制动踏板行程余量"。

(4)检查制动踏板行程余量。

提示:在检查制动踏板高度的同一点测量距离。

①松开驻车制动杆。

②发动机运转时踩下制动踏板,测量制动踏板行程余量。294N 时,不带 VSC 车型制动踏板行程余量应为 85mm;带 VSC 车型制动踏板行程余量应为 90mm。

如果制动踏板行程余量不符合规定,对制动系统进行故障排除。

24.卡罗拉乘用车驻车制动器的检查与调整的方法如下:

(1)检查驻车制动杆行程。

①用力拉住驻车制动杆。

②松开驻车制动器锁,并将驻车制动杆放回到关闭位置。

③缓慢将驻车制动杆向上拉到底,并计算"咔嗒"声和次数。驻车制动杆行程:200N 时为 6 ~ 9 个槽口。

(2)调整驻车制动杆行程。

①拆下后地板控制台总成。

②完全松开驻车制动杆。
③松开锁紧螺母和调整螺母,以完全松开驻车制动器拉索。
④发动机停机时,完全踩下制动踏板 3~5 次。
⑤转动调整螺母,直到驻车制动杆行程修正至规定范围内。
⑥紧固锁紧螺母,锁紧螺母紧固力矩为 60N·m。
⑦操作驻车制动杆 3~4 次,并检查驻车制动杆行程。
⑧检查驻车制动器是否卡滞。
⑨安装后地板控制台总成。

(3)检查后盘式制动器制动轮缸操作杆和止动器间隙。松开驻车制动杆,检查并确认后盘式制动器制动轮缸操作杆和挡块之间的间隙测量值应为 0.5mm 或更小。如果间隙不在规定范围内,更换后盘式制动器制动钳总成。

(4)检查制动警告灯。操作驻车制动杆时,检查并确认制动警告灯亮起。制动警告灯始终在一声"咔嗒"声时亮起。

25.卡罗拉乘用车制动液的添加或更换的方法如下:

(1)检查储液罐中的制动液液位。储液罐制动液液面应始终保持在 MIN 和 MAX 线之间。如果制动液液位低于 MIN 线,检查是否泄漏,并检查盘式制动器衬块。如有必要,维修或更换后重新向储液罐加注制动液。

(2)更换或添加制动液。

提示:如果对制动系统执行了任何操作或怀疑制动管路中有空气,应对制动系统进行放气。

注意:对制动系统进行放气前,将换挡杆移至 P 位并拉紧驻车制动杆;对制动系统进行放气的同时,添加制动液使储液罐的液面保持在 MIN 和 MAX 线之间;如果制动液泄漏到任何涂漆表面上,应立即将其清洗干净。

①拆卸中间前围板上通风栅板。
②给储液罐加注制动液。卡罗拉乘用车制动液的型号:SAE J1703 或 FMVSS No.116 DOT 3。

(3)制动主缸放气。

注意:如果主缸重新安装过或储液罐变空,则对主缸进行放气;用抹布或布片盖在涂漆表面上,以防止制动液黏附。

①用连接螺母扳手(10mm)从主缸上断开 2 个制动管路。
②缓慢踩下制动踏板并保持。
③用手指堵住 2 个外孔,并松开制动踏板。
④重复步骤②和步骤③3~4 次。
⑤用连接螺母扳手(10mm)将 2 个制动管路连接至主缸。力矩:不使用连接螺母扳手时 15N·m;使用连接螺母扳手时 14N·m。

注意:使用力臂长度为 250mm 的扭力扳手;当连接螺母扳手与扭力扳手平行时,力矩值有效。

(4)制动管路放气。

注意:应首先对离主缸最远的车轮的制动管路进行放气,即放气顺序为:右后车轮→左后车轮→右前车轮→左前车轮;对制动系统进行放气的同时,添加制动液使储液罐的液面保持在 MIN 和 MAX 线之间。

①将塑料管连接至放气螺塞。
②踩下制动踏板数次,然后踩住踏板松开放气螺塞。
③制动液不再溢出时,紧固放气螺塞,然后松开制动踏板。
④重复步骤②和步骤③直至制动液中的气体完全放出。
⑤完全紧固放气螺塞。前放气螺塞紧固力矩为 8.3N·m,后放气螺塞紧固力矩为10N·m。
⑥对每个车轮均重复上述程序,从而对制动管路进行放气。

26. 桑塔纳 2000 乘用车鼓式制动器的检修方法如下:

(1)检查制动摩擦片厚度。利用制动器底板上的观察孔检查制动摩擦片厚度和拖滞情况。摩擦片厚度应为 5.0mm,磨损极限值为 2.5mm(不包括底板)。

(2)后制动鼓的检查。更换新摩擦片时,应检查后制动鼓尺寸,如果超过规定值时,应更换新件。制动鼓内径为 200mm,磨损极限值为 201mm;摩擦表面径向圆跳动量为 0.05mm,车轮端面圆跳动量为 0.20mm。

(3)制动摩擦片的更换。制动蹄摩擦片出现损坏或磨损到极限时,应及时更换。可以连同制动蹄一起更换。制动蹄检查或更换周期规定:检查周期为 7500km;更换周期为 6 万~8 万 km。

如果仅更换制动蹄摩擦片,应先去掉制动摩擦片上的旧铆钉及孔中的毛刺。铆接新摩擦片时,应从中间向两端铆接。更换新制动摩擦片时,应使用相同质量的摩擦片。

27. 卡罗拉乘用车盘式制动器的检修方法如下:

注意:左侧和右侧应使用同样的程序,下面列出的程序适用于左侧。

(1)检查摩擦块厚度。用直尺测量摩擦块厚度,摩擦块厚度标准厚度为 12.0mm;最小厚度为 1.0mm。如果摩擦块厚度小于最小厚度,更换盘式制动器摩擦块。

注意:换上新的制动摩擦块后,务必检查前制动盘的磨损。

(2)检查前盘式制动器摩擦块支撑板。确保盘式制动器摩擦块支撑板有足够的弹性,没有变形、裂纹或磨损,并清除所有的锈迹和污垢。如有必要,更换盘式制动器摩擦块支撑板。

(3)检查制动盘厚度。用千分尺测量制动盘厚度,制动盘标准厚度为 22.0mm;最小厚度为 19.0mm。如果制动盘厚度小于最小值,更换前制动盘。

(4)检查制动盘径向圆跳动。

①用 SST(SST 09330-00021)固定制动盘,并用 2 个螺母紧固制动盘。紧固力矩为 103N·m。

提示:拧紧螺母的同时用 SST 固定制动盘。

②检查前桥轮毂轴承的松弛度和前桥轮毂的径向圆跳动。

③用百分表在距离前制动盘外缘 10mm 的地方测量制动盘的径向圆跳动,制动盘最大径向圆跳动量应为 0.05mm。如果径向圆跳动量超过最大值,改变车桥轮毂上制动盘的安装位置以减小径向圆跳动。如果安装位置改变后径向圆跳动量仍超过最大值,则研磨制动盘。

如果制动盘厚度小于最小值,更换前制动盘。

五、看图填空

1. 1-盘式制动器;2-驻车制动杆;3-制动踏板;4-制动助力器;5-制动主缸;6-比例阀;7-盘式制动器;8-鼓式制动器

2. 1-制动踏板;2-制动主缸;3-活塞;4-制动盘

3. 1-制动缸体;2-活塞;3-制动钳(浮式制动钳);4-制动摩擦块;5-制动盘

4. 1-制动摩擦块;2-活塞;3-制动缸体;4-进油管;5-制动钳(定式制动钳);6-制动缸体;7-活塞;8-制动盘

5. 1-制动盘;2-制动摩擦块;3-制动钳体;4-活塞

6. 1-制动盘;2-制动摩擦块;3-制动钳体;4-活塞;5-导向销

7. 1-制动轮缸;2-制动底板;3-调节螺母;4-制动蹄;5-制动蹄摩擦片

8. 1-领从蹄式;2-双领蹄式;3-双向双领蹄式;4-双从蹄式;5-单向自增力式;6-双向自增力式

9. 1-驻车制动杆;2-平衡臂;3-制动拉索;4-前制动拉索

10. 1-复位弹簧;2-制动蹄;3-平头销;4-驻车制动推杆;5-制动鼓;6-制动蹄;7-拉索

11. 1-制动鼓;2-后制动蹄;3-制动推杆弹簧;4-制动推杆;5-制动蹄复位弹簧;6-前制动蹄;7-制动底板;8-制动拉索;9-可调顶杆;10-可调顶杆弹簧

12. 1-制动灯开关;2-制动踏板;3-复位弹簧;4-主缸推杆;5-储液罐;6-制动主缸;7-制动轮缸;8-制动蹄;9-自由间隙;10-有效行程;11-自由行程;12-比例轮缸

13. 1-防尘罩;2-活塞;3-皮碗;4-复位弹簧总成;5-放气螺塞;6-轮缸体

14. 1-制动踏板推杆;2-真空阀;3-空气通道;4-去发动机的进气管;5-复位弹簧;6-推杆;7-负压室;8-加力气室前腔;9-膜片;10-空气室;11-活塞

15. 1-后轮转速传感器;2-ABS 报警灯;3-ABS 电子控制单元;4-前轮转速传感器;5-制动压力调节器;6-制动主缸;7-制动轮缸;8-前轮转速传感器

16. 1-车轮转速传感器(前轮);2-测速齿轮(前轮);3-动力装置;4-车轮转速传感器(后轮);5-测速齿轮(后轮);6-电子控制单元;7-制动压力调节器;8-真空助力器;9-制动主缸

17. 1-悬架支架;2-半轴;3-车轮转速传感器;4-齿圈

18. 1-齿圈;2-转向节;3-车轮转速传感器;4-轮毂

19. 1-储液器;2-电动机;3-制动踏板;4-主缸;5-液压部件;6-电磁阀;7-轮缸;8-车轮;9-轮速传感器;10-电子控制单元(ECU);11-柱塞;12-线圈;13-液压泵

20. 1-储油器;2-液压泵;3-电动机;4-储能器;5-制动踏板;6-制动主缸;7-控制活塞;8-止回阀;9-轮速传感器;10-制动轮缸

21. 1-车轮制动器;2-出油阀(关);3-进油阀(开);4-制动主缸;5-电动回油泵;6-压力阀;7-吸入阀;8-低压储液罐

22. 1-ASR 工作指示灯;2-ASR 关闭指示灯;3-发动机电子控制器;4-左后车轮转速传感器;5-右后车轮转速传感器;6-ASR 制动压力调节器;7-制动主缸;8-比例阀和差压阀;9-右前车轮转速传感器;10-ABS/ASRECU;11-ABS 制动压力调节器;12-副节气门驱动步进电动机;

13-副节气门位置传感器;14-主节气门位置传感器;15-左前车轮转速传感器;16-ASR 选择开关

23.1-液压泵;2-液压单元;3-横向加速度传感器;4-偏转率传感器;5-装在前后轮上的车轮转速传感器;6-转向盘转角传感器;7-纵向加速度传感器;8-控制单元;9-制动助力系统;10-制动压力调节器